DARGANFOD
CELF CYMRU

DARGANFOD CELF CYMRU

golygwyd gan

IVOR DAVIES
a
CERIDWEN LLOYD-MORGAN

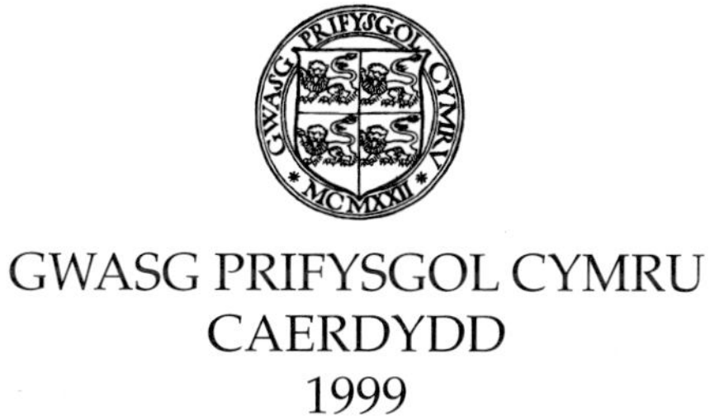

GWASG PRIFYSGOL CYMRU
CAERDYDD
1999

Manylion Catalogio Cyhoeddi'r Llyfrgell Brydeinig

Mae cofnod catalogio'r gyfrol hon ar gael gan y Llyfrgell Brydeinig

ISBN 0-7083-1533-X

Cyhoeddwyd gyda chymorth ariannol Cyngor Llyfrau Cymru

Llun y clawr: Will Roberts, *Hunanbortread*, 1947
Dyluniwyd y clawr gan Jane Parry
Cysodwyd ac argraffwyd gan Wasg Dinefwr, Llandybïe

Cynnwys

Lluniau

Du a gwyn

Lliw

I Richard Wilson, *Snowdon from Llyn Nantlle* (*c*.1765–7). Trwy ganiatâd Bwrdd Ymddiriedolwyr yr Amgueddfeydd ac Orielau Cenedlaethol ar Lannau Mersi (Walker Art Gallery, Lerpwl).

II Pompeo Batoni, *Sir Watkin Williams Wynn, 4th Baronet, Thomas Apperley and Captain Edward Hamilton* (1768–72). Trwy ganiatâd Amgueddfa ac Oriel Genedlaethol Caerdydd.

III Hugh Hughes, *Y Gegin Gymreig* (*c*.1823). Mewn casgliad preifat.

IV David Cox, *The Welsh Funeral* (1848). Trwy ganiatâd Birmingham Museums & Art Gallery.

V Clarence Whaite, *To the Cold Earth* (1865). Trwy ganiatâd y Castle Museum, Nottingham.

VI Owen Jones, *The Grammar of Ornament* (Llundain, argraffiad 1886), llun 64, 'Celtic Ornament'.

VII David Jones, *Cara Wallia Derelicta* (1958). Trwy ganiatâd Llyfrgell Genedlaethol Cymru ac ymddiriedolwyr ystad David Jones.

VIII Ceri Richards, cerdyn 'Hammerklavier' (1959). Trwy ganiatâd Llyfrgell Genedlaethol Cymru. © Ystad Ceri Richards. 1999 Cedwir pob hawl, DACS

IX Ceri Richards, *Rhaeadr, Ceredigion* (1947). Trwy ganiatâd Amgueddfa ac Oriel Genedlaethol Caerdydd. © Ystad Ceri Richards. 1999 Cedwir pob hawl, DACS

X Ceri Richards, *La Cathédrale Engloutie* (1960). Trwy ganiatâd Oriel Glynn Vivian, Abertawe. © Ystad Ceri Richards. 1999 Cedwir pob hawl, DACS

Diolchiadau

Mae'r gyfrol hon yn ffrwyth cydweithio rhwng nifer o bobl. I'r Academi Frenhinol Gymreig ac Adran Efrydiau Allanol Prifysgol Cymru, Bangor, y mae'r diolch am y cyfle i gynnal y gyfres o ddarlithoedd a esgorodd ar ac a fu'n fan cychwyn i'r cwbl. Cawsom gymorth parod llawer o gyfeillion ar hyd y ffordd. Hoffem ddiolch yn gynnes hefyd i staff Gwasg Prifysgol Cymru, yn enwedig i Ned Thomas am ei gefnogaeth frwdfrydig ac i Ruth Dennis-Jones am fod yn fydwraig mor ofalus.

I.D. & C.Ll.M.

Nodiadau ar y Cyfranwyr

Ivor Davies: Arlunydd a hanesydd celf o Benarth a deithiodd led-led y byd yn ymchwilio ac yn arddangos ei waith.

Ceridwen Lloyd-Morgan: Archifydd Cynorthwyol Hŷn yn Adran Llawysgrifau a Chofysgrifau Llyfrgell Genedlaethol Cymru.

Donald Moore: Bu'n Swyddog Uwch gyda Gwasanaeth Ysgolion Amgueddfa Genedlaethol Cymru ac yn Geidwad y Darluniau a Mapiau, Llyfrgell Genedlaethol Cymru.

Peter Lord: Awdur nifer o weithiau ar hanes diwylliant gweledol Cymru; Cymrawd Ymchwil yng Nghanolfan Uwchefrydiau Cymreig a Cheltaidd Prifysgol Cymru yn Aberystwyth.

Megan Morgan Jones: Arlunydd o Ystradgynlais, Cwmtawe. Tirluniau yw ei phrif faes ac mae ei gwaith mewn casgliadau cyhoeddus a phreifat trwy'r byd.

Robyn Tomos: Swyddog Celf a Chrefft Eisteddfod Genedlaethol Cymru. Cyn hynny bu'n newyddiadurwr gyda'r wythnosolyn *Golwg*.

Rhagymadrodd

IVOR DAVIES a CERIDWEN LLOYD-MORGAN

Man cychwyn y casgliad hwn o ysgrifau ar hanes celf oedd cyfres o ddarlithoedd a draddodwyd ym 1995. Trefnwyd y gyfres gan Ivor Davies dan aden yr Academi Frenhinol Gymreig gyda chymorth Adran Efrydiau Allanol Prifysgol Cymru, Bangor, ac fe gynhaliwyd y sesiynau yn oriel yr Academi rhwng Medi a Rhagfyr 1995. Dau brif nod oedd i'r darlithoedd. Yn gyntaf, teimlid bod angen hybu Cymreictod a'r iaith Gymraeg o fewn yr Academi. A'r darlithoedd hyn oedd y rhai cyntaf a draddodwyd yn Gymraeg yn yr Academi Frenhinol Gymreig ers ei sefydlu ym 1882. Gobeithiwn y bydd lle amlycach i'r iaith yng ngweithgareddau'r Academi o hyn ymlaen.

Hybu gwaith ymchwil ar hanes celf yng Nghymru o safbwynt Cymreig oedd yr ail nod. Er inni weld llawer o gynnydd yn y maes hwn ers y 1980au, megis dechrau yr ydym o gymharu â nifer o ddiwylliannau eraill. Am flynyddoedd lawer bodlonid ar ganolbwyntio ymchwil a chyhoeddiadau yn y maes hwn i'r enwau mawr hynny a gydweddai â syniadau am gelf a ddatblygodd y tu allan i Gymru. Arlunwyr o Loegr neu wledydd eraill a ddaeth fel twristiaid i Gymru a gawsai'r prif sylw, ynghyd â'r ychydig Gymry hynny, megis Richard Wilson a John Gibson, a ddaeth yn adnabyddus y tu allan i Gymru oherwydd iddynt lwyddo i foddhau chwaeth noddwyr pwysig yn Lloegr a thu hwnt. Rhaid oedd cydymffurfio â safonau a sefydlwyd gan sefydliadau ac unigolion dylanwadol yn Lloegr – er y gellid weithiau ddirnad dylanwad cyfandirol ar ddatblygiad y safonau hynny. Trwy'r ugeinfed ganrif gwelid o hyd nifer o arlunwyr Cymreig yn troi am Lundain er mwyn sicrhau gwerthiant ac enwogrwydd, ac os oedd angen i'r arlunydd ddilyn chwaeth a syniadaeth Lloegr er mwyn llwyddo, dyna hefyd, am flynyddoedd, oedd y ffordd i sicrhau lle diogel yn y llyfrau hanes. Yn eironig ddigon, cyrchai arlunwyr o Loegr i Gymru o hyd i dynnu lluniau o'r golygfeydd godidog gan weld ein gwlad o'r tu allan, fel twristiaid.

Golygai hyn mai gweld hanes celf Cymru trwy lygaid diethriaid a wnaethom yn y gorffennol, yn hytrach na chychwyn yr astudiaeth o'r tu mewn i'r wlad a'i diwylliant. Yr oedd angen inni ailddarganfod hanes y rhan bwysig hon o'n diwylliant ni fel Cymry, gan fynd trwy broses go debyg i honno a welid ychydig yn gynharach ym maes astudiaethau merched. Yn y 1970au sylweddolodd merched (nid am y tro cyntaf) mai dynion oedd wedi dewis y meini prawf ar gyfer llenyddiaeth, celf, cerddoriaeth ac yn y blaen. Dynion oedd mewn grym mewn sefydliadau diwylliannol ac addysgiadol ac yn anorfod yr oedd eu syniadau a'u chwaeth yn adlewyrchu eu safbwyntiau hwy. Ond wrth i ferched fynd ati eu hunain i ymchwilio a hel gwybodaeth am artistiaid benywaidd y gorffennol, gan edrych ar eu gwaith o safbwynt gwahanol, sylweddolwyd bod sawl ffordd i 'ddarllen', dehongli a chloriannu gweithiau unigol, a bod dynion a merched weithiau'n ymateb yn wahanol i waith gan y naill ryw a'r llall. Ni ellir gwadu bod amgylchiadau cymdeithasol, economaidd ac ymarferol yn dylanwadu llawer ar ddatblygiad artistiaid unigol. Pwysleisiwyd felly fod angen gosod yr arlunydd, y llenor neu'r cerddor yn ei gyd-destun cymdeithasol a hanesyddol. Y cam cyntaf yn unig oedd ceisio ailddarganfod yr unigolion hynny a anghofiwyd, er mwyn sefydlu sgerbwd o'u hanes: yr oedd rhaid ailedrych hefyd ar ddulliau beirniadaeth, gan ofyn a oedd angen newid gogwydd yn y maes hwnnw hefyd.

Dyma'r union fath o broses sydd bellach wedi cychwyn ym maes hanes celf yng Nghymru, sef proses o ailedrych, o ailddarganfod ac ailfeddiannu hanes ein diwylliant ni fel Cymry. Nid oes angen inni deimlo ein bod dan orfodaeth i gydymffurfio â bydolwg diwylliant neu ddiwylliannau eraill. Nid dadlau yr ydym na ddylid hefyd edrych y tu allan i Gymru. I'r gwrthwyneb, gall cymariaethau â gwledydd eraill gynnig syniadau a dealltwriaeth newydd a gwerthfawr. Mae hanes celf nifer o ddiwylliannau llai grymus Ewrop wedi dilyn patrwm go debyg i'n heiddo ni, a diau bod gennym lawer i'w ddysgu gan ein gilydd. Mae hanes Llydaw yn enghraifft amlwg: denodd y tirlun a diwylliant y werin yn y wlad honno heidiau o arlunwyr o'r tu hwnt i'w ffiniau, canolwyd y farchnad gelf yn y fetropolis bell, a rhoddwyd bri ar waith yr ymwelwyr o dwristiaid a'r llond dwrn o frodorion a lwyddodd i ddilyn gyrfa ym Mharis.[1]

Erbyn hyn, wrth gwrs, mae'r rhod wedi dechrau troi a'r ymwybyddiaeth yn newid. I Peter Lord a'i waith arloesol yn y maes y mae llawer o'r diolch am y chwyldro hwn.[2] Ar ôl cyfnod hir a llwm, gwelwyd golygyddion cylchgronau – *Barn* a *Taliesin* yn Gymraeg a *Planet* hefyd yn Saesneg – yn caniatáu mwy o le ar eu tudalennau ar gyfer adolygiadau o arddangosfeydd celf ac ysgrifau mwy estynedig ar arlunwyr Cymreig cyfoes a hanes celf. Braf oedd gweld Canolfan Uwchefrydiau Cymreig a Cheltaidd Prifysgol Cymru yn dewis hanes diwylliant gweledol Cymru yn un o'i phrif brosiectau ymchwil, dan arweiniad Peter Lord. Ffrwyth bwysicaf y prosiect hwn fydd cyhoeddi cyfres bwysig o astudiaethau safonol yn olrhain hanes celf yng Nghymru o'r Oesoedd Canol hyd y presennol. Ond man cychwyn yn unig yw hwn, wrth reswm, ac mae angen i bawb ohonom sydd â diddordeb yn y maes gyfrannu at y gwaith o ymchwilio a rhannu gwybodaeth am yr agwedd hon ar hanes ein diwylliant.

Ceisio annog rhagor o ymchwil, rhagor o drafod (a dadlau), rhagor o ddarlithio a chyhoeddi ar hanes celf yng Nghymru yw prif amcan y llyfr hwn felly. Ond hoffem bwysleisio bod y gwaith hwn yn agored i bawb: nid rhywbeth i'w gyfyngu i ysgolheigion trwyddedig mewn prifysgolion yw ymchwil. Wrth wahodd unigolion i gyfrannu darlith i'r gyfres yn yr Academi Frenhinol Gymreig dewiswyd yn fwriadol siaradwyr o gefndiroedd gwahanol i'w gilydd. Yn arwyddocaol, nid oedd yr un darlithydd celf llawn-amser yn eu plith, er bod gan fwy nag un brofiad yn y maes hwnnw. Mae'n wir bod darlithwyr Cymraeg eu hiaith yn brin yn y maes hwn, sydd yn codi cwestiynau diddorol am safle hanes celf a'r iaith Gymraeg yn y colegau a'r Brifysgol yng Nghymru. Ond y brif ystyriaeth oedd sicrhau siaradwyr a oedd â chyfraniad arbennig i'w wneud oherwydd eu profiad a'u sgiliau. Yn eu plith felly cafwyd, er enghraifft, newyddiadurwr, gweinyddydd, curaduron ac arlunwyr. Yr oedd rhai yn hen gyfarwydd â darlithio, rhai wedi cyhoeddi ysgrifau poblogaidd neu ysgolheigaidd ar bynciau amrywiol, ac eraill wedi dilyn gyrfa ymarferol a chreadigol. Yr oedd rhai yn Gymry o'r crud, eraill yn ddysgwyr. Profiad newydd i ambell un oedd darlithio, heb sôn am baratoi ysgrif ar gyfer ei chyhoeddi.

Mae'r amrywiaeth honno'n bwysig, oherwydd mae'n hanfodol nad ydym ninnau chwaith yn syrthio i'r hen fagl o sefydlu un gyfundrefn neu feddylfryd derbyniol o fewn y maes hwn. Trychineb fyddai disodli un drefn unllygeidiog ond i orseddu un newydd, yr un mor ormesol, yn ei lle. Dyna pam yr ymhyfrydwn yn yr amrywiaeth o syniadau a safbwyntiau ymhlith y cyfranwyr. Rhaid inni sicrhau bod y drws bob amser yn agored i bawb a bod pob un ohonom yn cael gwrandawiad teg. Yn yr un modd, dylai deunydd ar gyfer astudio hanes celf Cymru fod ar gael i bawb. Gresynwn fod rhai orielau ac amgueddfeydd yn codi tâl mynediad, ond nac anghofiwn fod drysau ein llyfrgelloedd a'n harchifdai yn dal yn agored i bawb am ddim. Cynigir cyfleoedd cyffrous newydd bellach gan y rhyngrwyd, nid yn unig o ran hel a lledaenu gwybodaeth ond ar gyfer arddangos a chyd-drafod yn ogystal.

Seiliwyd y gyfrol hon ar y darlithoedd a draddodwyd yng Nghonwy ac mae'n cynnig yr un amrywiaeth o bynciau a safbwyntiau â'r darlithoedd gwreiddiol.[3] Yn ei bennod yn olrhain datblygiad hanesyddiaeth celf, dengys Ivor Davies i ba raddau y dylanwadodd digwyddiadau cyfoes a datblygiadau athronyddol a gwleidyddol ar fethodoleg a natur hanes celf. Nid rhywbeth sefydlog na monolithig mohono: bydd yn newid yn ôl cyfnod a diwylliant y gymdeithas ac o wlad i wlad. Nid yw dulliau ymchwil na safonau beirniadaeth yn ddigyfnewid felly, ond hyd yn oed wrth gyfyngu'n hunain i dystiolaeth empirig nid oes modd bod yn hollol wrthrychol, fel y dengys Ceridwen Lloyd-Morgan yn ei hysgrif ar adnoddau dogfennol ar gyfer ymchwil i hanes celf. Ceir elfen o oddrychedd ym mhob dogfen, beth bynnag ei statws, heb sôn am ddehongliad y darllenydd.

Cydnebydd Donald Moore yr elfen bersonol honno ar ddechrau

ei ysgrif yntau, sydd yn dangos y newidiadau a fu ym mhatrwm nawdd yng Nghymru ac oblygiadau hynny ar gyfer artistiaid a'r cyhoedd. Cyn trafod hanes a natur ein casgliadau cyhoeddus, eglura sut y symudodd nawdd o'r eglwys i'r unigolyn cyfoethog i'r sefydliad cyhoeddus neu breifat. Wrth drafod sut y datblygodd delwedd o'r werin Gymreig o'r ddeunawfed i'r ugeinfed ganrif, dengys Peter Lord unwaith eto pa mor bwysig yw astudio gwaith creadigol yn ei gyd-destun hanesyddol, gan ddadansoddi sut y gall syniadau gwleidyddol a diwylliannol gydweithio i ddylanwadu ar gelf weledol mewn cyfnod arbennig. Ac mor bwysig yw inni gofio sut y gall delweddau gweledol yn eu tro ddylanwadu ar feddylfryd y gymdeithas.

Dadansoddir cyfraniad arlunwyr unigol yn yr ysgrifau eraill. Ychydig iawn o Gymry a gafodd gymaint o enwogrwydd y tu allan i Gymru ag a ddaeth i ran David Jones a Ceri Richards ond, eto i gyd, ychydig o drafodaeth yn Gymraeg a gafwyd ar eu gwaith hyd yn hyn. Cam tuag at lenwi'r bwlch hwnnw yw cyfraniadau Ivor Davies a Megan Morgan Jones, sydd yn dangos mor bwysig oedd y gynhysgaeth Gymreig a Chymraeg yn natblygiad gweledigaeth arbennig y ddau arlunydd, er mewn ffyrdd tra gwahanol. Yn Lloegr y gweithiai David Jones a Ceri Richards yn bennaf, er gwaethaf eu hymrwymiad i Gymru a'i hanes a'i diwylliant.

Troi i edrych ar ochr arall y geiniog a wnaeth Robyn Tomos, gan ystyried grŵp o arlunwyr o'r ugeinfed ganrif a ffodd i Gymru er mwyn dianc gormes gwleidyddol. O ran eu cefndir diwylliannol yn ogystal ac amgylchiadau eu halltudiaeth, yr oedd artistiaid megis Herman a Könekamp yn wahanol i'r artistiaid hynny a ddaethai i Gymru dros y canrifoedd fel twristiaid. Meddai'r ffoaduriaid hyn ar gynhysgaeth wahanol o ran gweledigaeth a syniadau esthetig newydd, ac adlewyrchir y rhain yn eu hymateb gweledol i'n gwlad a'n pobl.

Wrth gyflwyno'r casgliad hwn o ysgrifau amrywiol, ein gobaith yn awr yw yr ysgogir eraill sydd â diddordeb yn y maes i ddarllen yn ehangach. Gwell byth, gobeithiwn y dechreuant ymchwilio eu hunain i hanes ein diwylliant gweledol, fel y gwelwn yn y man gyhoeddi ffrwyth eu gwaith hwythau. Gorau oll os bydd eraill, fel ninnau, yn dewis gwneud hynny trwy gyfrwng y Gymraeg, gan brofi cyfrwng mor addas a naturiol yw ein hiaith ar gyfer pob math o ymchwilio, trafod a chyhoeddi.

Nodiadau

1. Gweler, e.e. Denise Delouche, *Les peintres et le paysan breton* (Baillé, 1988), a chan yr un awdur, *Rivages, regards d'artistes en Bretagne* (Rennes, 1994).

2. Ymhlith ei gyhoeddiadau pwysicaf gellid enwi *Y Chwaer-dduwies: Celf, Crefft a'r Eisteddfod* (Llandysul, 1992), *Arlunwyr Gwlad* (catalog arddangosfa, Aberystwyth, 1993), *Gwenllian: Essays on Visual Culture* (Llandysul, 1994), *Hugh Hughes: Arlunydd Gwlad* (Llandysul, 1995), *Diwylliant Gweledol Cymru: Y Gymru Ddiwydiannol* (Caerdydd, 1998).

3. Traddodwyd yn ychwanegol y darlithoedd canlynol: Kenneth Brassil, 'Tystiolaeth archaeolegol: celfyddyd Geltaidd'; Shelagh Hourahane, 'Delweddau tirwedd Cymru: a oes cysylltiad â chefn gwlad?'; Leslie Jones, 'Gwaith graffig mewn print: hanes a thechneg'; a Jill Piercy, 'Celfyddyd Cymru gyfoes'. Testun gwahanol i'r un a gyhoeddir yma oedd gan Peter Lord, sef 'Celf Gymreig a hanes celf'.

1
Datblygiad Hanes Celf

IVOR DAVIES

Bwriad y llith hwn yw annog a hybu ymchwil i hanes celf Cymru trwy gyflwyno methodoleg hanes celf ac olrhain gwahanol ddulliau o ddarganfod ffeithiau a'u dehongli. Rhaid cydnabod ar y dechrau mai goddrychol yw pob hanes, a bod pob awdur yn anorfod yn dewis rhai ffeithiau ac yn hepgor rhai eraill. Mae hanesyddiaeth (sef datblygiad ysgrifennu hanes) ac felly hefyd hanesyddiaeth celf (h.y. hanes hanes celf) yn dangos bod gan bob awdur ganfyddiad gwahanol o beth yw hanes, yn ôl ei gyfnod a'i gefndir.[1] Yn union fel y mae'n bosibl edrych ar lun a dyfalu'r cyfnod neu hyd yn oed y flwyddyn pan beintiwyd ef, yn yr un modd gellir darllen testun sy'n ymdrin â hanes celf ac, o'i ddadansoddi, awgrymu dyddiad.[2] Nid cyfnod yw'r unig ddylanwad chwaith; mae gan bob gwlad ei diwylliant, a chan bob diwylliant ei ffordd o feddwl am beth yw hanes.

Yng ngwareiddiad Asia gwelir traddodiadau hynafol iawn yn y maes hwn, ac yn arbennig felly yn Tsieina, lle y dechreuwyd ysgrifennu hanes yn y mil blynyddoedd cyn Crist.[3] Sima Quian (120–190 CC) a ysgrifennodd yr hanes swyddogol cyntaf ac, erbyn y cyfnod T'ang, astudiwyd athroniaeth hanes yn fanwl. Liu Chi-Chi a ysgrifennodd y traethawd cyntaf mewn unrhyw iaith ar fethodoleg hanesyddiaeth, a hynny yn OC 801. Erbyn diwedd yr un ganrif, yr oedd ei fab, Liu Chih, ac ysgolhaig T'ang arall, Ta Yu, wedi creu math newydd o hanes sy'n ffynhonnell werthfawr o wybodaeth am fywyd a gwleidyddiaeth y gymuned. Ond daeth yr uchafbwynt yn y cyfnod Yuan pan gyhoeddodd Ma Tuan-Lin ym 1322 ei *Astudiaeth Gynhwysfawr o Hanes a Gwareiddiad*, sef hanes holl sefydliadau Tsieina mewn 348 o benodau. Tua'r un pryd yr oedd ei gyfoeswr Ibn Khaldun yng ngogledd Affrica yn ysgrifennu hanes cymdeithasol yn yr iaith Arabeg.

Yn y byd clasurol, yr hanesydd Groegaidd Herodotus (485–425 CC) oedd 'tad hanes' yn ôl Cicero. Beth bynnag am hynny, prif arloeswr hanes celf yn Ewrop oedd Pliny yr Hynaf, sef Gaius Plinus Secundus (OC 23–79) o Como yng ngogledd yr Eidal, gwlad y Celtiaid hynny oedd yn byw i'r de o'r Alpau yn *Gallia Cisalpina.* O blith 162 o gyfrolau ei *Historia Naturalis* (OC 77), dwy ohonynt sydd yn ymwneud â chelfyddyd. Mae'n ailadrodd hen hanesion sydd wedi eu casglu o bob man, gan gynnwys testunau Groegaidd o'r bedwaredd ganrif cyn Crist, ac ni phoena lawer am ymchwil gwreiddiol nac am brawf fod yr hen hanesion yn wir. Er hynny, bu ei waith casglu yn fodd i ddiogelu peth o gynnwys llawer o ddogfennau hynafol a ddiflannodd yn ddiweddarach o wyneb y ddaear.

Ymhlith yr hen Roegiaid y cafwyd y syniad bod gwareiddiad yn datblygu – yn codi o ris i ris o gyfnod cyntefig nes cyrraedd 'oes aur', ac yna yn gwanhau a dirywio. Y Groegiaid hefyd a luniodd y *genre* arbennig o glodfori talent arlunydd drwy adrodd hanesion amdano, trywydd y byddai haneswyr celf yn ei ddilyn ganrifoedd yn ddiweddarach. Dyma enghraifft o waith Pliny: mae'n sôn am y peintiwr enwog Zeuxis o Heraclea (*fl. c.*400 CC) yn cystadlu am wobr gydag arlunydd arall, Parrhasius:

> Peintiodd Zeuxis lun o rawnsypiau oedd yn edrych mor naturiol nes bod adar yn disgyn ar y llun a'u pigo; ond yna fe beintiodd Parrhasius lun mor fedrus o liain nes bod Zeuxis wedi gorchymyn ei wthio o'r neilltu, er mwyn iddo gael gweld y darlun y tu ôl iddo. Pan sylweddolodd ei gamgymeriad, mynnodd mai'r llall a haeddai'r wobr, gan gyfaddef nad oedd ef, Zeuxis, ond wedi twyllo'r adar, tra bo Parrhasius wedi twyllo un a oedd yn feirniad celf.[4]

Mewn chwedl arall a gasglwyd gan Pliny, sydd unwaith eto yn mawrygu arlunydd arbennig, ceir sôn am Apelles, peintiwr enwocaf Groeg yn y bedwaredd ganrif cyn Crist, a'r unig un oedd â'r hawl i bortreadu'r ymerawdwr Alecsander. Pan oedd yr ymerawdwr yn edrych ar ddarlun o geffyl gan Apelles, meddir, fe weryrodd ei geffyl i gyfeiriad y ceffyl yn y darlun, gan beri i Apelles honni bod y ceffyl yn gwybod mwy am gelf nag oedd yr ymerawdwr ei hun. Wedi hynny, medd Pliny, y ceffyl a gâi feirniadu mewn cystadleuthau rhwng peintwyr.[5] Ymhlith hanesion eraill mae ganddo un yn sôn am grydd sy'n mynnu bod artist enwog wedi peintio esgid yn anghywir.

Erbyn heddiw lleiafrif bychan o ysgolheigion ym Mhrydain sy'n astudio hanes celf glasurol Groeg a Rhufain – rhyw ddwsin efallai yn y prifysgolion ac ambell un yn yr amgueddfeydd pwysicaf. Tuedda'r maes i fod ar ymylon disgyblaethau'r clasuron, archeoleg a hanes celf. Ar un adeg yr oedd astudio'r clasuron yn cynnwys astudio archeoleg, ac yr oedd archeoleg yn ei thro yn fath o hanes celf, neu yn rhan ohono. Ond symudodd archeoleg i gyfeiriad arall a chanolbwyntio ar olion a gweddillion nad ydynt yn gelfyddyd aruchel; yn ogystal, fe ddechreuodd yr archeolegwyr ymddiddori yn hytrach ym mywyd pob dydd ac arferion y pobloedd cynnar. Serch hynny, mae arwyddion erbyn hyn fod rhai yn dechrau ailystyried.

Pan ddeuwn i'r Oesoedd Canol gwelir bod pob syniad am hanes yn cael ei gysylltu â chrefydd ag â'r Eglwys. Gwrthodwyd hanesyddiaeth glasurol yn y cyfnod hwn, ac ni dalwyd sylw i artistiaid unigol heblaw y rhai a ddigwyddent fod yn seintiau hefyd. Ond eto i gyd, parhaodd arfer y cyfnod clasurol o gofnodi hanesion mewn croniclau, ac o ddarparu arweinlyfrau i gyflwyno hynodion dinasoedd arbennig i'r teithwyr a oedd yn ymweld â hwy.

Gyda'r Dadeni daeth troad y rhod ac ailddarganfuwyd arferion ac arddull awduron Groeg a Rhufain. Unwaith eto gwelir pwyslais ar astudio gwaith unigolion. Yn gynnar iawn yn y cyfnod cawn fod Dante yn canmol Cimabue a Giotto, ac erbyn y bymthegfed ganrif ystyrir ysgrifennu hanes yn gelfyddyd ynddo'i hun ac yn ffordd o ddathlu a choffáu. Gwelir hefyd ymgorffori hanes bywyd artistiaid mewn testunau hanes lleol. I bob pwrpas yr oedd bywgraffwyr megis Filippo Villani yn ysgrifennu yn yr un traddodiad â Pliny, ac felly hefyd hanesydd pwysicaf ei gyfnod, Giorgio Vasari (1511–74). Pensaer a pheintiwr oedd Vasari, ond daeth yn enwog hefyd am ei waith fel cofiannydd penseiri, arlunwyr a cherflunwyr enwocaf yr Eidal. Cyhoeddwyd ei brif lyfr ym 1550 a'i gyfieithu i'r Ffrangeg, i'r Almaeneg ac i'r Saesneg.[6] Mae'r gwaith yn rhychwantu'r cyfnod o Cimabue hyd at Michelangelo (ei gyn-athro) ac yn adlewyrchu'r un rhagdybiaeth a gafwyd yng ngwaith Pliny, sef bod hanes yn datblygu o gyfnod cyntefig i gyfnod o ragoriaeth aeddfed, ac yna'n dirywio. Fel Pliny hefyd, mae Vasari'n hoff o hanesion sy'n pwysleisio mor llwyddiannus o dwyllodrus-realistig yr oedd lluniau pencampwyr celfyddydol y cyfnod.

Nod y meddyg Giulio Mancini yn yr ail ganrif ar bymtheg oedd addysgu'r *cognoscenti* a'r casglwyr lluniau drwy gymysgu elfennau bywgraffyddol â rhai mwy damcaniaethol.[7] Gosododd waith Caravaggio a'r teulu hwnnw o artistiaid, y Caracci, yng nghyd-destun datblygiad ffasiwn a chrefydd. Gwahaniaethodd rhwng arddull bersonol ar y naill law a'r syniad o dueddiadau neu ysgolion ehangach ar y llaw arall, a bathodd termau megis 'Rhufeinig' a 'Lombardaidd'. Codwyd cwestiynau mwy haniaethol hefyd yng ngwaith Giovanni Pietro Bellori, beirniad blaenllaw o'r ail ganrif ar bymtheg, sy'n chwilio am y syniad Platonaidd neu'r *idea* o brydferthwch y tu ôl i gerfluniau hynafol. Yntau hefyd a ddisgrifiodd arddull yr unfed ganrif ar bymtheg fel *maniera* – dull rhy hunanymwybodol ac un yr amlygid gwendid a dirywiad ynddo o'i gymharu â gweithiau cyfnod y Dadeni uchel. Ar sail y dadansoddiad hwnnw bathwyd y gair *manierismo* gan Luigi Lanza – darddulliaeth yn Gymraeg.

Awgrymais eisoes fod y casglwyr yn dod yn bwysig yn yr ail ganrif ar bymtheg. Un o'r prif gasglwyr hynafion yn y cyfnod oedd Sais, sef iarll Arundel, ynghyd â'i lyfrgellydd, Franciscus Junius, un a wnaeth gyfraniad pwysig i ddyneiddiaeth glasurol (*humanismus*). Erbyn heddiw, mae'r arfer o gasglu yn faes astudiaeth ynddo'i hun ac yn cwmpasu ymchwil i *provenance* gweithiau celf, sef eu tarddle gwreiddiol a sut y cawsant eu trosglwyddo o law i law.

Yn y gwledydd Almaeneg eu hiaith, Matthias Quadt von Kinkelbach oedd awdur y gwaith cyntaf (1609) y gellir ar ryw olwg ei alw'n hanes celf.[8] Yr oedd yn fath o lawlyfr teithio ac yn ymdrin â gweithiau celf yn y cyd-destun hwnnw. Gwelwyd llyfrau tebyg mewn llawer gwlad arall ond yr oedd llyfr Kinkelbach yn fwy uchelgeisiol na'r rhelyw. Yn nes ymlaen sefydlwyd academi yn Nürnberg gan Joachim von Sandrart (1606–88), peintiwr ac ysgythrydd copr a gofir hefyd am lunio sawl testun yn ymdrin â chelfyddyd.[9]

Yn yr ail ganrif ar bymtheg dechreuwyd talu sylw i'r presennol yn hytrach na derbyn y syniad traddodiadol fod yr 'oes aur' wedi hen fynd heibio. Francis Bacon (1561–1626) oedd un o'r rhai cyntaf i farnu bod y byd modern yn rhagori ar y byd clasurol. Yn Ffrainc daeth Descartes i'r un casgliad, ac felly hefyd y casglwr chwedlau gwerin Charles Perrault (1628–1703).[10]

Gyda'r ddeunawfed ganrif gwelir celf yn datblygu'n astudiaeth ar wahân, a neilltuo iddi faes arbennig o fewn athroniaeth, sef estheteg. Datblygir syniadau megis 'y dychymyg' ac 'athrylith' yr artist mawr. Tra oedd Giovanni Battista Vico (1668–1744) yn dal i ddosrannu beirdd yn rhai 'barbaraidd' neu'n 'waraidd',[11] gwelai'r Ffrancwr Denis Diderot (1713–84) rinweddau arbennig y cenhedloedd 'barbaraidd' ac yn hyn o beth yr oedd yn rhagflaenu'r mudiad Rhamantaidd. Llawn mor chwyldroadol – ac yn groes i'r traddodiad clasurol yn hanes celf – yw ei syniad bod i bob cenedl ei hysbryd (*esprit des nations*) ac i bob cyfnod ei ysbryd yntau (*esprit des temps*). Ar ben hyn, credai fod anian arbennig yn perthyn i'r arlunydd unigol a hefyd i'r *genre* yr oedd yn gweithio ynddo.

Hwn oedd cyfnod y Gwyddoniadwyr (*Encyclopédistes*) yn Ffrainc, a Diderot yn un ohonynt. Gwahoddwyd ef i addasu *Cyclopaedia* (1727) Ephraim Chambers ac fe dreuliodd ugain mlynedd yn trawsffurfio'r gwaith. Cyhoeddodd y gyfrol gyntaf ym 1751 a'r olaf ym 1765. Wedi hynny cyhoeddwyd nifer o wyddoniaduron yn ymwneud â'r celfyddydau.

Un o fyfyrwyr Diderot, Auguste Comte (1798–1857) a sefydlodd gwyddoniaeth gymdeithasol (*les sciences sociales*) a chymdeithaseg (*la sociologie*). Eraill o'r cylch a weithiodd ar yr *Encyclopédie* oedd Claude Henri, Comte de Saint-Simon (1760–1825) a'i ddilynwyr, sefydlwyr sosialaeth yn Ffrainc. Un o'r rhain oedd y cyntaf i ddefnyddio'r gair *avant-garde* i gyfeirio at flaengad neu flaenfyddin o artistiaid yn arloesi yn y maes.[12]

Daeth y chwyldro mwyaf mewn hanesyddiaeth, a hanesyddiaeth celf, yn y bedwaredd ganrif ar bymtheg, gyda chyhoeddi campwaith G. W. F. Hegel, *Ffenomenoleg yr Ysbryd* ym 1807.[13] Yr oedd Hegel wedi cychwyn ar ei yrfa fel myfyriwr diwinyddiaeth yn

Tübingen ond yna newidiodd i astudio'r clasuron. Yn ei lyfr, fe geisiodd esbonio cwrs hanes yn nhermau'r *Geist* neu'r Ysbryd sy'n ymddangos ym meddylfryd un cyfnod ar ôl y llall drwy gydol hanes cenhedloedd gwâr y byd. Iddo ef, agweddau ar esblygiad ysbryd y ddynoliaeth oedd nodweddion cenedl, diwylliant, ffydd a chyfundrefn athronyddol. Gwelir cenhedloedd yn dod i'r llwyfan y naill ar ôl y llall er mwyn gweithredu pwrpas absoliwt yr ysbryd hwn a chodi'r ddynoliaeth i lefel uwch o greadigrwydd. Yr oedd fel petai nerth hollgyffredinol yn brigo yn niwylliannau'r gwahanol bobloedd ac yn arwain at lefel uwch o ddealltwriaeth ac ysbrydoliaeth bob tro. O fewn y patrwm esblygiadol yr oedd i bob celfyddyd ei lle ar ris arbennig: yn gyntaf, pensaernïaeth, y gelfyddyd mwyaf defnyddiol ac a roes fodolaeth i'r pyramidau; yna cerfluniaeth, a ddaeth i'w llawn dwf yng Ngroeg Glasurol; wedyn celfyddyd peintio yn Ewrop; yn uwch eto ar yr ysgol ysbrydol y lleolid cerddoriaeth a barddoniaeth, nes yn y diwedd gyrraedd uchafbwynt myfyrdod pur, sef athroniaeth.

Cyn datblygiad ymchwil yn y bedwaredd ganrif ar bymtheg a chyn sefydlu llyfrgelloedd cyhoeddus, cedwid dogfennau a llyfrau mewn casgliadau preifat, anhygyrch. Yr oedd yn anodd onid amhosibl i gyrraedd ffynonellau gwybodaeth. Ond yn ystod y bedwaredd ganrif ar bymtheg gosodwyd trefn a safonau cywirdeb o fewn dysg ac ysgolheictod. Catalogwyd archifau, lluniwyd geiriaduron, cynlluniwyd llawlyfrau mewn nifer fawr o feysydd. Sefydlwyd methodoleg mwy dibynadwy mewn meysydd megis iaith (ieitheg) a darllen hen lawysgrifen (paleograffeg) fel bod modd dehongli ffynonellau gwybodaeth a oedd gynt yn gaeedig. Fel canlyniad daeth yn bosibl ailystyried yr hanes a ysgrifennwyd yn barod, gan ymchwilio'r sylfeini yn fanwl ac yn feirniadol.[14]

Cafodd llwyddiant gwyddoniaeth y bedwaredd ganrif ar bymtheg ddylanwad ar nifer o feysydd eraill megis athroniaeth a hanesyddiaeth. Credai Auguste Comte, sefydlydd yr ysgol *positiviste*, ei bod yn bosibl darganfod deddfau pendant a oedd yn llunio ac yn rheoli'r gymdeithas ddynol yn yr un modd ag yr oedd deddfau ffiseg yn rheoli byd natur.[15] John Stuart Mill (1806–73) oedd un o'r rhai cyntaf i ddadansoddi'r drefn wleidyddol o fewn y canllawiau syniadol hyn.[16]

Dyma garreg filltir arall, sef cychwyn hanes economaidd a chymdeithasol. Yn ôl syniadaeth Karl Marx (1818–83) am hanes, yr oedd datblygiad unrhyw gymdeithas yn dibynnu ar yr amodau economaidd ac ariannol. Mae cydberthynas pobl o fewn cymdeithas yn dibynnu ar eu perthynas â'r moddion cynhyrchu. Y rhai sydd â'r rhan fwyaf o'r cyfoeth (neu'r modd i greu cyfoeth) a fydd yn rheoli, a hwythau hefyd a fydd yn penderfynu pa fath o ddiwylliant a chelfyddyd a fydd yn tra-arglwyddiaethu yn y gymuned. Yn ôl Marx, y gwrthdaro a'r frwydr rhwng un dosbarth cymdeithasol a'r llall er mwyn rheoli'r moddion cynhyrchu sy'n esbonio patrwm hanes drwy'r oesoedd. Dangosodd fod y chwyldro diwydiannol wedi disodli hen drefn ffiwdal yr Oesoedd Canol ac wedi esgor ar y ffordd fodern o fyw; ond er bod caethwasanaeth yr hen gyfnod ar ben, yr oedd y werin dan ormes dosbarth newydd o berchenogion ffatrïoedd a phyllau glo, a brwydr newydd yn cychwyn i sicrhau hawliau'r gweithlu diwydiannol.

Barnai Engels fod Marx wedi ceisio cyflawni o fewn hanesyddiaeth yr hyn a wnaeth Darwin ym maes bywydeg, ac yn wir yr oedd y naill a'r llall yn cydoesi ac yn damcaniaethu mewn ffyrdd cyfochrog.[17] Cyhoeddwyd y *Maniffesto Gomiwnyddol* ym 1848, ond ym 1837 yr oedd Charles Robert Darwin (1809–82) eisoes wedi dechrau casglu'r ffeithiau a gyhoeddwyd yn ei lyfr enwog am esblygiad rhywiogaethau drwy ddewis naturiol, neu oruchafiaeth rhai llwythau yn y frwydr i oroesi.[18] Addaswyd damcaniaeth Darwin at nifer o feysydd eraill, a daeth y syniad yn boblogaidd fod gwelliant a chynnydd cymdeithasol yn dod yn sgîl datblygiadau mewn peirianeg a mecaneiddio. Yn yr un ffordd ag yr oedd dynolryw wedi esblygu, felly hefyd yn Ewrop yr oedd cynnydd mecanyddol a chymdeithasol wedi esblygu law yn llaw â'i gilydd. Ym 1860, cyhoeddodd Gottfried Semper (1803–79) ddamcaniaeth bod celf yn tyfu o'r ysbryd technegol; yr oedd yn ffrwyth crefft ac yn dilyn ansawdd a natur arbennig y deunydd. Gwrthwynebodd Aloïs Riegl (1858–1905) y farn hon, gan ei disgrifio fel Darwiniaeth fateryddol wedi ei haddasu at fywyd diwylliannol.

Cafodd Hegel ddylanwad eang, yn enwedig o ran ei syniadau am y gymdeithas gyfan a'r ffordd y mae holl agweddau'r gymdeithas yn cyfateb i'w gilydd o fewn patrwm un grym cyffredinol. Y grym hwnnw yn ôl Marx oedd arian. Ni chytunai Jacob Burckhardt (1818–97) ag athroniaeth Hegel, ond cred rhai ysgolheigion iddo gael ei ddylanwadu ganddi serch hynny.[19] Drwy astudio gwahanol agweddau ar wareiddiad, megis pensaernïaeth ac athroniaeth, fe geisiodd Burckhardt ddangos eu bod oll yn fynegiant o'r un ysbryd ac felly o undod gwareiddiad. Yn ei brif waith, disgrifiodd yn fanwl fywyd cyfnod y Dadeni. Yn ogystal â chofnodi ailddarganfod henebion clasurol, disgrifiodd arferion y gymdeithas, gwyliau, moesau, crefydd, celf, llenyddiaeth a nifer o agweddau eraill ar y gymdeithas.[20] Mae testun Burckhardt yn darllen fel nofel hanesyddol, ond eto i gyd fe lwyddodd i gyflwyno celf yng nghyd-destun hanes y diwylliant yn unol ag ysbryd ymchwil manwl y bedwaredd ganrif ar bymtheg.

Olynydd Burckhardt fel athro ym Mhrifysgol Basel (Bâle) oedd Heinrich Wölfflin (1864–1945). Yn ei lyfr cyntaf *Renaissance und Barock* (1888) eglurodd ei farn Hegelaidd fod ysbryd gan bob pobl neu genedl (*Volksgeist*) ac, yn fwy cyffredinol, fod ysbryd i bob amser neu gyfnod (*Zeitgeist*). Mewn llyfr arall, a oedd yn ymdrin ag elfennau hanes celf, fe honnodd nad oedd modd deall arddull gelfyddydol arbennig heb ystyried agweddau eraill ar hanes y cyfnod, gan fod mynegiant celfyddydol yn cyfateb i ysbryd yr oes yn gyffredinol. Wrth ystyried ffurf darlun neu gerflun, fe ddaw yn amlwg, yn ôl Wölfflin, sut mae'n cyfateb i elfennau ffurfiol mewn llenyddiaeth, cerddoriaeth, pensaernïaeth a ffenomenau eraill o'r un cyfnod ac yn cyd-fynd â'r rhain.[21] Mynnodd fod angen ffordd o ddosbarthu celf nid yn ôl safon y gwaith ond yn hytrach yn ôl natur yr arddull.[22] Aeth ati felly i geisio diffinio'r gwahanol ddulliau o weld neu ddychmygu, ac olrhain sut y'u trawsffurfiwyd drwy hanes ac yn ôl nodweddion cenedlaethol. Gwahaniaethai rhwng y ffurfiau a welir mewn lluniau yn ôl natur y llinellau a'r paent; y persbectif yn cilio, neu wastadrwydd fflat; lluosogrwydd neu undod cyfansoddiad; golwg loyw neu aneglur.

Yr oedd rhai dylunwyr a chynllunwyr eisoes wedi troi at feirniadaeth ddadansoddiadol a datblygu damcaniaethau a oedd yn tarddu o'u hymchwil ymarferol i bob math o ffurf, addurn ac arddull o fewn meysydd celf neu bensaernïaeth. Er mwyn rhoi trefn ddeallusol ar yr amrywiaeth eang ac ymddangosiadol ddi-drefn, cyfaddaswyd disgyblaethau gramadeg, ac ieitheg yn gyffredinol, at ffenomenau celf ac addurn. Yr oedd hyn yn gyson â rhai o dueddiadau meddyliol y ganrif, sef creu system (fel yn achos Hegel) neu gychwyn gyda'r manylion (fel y gwnâi'r Positifyddion). Aeth rhai ymhellach gan ragfynegi ffordd o weld a ddatblygodd yn yr ugeinfed ganrif.

Un ohonynt oedd Owen Jones (1809–74), mab yr Owen Jones o Lanfihangel Glyn Myfyr a ddaeth yn enwog am ei gasgliad o farddoniaeth Cymru o'r chweched i'r bedwaredd ganrif ar ddeg, sef *The Myvyrian Archaeology of Wales*.[23] Yn ei ddydd, bu'r mab, a aned yn Llundain, lawn mor enwog â'i dad. Astudiodd bensaernïaeth am chwe blynedd cyn mynd i deithio am bedair blynedd yn yr Eidal, Groeg, Twrci, yr Aifft a Sbaen, lle yr ymwelodd â'r Alhambra. Dychwelodd i Loegr ym 1836 ac erbyn 1851 yr oedd yn un o arolygwyr y gwaith o baratoi'r arddangosfa fawr ryngwladol yn y Palas Grisial yn Sydenham, Llundain.[24] Fel cyfarwyddwr addurniadau'r Palas Grisial, trefnodd yr adrannau Eifftaidd, Groegaidd a Rhufeinig, a chyntedd yr Alhambra, yn ogystal â bod yn gyfrifol am addurno'r holl adeilad.[25] Cafodd ei anrhydeddu yn Fiena a Llundain.

Cyhoeddodd Owen Jones lawer o'i waith ymchwil, yn ddyluniadau a thraethodau, ond ei waith enwocaf oedd *The Grammar of Ornament* (1856), albwm lliwgar o batrymau, cynlluniau a ffurfiau addurniadol yn tarddu o amryw o ddiwylliannau a gwledydd y byd (gweler Plât lliw VI).[26] Yn anffodus, nid yw dylanwad ymchwil a gwaith creadigol Owen Jones eto wedi ei lawn werthfawrogi, na'i ffordd arbennig o feddwl am gasglu a dadansoddi addurn gweledol fel pe bai'n ffenomen ieithyddol. Serch hynny tystia llawlyfrau a gyhoeddwyd yn ystod yr hanner canrif nesaf i ddylanwad Owen Jones ar ei gyfoeswyr a'i olynwyr. Yr enwocaf o blith y rhai a ysbrydolwyd gan ei ymchwil oedd William Morris (1834–96), a gododd lawer o syniadau yn syth o'i waith, hyd yn oed ei syniadau am bapur wal. Un o gyfoeswyr Cymreig Owen Jones oedd y bardd enwog Talhaiarn a ddechreuodd ei yrfa yn saer coed; bu wedyn yn bensaer, yn beiriannydd sifil,[27] ac yn arolygydd pontydd, cyn gwasanaethu hefyd fel un o arolygwyr y gwaith yn y Palas Grisial.[28] O ystyried y tebygrwydd rhwng eu gyrfaoedd, byddai'n ddiddorol gwybod a ddylanwadwyd ar y Cymro arall hwn gan Owen Jones.

Yr oedd Owen Jones wedi datgan ym 1863 fod copïo'n uniongyrchol o natur yn ôl arfer y dydd yn arwain at ddirywiad celf.[29] Yr oedd yn gyfarwydd â thraddodiadau dylunio gwledydd y Dwyrain Canol a dyna sut y dysgodd ddulliau o symlhau a mynegi ffurf llysiau a blodau yn lled-haniaethol yn hytrach na chyfleu eu manylion yn fanwl. Yn hyn o beth yr oedd o flaen ei amser. Erbyn troad y ganrif yr oedd nifer o artistiaid â'u pryd ar drawsffurfio a haniaethu yr hyn a welent yn hytrach na bodloni ar ddarlunio natur. Rhoddwyd yr enwau *Art Nouveau* (yn Saesneg), *Modern Style* (yn Ffrangeg), *Liberty* (yn Eidaleg), a *Modernisme* (yn y Gatalaneg) ar waith rhai o'r artistiaid amlochrog hyn, a datblygodd arlunwyr a dylunwyr o Ffrainc neu'r Swistir, megis Eugène Grasset (1845–1917) ffordd o feddwl ac o ddadansoddi dyluniaeth ar sail ramadegol.[30]

Tua'r un adeg, yr oedd Ysgol Fiena, a gynrychiolwyd gan Riegl, Wickhoff a Dvořák, yn datblygu diddordeb mewn olrhain hanes celf drwy ganolbwyntio ar ddadansoddi arddull a ffurf cyfnodau llawer mwy cyfyngedig na'r hyn a gafwyd yng ngwaith Burckhardt. Er enghraifft, ysgrifennodd Aloïs Riegl (1858–1905) ramadeg hanesyddol y celfyddydau gweledol rhwng 1897 a 1899.[31] Ceisiodd addasu method palaeograffeg ac ieitheg at hanes celf, fel petai darlun yn ddogfen hanesyddol o'r un fath â phopeth arall. Bu'n gyfarwyddwr adran tecstiliau Amgueddfa Fiena ac yno, yn y 1880au, yr ysgrifennodd Riegl lyfr ar 'sylfeini hanes addurno'.[32] Wrth ei waith yn yr amgueddfa cafodd gyfle i gymharu ffurfiau a phatrymau carpedi o'r Dwyrain, motiffau *arabesque* Islamaidd, a nodweddion traddodiadau addurno gwlad Groeg, Rhufain a'r Aifft.

Cyflwynodd Riegl y syniad bod celf yn tarddu o weithrediad ewyllys dyn a bod pob celfwaith yn ddatganiad materol o'r ewyllys artistig (*Kunstwollen*), sef cynnyrch yr ymgodymu rhwng yr ewyllys hon a'r deunydd crai. Credai fod celf yn tarddu yn y lle cyntaf o'r ymdrech i efelychu natur. Datblygiad cymharol ddiweddar oedd addurniadau a phatrymau geometrig ac nid oeddynt yn tarddu o fyd natur. Yr oedd hyn i gyd yn gwbl groes i ddamcaniaeth

Ddarwinistaidd Gottfried Semper a'i ddilynwyr, a farnai fod patrymau a chynlluniau cyd-blethiedig a geometrig wedi datblygu o blethwaith cloddiau a phatrwm y muriau amddiffynnol cyntaf.[33] Credai Semper fod addurniad ar ddolen cleddyf yn ddatblygiad o'r rhychau a fyddai yno i hyrwyddo gafael y llaw. Yn yr un modd, cymerai fod addurno ar grochenwaith yn tarddu o olion naturiol y bysedd wrth droi'r talp o glai ar yr olwyn. Y grefft felly oedd yn gyfrifol am y patrwm artistig. Ond yn ôl Riegl yr ymdrech yn erbyn y clai – yr ewyllys i ffurfio gwaith celf – a greodd y tlysni. Dengys Arnold Hauser wrth drafod syniadau gwrthgyferbyniol Riegl a Semper fod yr un ddeuoliaeth wrth wraidd holl ddamcaniaeth celf a hefyd wedi peri anghytundeb sylfaenol ymhlith archeolegwyr.[34]

Tueddai Wilhelm Worringer (1881–1956) i gyd-fynd â Riegl, gan fynnu yn ei draethawd pwysig cyntaf fod gwrthgyferbyniad sylfaenol rhwng celf naturiaethol a chelf haniaethol.[35] Tra bo'r cyntaf yn ymddiried yn hyderus yn y byd allanol, byddai'r yr ail yn cilio rhagddo mewn ing ac ansicrwydd. Yn ôl Worringer, yr oedd celfwaith yn fodolaeth organig annibynnol a hunanlywodraethol y gellid ei hegluro fel ffenomen ar ei phen ei hun yn hytrach nag mewn cysylltiad â ffenomenau eraill megis cymuned neu genedl.[36]

O ganlyniad i weithgaredd ysgolheigion y bedwaredd ganrif ar bymtheg yn dosbarthu a gosod trefn ar hanes celf a diwylliant, paratowyd gwyddoniaduron celf lle y casglwyd at ei gilydd fywgraffiadau artistiaid. Yr Almaenwyr Ulrich Thieme (1865–1922) a Felix Becker (1864–1928) a sefydlodd y mwyaf a oedd ar gael tan yn ddiweddar, a chyhoeddwyd cyfrolau tebyg yn Saesneg a Ffrangeg.[37] Hefyd, datblygodd y traethawd am un artist i fod yn *catalogue raisonné* yn cofnodi pob eitem y gellir profi ei bod o waith yr artist hwnnw, neu a briodolir iddo ar sail ddibynadwy. Nodir enw'r llun, ei ddyddiad, y cyfrwng, y maint, hanes y llun a phwy fu'n berchen arno a ble y'i cedwir – mewn amgueddfa neu gasgliad preifat. Bellach dyna drefn disgrifiad unrhyw gelfwaith.

Yn ystod yr ugeinfed ganrif mae rhai hanesyddion celf wedi dangos diddordeb arbennig mewn mudiadau newydd, mewn Moderniaeth a'r flaengad, ac wedi ysgrifennu am waith cyfoes wrth iddo ddigwydd. Yn y 1900au cafwyd astudiaethau ar waith artistiaid arbennig a mudiadau ym maes celf; yn yr Almaen, er enghraifft, yr oedd Julius Meier-Grafe (1867–1935) yn un o'r hanesyddion celf a ymdrechai i sicrhau cydnabyddiaeth i Argraffiadaeth ac i waith Van Gogh, Manet, Cézanne, Renoir a Degas yn arbennig, tra bu Karl Scheffer (1869–1951) yn arloeswr ac yn olygydd *Kunst und Künstler* o 1906 i 1933.

Ar ddechrau'r ugeinfed ganrif gwelwyd nifer o syniadau newydd yn brigo. Yr oedd gwaith Benedetto Croce (1866–1952) yn trafod natur hanes a hanesyddiaeth, beirniadaeth lenyddol ac esthetig. Dan arweiniad Aby Warburg (1866–1929) dechreuwyd ystyried cefndir ehangach gweithiau celf – gofynnai ef, er enghraifft, pwy oedd yn noddi'r celfyddydau. Mae hanes economaidd, gwleidyddol a chymdeithasol wedi datblygu llawer ers y 1920au, ac mae Johan Huizinga (1872–1945), Frederick Antal (1887–1954), Erwin Panofsky (1892–1968), Richard Krautheimer (1897–1994), Herbert Read (1893–1968), Francis Klingender (1907–55), Meyer Schapiro (1904–96) ac Ernest Gombrich (1909–) i gyd yn eu gwahanol ffyrdd wedi ymestyn hanes celf y tu hwnt i'r ffiniau blaenorol. Mae llyfrau Klingender yn adlewyrchu mudiad arbennig o bwysig yn hanes celf (*Kunstsoziologie*). Ei fan cychwyn oedd dau lyfr gan y cymdeithasegydd Ffrangeg Jean-Marie Guyan, *Les problèmes de l'esthetique contemporaine* (1884) ac yn enwedig *L'art du point de vue sociologique* (1889), llyfr yr oedd yr anarchydd enwog Kropotkin hefyd yn ei edmygu.[38] Cyhoeddodd Klingender lawer, yn enwedig ar ôl iddo symud i Loegr i fyw. Ym 1936 gwahoddodd John Grierson ef i ymchwilio i'r diwydiant ffilm Prydeinig. Cyhoeddwyd ei ddadansoddiad o'r grym ariannol a reolai'r diwydiant hwnnw yn ei lyfr, *Money behind the Screen* (1937). Syfrdanwyd rhai gan y gyfrol ddadlennol hon, ond gosododd ei gyflwyniad gwreiddiol batrwm o ddadansoddi hanes ffilm sydd wedi parhau hyd heddiw.

O Hegel i Klingender, o ganol Ewrop yr hanodd y rhan fwyaf o'r syniadau newydd am natur celf, a phan gyrhaeddodd y syniadau hyn Brydain yr oeddynt yn gwrthdaro â thraddodiad brodorol y *connoisseurs*. Ond ni ddylid diystyru'r traddodiad hwnnw chwaith. Yr oedd arbenigedd y *connoisseurs* wedi cyfoethogi casgliadau'r byd, wedi pentyrru gwybodaeth ac wedi helpu noddi artistiaid. Un o'r boneddigion amlycaf ymhlith noddwyr celfyddyd gain oedd Syr Watkin Williams Wynn, y pedwerydd barwnig (1749–89), gŵr a hanodd o hen deulu Cymreig ac a ddechreuoedd gasglu trysorau yn ystod ei *grand tour* ym 1768–79, gan brynu a chomisiynu cymaint o gampweithiau nes mynd i ddyled.[39] Daeth y beirniad craff hwn yn batrwm ar gyfer cenedlaethau o foneddigion uchel eu chwaeth. Yr oedd gan foneddigion Cymru draddodiad hir o noddi'r celfyddydau eraill, yn enwedig barddoniaeth, ond ni ddiffiniai llawer o uchelwyr Lloegr eu hunain fel deallusion diwylliedig cyn y ddeunawfed ganrif.

Ym 1947 pan gyhoeddodd Klingender *Art and the Industrial Revolution*, ei lyfr enwocaf a mwyaf dylanwadol,[40] nid oedd haneswyr na haneswyr celf wedi llawn ystyried y berthynas rhwng technoleg a chelf. Daeth Klingender â golwg ffres ar y chwyldro diwydiannol; datblygodd y syniad o archeoleg ddiwydiannol; dadansoddodd y cydgysylltiad rhwng y celfyddydau a chynnydd technegol a diwydiannol y bedwaredd ganrif ar bymtheg, ynghyd â'r newidiadau cymdeithasol a ddaeth yn eu sgîl. Wrth sôn am y peiriannau a'r ffatrïoedd newydd cyfeiriodd Klingender at ddarluniau technegol a mecanyddol fel celfweithiau, ac felly hefyd at olygfeydd topograffig a diwydiannol yr un cyfnod. Llyfr chwyldroadol oedd hwn, oherwydd y ffordd y daeth â gwahanol agweddau ar y gymdeithas at ei gilydd a dethol testunau a lluniau y tu allan i feysydd arferol celfyddyd gain.

Dewisodd Klingender lawer o luniau o ddiwydiant cynnar Cymru, rhai ohonynt o gasgliad Amgueddfa Genedlaethol Cymru, wedi eu casglu pan oedd yr Adran Gelf yno yn cyflawni nod ac amcanion siartr yr Amgueddfa. Yn eu plith y mae darluniau o chwareli llechi, gwaith copr Mynydd Parys, gweithiau haearn Nant-y-glo, Cyfarthfa, Merthyr a Dolgellau; golygfeydd a rheilffyrdd diwydiannol megis Merthyr Mawr, Tremadoc a Mynwent y Crynwyr, lluniau a chynlluniau o bontydd Risca a Menai, a lluniau John Martin yn cyffelybu diwydiant ag anhrefn: dyma luniau a gofnodai'n glir hanes datblygiad diwydiant. Mae rhai o enghreifftiau Klingender yn gynlluniau, eraill yn olygfeydd, rhai yn arddull yr arlunydd gwlad, ond y rhan fwyaf ohonynt yn lluniau dyfrlliw gan y Saeson enwog a deithiai drwy Gymru. Dyma ddechrau pennod newydd yn hanes celf Cymru – gweld y wlad fel rhan o'r chwyldro diwydiannol. Mae pob un o'r pynciau a drafodir yn y llyfr wedi agor cwys newydd ym maes hanes diwylliant materol.

Yr oedd diddordebau Klingender yn eang. Gwelai ddiwylliant diwydiannol o safbwynt radicaliaeth canolbarth Ewrop a chanolbwyntiai ar fyd gweithwyr cyffredin. Yng Nghymru yr oedd Iorwerth Peate (1901–82) hefyd yn ymddiddori mewn celfyddyd nad oedd yn gelfyddyd gain ond yn rhan o ddiwylliant gwerin.[41] Pan sefydlwyd Adran Diwylliant Gwerin yn Amgueddfa Genedlaethol Cymru ym 1936, hon oedd 'yr unig adran o'i bath yn holl amgueddfeydd yr Ymerodraeth'.[42] Mae yma gysylltiad hefyd â'r diddordeb newydd a welir ar ddechrau'r ganrif hon yng ngwaith pobloedd 'cyntefig' ymerodraethau Ffrainc a Lloegr, yn arbennig yn Affrica. Yr oedd hyn i gyd yn mynd â ni ymhellach oddi wrth y traddodiad celf glasurol, academaidd. Teimlwyd, bellach, fod celf gyntefig a gwerinol, â'i gwreiddiau yn y ddynoliaeth a'r genedl, yn fwy naturiol na'r hyn a geir wrth ailweithio celf Groeg a Rhufain: 'Mewn rhai agweddau, fe ffinia, wrth gwrs, ar fyd archeoleg, ond mae'n gymydog agos hefyd i gymdeithaseg a hanes, i seicoleg a byd yr ysbryd. Fe ofyn gan hynny am ddulliau astudiaeth sydd i bob pwrpas yn synthesis newydd.'[43]

Teimlai deallusion ac artistiaid llawer o wledydd atyniad at fywyd y werin a'i chelfyddyd a'i chrefftau brodorol wrth i'r rhain ddechrau darfod o'r tir. Ddiwedd y bedwaredd ganrif ar bymtheg yn Rwsia yr oedd mudiad y 'Slafgarwyr' yn troi ei gefn ar glasuriaeth Ewropeaidd Sant Petersbwrg ac yn ceisio ail-greu ysbryd yr hen Rwsia mewn cerddoriaeth, llenyddiaeth, celf a diwylliant gwerin. Ffurfiwyd cylch o arlunwyr, cerddorion, cantorion, penseiri, hanesyddion celf, archeolegwyr, awduron ac actorion o amgylch Savva Mamontof yn y 1870au. Yn yr un ysbryd fe gyflwynodd P. M. Tretyakof ei gasgliad o luniau gan artistiaid Rwsia yn rhodd i ddinas Mosco, lle y cawsant gartref yn yr amgueddfa gyntaf o waith artistiaid Rwsia. Gwelwyd yr un pwyslais ar arddull genedlaethol yn yr arddangosfeydd rhyngwladol ym Mharis (1867) a Fiena (1873) ac yn arddangosfa genedlaethol y Swistir yn Zürich ym 1883. Ym 1896, agorwyd ail arddangosfa genedlaethol y wlad honno yng Ngenefa, a'r tro hwn yr oedd yn cynnwys pentref nodweddiadol o'r Swistir.[44] Cafwyd enghreifftiau tebyg mewn gwledydd eraill. Yr oedd arddangosfa Eidaleg yn Torino ym 1884 yn cynnwys 'Borgo medioevale', sef cyfanwaith o bensaernïaeth y bymthegfed ganrif.

O holl wledydd Ewrop, gwledydd Llychlyn yr oedd Iorwerth Peate yn eu hedmygu fwyaf, am iddynt fynd ati i astudio diwylliant gwerin a sefydlu amgueddfeydd awyr-agored. Ym 1946, sicrhawyd Castell Sain Ffagan ynghyd â rhyw gan erw o erddi a thiroedd ar gyrion Caerdydd er mwyn creu yr un fath o amgueddfa ar gyfer Cymru. Cludwyd yno hen dai ac adeiladau neilltuol eraill o bob rhan o Gymru,[45] ac arddangoswyd crefftau traddodiadol Cymru fel y'u disgrifiwyd gan Peate yn ei lyfr am y crefftwr yng Nghymru.[46] Cyhoeddodd Peate amrywiaeth o ysgrifau a llyfrau yn ymwneud â phynciau megis medalau eisteddfodol,[47] pensaernïaeth frodorol[48] ac yn y blaen, y cwbl yn seiliedig ar y rhagdybiaeth mai yn eu tai a dillad, yn eu bywyd cymdeithasol, llên gwerin ac arferion, ac yn eu dulliau o amaethu, yr amlygid ysbryd a natur diwylliant gwerin y Cymry.

Yn ystod y 1960au hwyr a'r 1970au, gwelwyd syniadau Marx a'i ddilynwyr yn cael eu haddasu mewn ffyrdd amrywiol ac anuniongred gan feirniaid llenyddol a haneswyr celf a'r sinema. Gwrthododd Nicos Hadjinicolaou y traddodiadau a ddiffiniai hanes celf fel hanes artistiaid – meddylddrych y dosbarth canol (*idéologie bourgeoise*) oedd hyn.[49] Fel y Marcsiaid, ystyriai ef hanes celf fel gwyddor gymdeithasol ond serch hynny yr oedd am barchu'r grefft a phwysleisio mai 'yn y celfwaith ei hun y mae man cychwyn pob hanes celf gwirioneddol'.[50] Rhaid oedd gosod y gwaith yn ei gyd-destun hanesyddol drwy nodi cyflwr gwreiddiol y gwaith, ei ddyddiad, cefndir dosbarth ac ideolegol y noddwr, teitl y gwaith, penderfynu'r dyddiad, casglu at ei gilydd yr hyn a ysgrifennwyd eisoes am yr arlunydd, priodoli gwaith i'r artist a'i gysylltu ag astudiaethau eraill yn ymwneud â'r cefndir economaidd, gwleidyddol ac eiconograffaidd, yn ogystal â'r manylion am liw a thechneg.

O'r 1970au ymlaen daeth syniadau o America hefyd i dorri ar

draws y traddodiadau cyfarwydd – ac yn arbennig astudiaethau ffeministaidd ar gelf merched.[51] Datblygwyd dulliau newydd o ymdrin â hanes celf Affrica o safbwynt dysg frodorol wrth i ysgolheigion Affricanaidd ymuno yn y broses o ddisgrifio naw mil o flynyddoedd o hanes a diwylliant y cyfandir hwnnw. Er bod hyn i gyd yn welliant ar agweddau cynharach, yn arbennig yr arfer o ystyried y cyfandir yn 'gyntefig' neu, ar y gorau, fel lle a gynigiai ddefnydd i'w addasu ar gyfer yr *avant-garde* Ewropeaidd, mae'n dal yn anodd i ni yn Ewrop arddangos y gwaith ond fel *objet d'art* o fewn ein gwareiddiad ein hunain.[52] Bellach, hefyd, telir sylw i waith artistiaid o'r Trydydd Byd sydd wedi symud i Ewrop[53] ac, yn y 1980au, cysegrwyd arddangosfa bwysig i artistiaid Affro-Asiatig cyfoes ym Mhrydain.[54] Ymhellach, mae cronfa o gatalogau artistiaid duon ar y gweill.[55]

Ochr yn ochr ac yn gyson â'r datblygiadau dadelfennol hyn yn ymwneud â hunaniaeth genedlaethol, dosbarth cymdeithasol a rhyw, daeth rhai i sylweddoli yn ystod y 1980au nad yw tirwedd a thirlun yn destunau hollol ddiniwed a syml; bod iddynt yn hytrach awdurdod ac arwyddocâd eicon, y gallu i lunio fersiwn o hanes ac i feithrin syniadau gwleidyddol bron yn ddiarwybod inni. Mewn geiriau eraill, gellir darganfod arwyddocâd cudd mewn darluniau o gefn gwlad. Awgrymodd James F. McMillan o Boston fod artistiaid Ffrainc yn y bedwaredd ganrif ar bymtheg yn mynegi gweledigaeth arbennig o hunaniaeth genedlaethol, ac esboniodd sut yr oedd safbwynt gwleidyddol yn effeithio ar y ffordd o ddarlunio.[56] Ym 1793 yr oedd Ffrainc yn canoli grym, a'i llywodraeth yn y brifddinas yn gorfodi trefn unffurf ar bob rhan o'r wlad, gan ystyried gwahaniaethau iaith ac arferion yn fygythiad. Cyflwynwyd trefn addysg a chwricwlwm swyddogol, unffurf, ar draws y wlad i gyd. Erbyn canol y ganrif yr oedd teimlad cryf o genedlaetholdeb Ffrengig wedi datblygu. Yn hytrach nag edrych tuag at yr Eidal am ysbrydoliaeth, trodd arlunwyr at dirwedd Ffrainc, at draddodiadau'r wlad a hyd yn oed at eu tarddiad Celtaidd. Credai McMillan fod Claude Monet ar ddiwedd y ganrif wedi dewis peintio'r coed poplys a delweddau eraill fel symbolau o Ffrainc, ond nid yw'r ddamcaniaeth hon am waith Monet wedi ennill ei thir ym Mhrydain eto.[57] Gwelwyd damcaniaethau tebyg yng Ngogledd America yn y 1990au, yn enwedig yn Chicago, ond gwrthwynebwyd y rhain eto gan nifer o feirniaid celf yn Lloegr.

Dechreuodd rhai athrawon llenyddiaeth, anthropoleg a seicoleg ystyried y tirlun a'r tirwedd o safbwynt diwylliannol ehangach, nid fel arwyddion gweledol yn unig ond fel ffenomenau a oedd yn rhan o'n hunaniaeth cymdeithasol.[58] Yr oedd eu dadansoddiad yn gallu dangos bod arwyddion ar waith mewn rhai tirluniau a'u gwnâi'n gyfrwng i imperialaeth. Daethant i'r casgliad bod tirluniau o bob math – rhai Tsieineaidd, neu olygfeydd o diroedd dadleuol Israel, neu dirwedd twristaidd Turner, i gyd yn adlewyrchu safbwynt gwleidyddol arbennig ac yn fodd i fygu gwrthwynebiad. Awgrymwyd bod cysylltiad rhwng gweled, mesur, arolygu a meddiannu'r tir, y naill beth weithiau yn arwain at y llall.

Dan awdurdod byddin Lloegr y dechreuwyd paratoi mapiau o ardaloedd a feddiannwyd, er enghraifft ar ôl gwrthryfel y Jacobitiaid ym 1745.[59] Ymdebygai'r mapiau hyn i gynlluniau'r gerddi ar ystadau mawr pendefigion a thirfeddianwyr: trwy'r rhain gallai'r perchenogion fynegi hyder a balchder, dangos eu cyfoeth materol a'u grym, ac ennyn parch. (Gellir dadansoddi portreadau swyddogol o'r un safbwynt.) Hanner ffordd rhwng bod yn fap ac yn dirlun cafwyd y panorama neu *prospect* – ffurf gelfyddydol o ddangos daearlun â holl fanylion y plasty, gerddi, tiroedd, a hyd yn oed eiddo diwydiannol, megis ffatri neu reilffordd.[60] Ymhellach, er mwyn cael disgrifiad dogfennol, dangosir yr olygfa o'r awyr ac o'r llawr ar yr un pryd, fel petai'r tirlun ar y naill law wedi ei droi tuag atom, ond ar y llaw arall yn aros fel golygfa fwy arferol.

Yr oedd Paul Sandby (1731–1809) wedi dechrau ei yrfa yn gweithio gyda'r fyddin, yn paratoi arolygon darluniadol o'r tir er mwyn 'agor y ffordd' i ucheldiroedd yr Alban yn y pum mlynedd ar ôl 1745; wrth wneud hynny dysgasai bwysigrwydd cywirdeb ond, ar yr un pryd, datblygodd ymdeimlad tuag at y wlad agored. Bu ei frawd Thomas Sandby (1723–98) yn gweithio yn yr Alban hefyd, gyda'r *Board of Ordnance* (adran o'r fyddin) dan oruchwyliaeth dug Cumberland, a chafodd ddyletswyddau tebyg ar y Cyfandir ym 1746–8. Bu ei arolygon o'r wlad yn ddefnyddiol iawn i'r fyddin.[61]

Yn lluniau'r brodyr Sandby a'u dilynwyr yn y 1770au a'r 1780au,

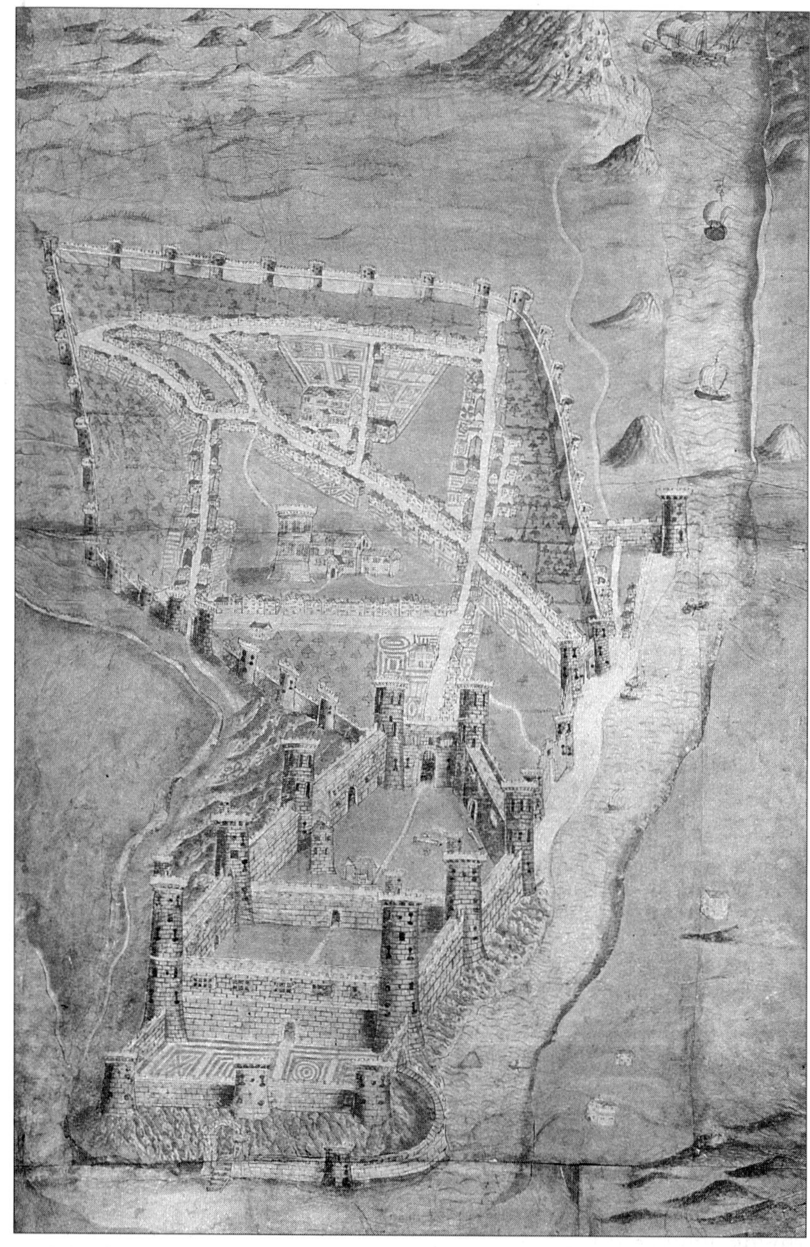

1. Golygfa banoramig o Gonwy a'r castell (*c.*1600), gan artist dienw; pin a lliw ar felwm, 113 x 70 cm.

ceir manylder a threfn ac ymdeimlad o sicrwydd a diogelwch oherwydd iddynt dreiddio i'r tiroedd a ddarlunwyd ganddynt; ond daeth artistiaid eraill i fynegi parchedig ofn a theimladau dyrchafol wyneb yn wyneb â grymoedd natur neu'r diwydiannau newydd. Gyda'u blychau paent dyfrlliw teithiodd artistiaid i byllau glo, i chwareli, ac i weithfeydd arswydus yn ogystal ag i ben mynydd, er mwyn profi a datgan naws yr aruchel – *the sublime*.[62] Yn y cyfnod hwn y dechreuodd arlunwyr o Loegr ddod i Gymru oherwydd bod y rhyfel ar y Cyfandir yn eu rhwystro rhag mynd ar y *grand tour* arferol.

Trodd Turner at y dull aruchel cyn 1800 a'i gyplysu ag elfennau hanesyddol-rhamantaidd, yn enwedig wrth gyflwyno golygfa o fynyddoedd Cymru yn dangos milwyr ar eu hymdaith, er enghraifft.[63] Fel rhai arlunwyr eraill yr oedd gan Turner ddiddordeb yn yr hanes am y brenin Edward I a beirdd Cymru,[64] ac yn yr un flwyddyn ysgrifennodd linellau o farddoniaeth i gyd-fynd â'i lun o gastell Dolbadarn, gan gyfeirio at garchariad Owain Goch yno.[65] Mae'n bosibl bod Turner yn edrych ar arwyr hynafol y Cymry fel *noble savages* yn yr un ffordd ag yr oedd deallusion Lloegr a Ffrainc yn gweld trigolion 'cyntefig' eu hymerodraethau, a bod elfen Ramant-aidd, edifeiriol yn eu hagwedd at y pobloedd gorchfygedig a'u ffordd o fyw. Yn sicr yr oedd diddordeb Turner mewn cestyll ac adfeilion yn rhan o weledigaeth Ramantaidd yr ysbryd darluniol (*the Picturesque*), a welai brydferthwch yn yr anwastad a'r garw, ysbryd a adlewyrchir hefyd yng nghynllun gerddi plastai mawrion y cyfnod.

Gellir cymharu'r ymwelwyr a thwristiaid a ddaeth yn gyson i bortreadu Cymru o'r tu allan gyda'r *orientalists* a wnaeth yr un peth yn y Dwyrain Canol a'r Dwyrain Pell. Yn ôl traed yr artistiaid daeth llu o bobl i Gymru, yn awchio am gael eu cyffroi wrth edrych ar dirwedd 'ofnadwy' a darluniol. Dechreuodd yr arfer o ddianc o'r trefi mawrion i deithio i lefydd anghysbell yng nghanol y mynyddoedd a hyd yn oed i aros yno mewn tŷ haf. Gwelir estyniad o'r un meddylfryd yn y ffordd mae'r di-Gymraeg yn ysgrifennu am Gymru ac am ei hanes a'i chelf.[66] Mae gwahaniaeth amlwg rhwng ymwelydd a brodor o ran agwedd a dewis testunau i'w hastudio ac ymchwilio. Ar ben hynny, os na all yr ymchwilydd ddarllen y Gymraeg, bydd y diffyg hwn yn cyfyngu ar ei waith – er na fydd, o bosibl, yn sylweddoli hynny.

Os ystyrir prif draddodiadau ysgolheigaidd Canol Ewrop – traddodiad y *connoisseur* ym Mhrydain yn edrych tua'r cyfandir; campweithiau gwareiddiad Ewrop; Groeg glasurol; Rhufain; y Gothig a'r Dadeni; yr *avant-garde* a datblygiadau newydd Moderniaeth – mae'n amlwg bod y syniad o gelfyddyd gain ei hun yn estron i Brydain a bod ychydig iawn o draddodiad celf ym Mhrydain. Pan drefnwyd arddangosfa o gelfyddyd Lloegr o 1200 i 1400,[67] ychydig iawn o enghreifftiau oedd i'w cael o gymharu â Ffrainc, yr Eidal, yr Almaen neu Rwsia yn yr un cyfnod. Yr un oedd y sefyllfa pan ganolbwyntiwyd ar y cyfnod 1066–1200.[68] Ymhellach, pan geisiwyd gwahaniaethu celf a diwylliant Eingl-Sacsonaidd 600–900 oddi wrth y cynddelwau a'r patrymau Celtaidd a ddaeth o'u blaen, cododd problemau ynglŷn â phriodoli'r gwaith â phryder gwleidyddol i'r trefnwyr wrth iddynt ddadlau mai llaw Sacson yn hytrach na Gwyddel a fu'n gyfrifol am rai o'r gweithiau cain godidocaf, yn enwedig ym maes addurno llawysgrifau.[69]

Cododd y ddadl wleidyddol i'r lefel Ewropeaidd wrth drafod cyfnod cynharach fyth yn sgîl arddangosfa fawr 'y Celtiaid' a gynhaliwyd yn Fenis ym 1991.[70] 'Tarddiadau Ewrop' oedd yr is-deitl, a disgrifiwyd diwylliant y Celtiaid fel gwareiddiad cyntaf Ewrop gyfan. Cafwyd gwrthwynebiad i'r ymgais hon i sefydlu syniad gwleidyddol a chenedlaethol newydd ar hen sylfeini yng nghynhadledd *Archeos 92* a drefnwyd yn yr Amgueddfa Brydeinig, lle y dadleuwyd nad oedd erioed y fath beth ag Ewrop Geltaidd. Aeth rhai archeolegwyr Saesneg gam ymhellach drwy geisio profi nad oedd brodorion Prydain yn Geltiaid: is-ddadl oedd hon yn erbyn undod Ewropeaidd. Gyda rhesymeg ymddangosiadol wrthrychol felly, gall archeoleg yn hawdd droi'n arf gwleidyddol drwy bwysleisio neu ddiystyru deunydd archeolegol arbennig neu ei ddehongli mewn ffordd arbennig. Mae'r pwyslais yn dibynnu o'r dechrau ar ba waith ymchwil y dewisir ei gyllido. Haws gweld rhagfarnau mewn gwledydd eraill, pan geisia eu hysgolheigion brofi nad oedd rhyw boblogaeth gynharach wedi bodoli ac mai'r hil bresennol a fu yno erioed.

Gellir dadlau ei fod yn weddol amlwg nad oedd traddodiad

celfyddydol cryf yn Lloegr ond bod awydd diwylliannol a gwleidyddol i greu'r fath traddodiad fel rhan angenrheidiol o'r diwylliant cenedlaethol. Ym 1955, darlledodd y BBC gyfres o Ddarlithoedd Reith ar 'The Englishness of English Art' gan Nikolaus Pevsner, cyfres a ddaeth â rhywfaint o hyder ac ymwybyddiaeth newydd i gelfyddyd Lloegr. Adnewyddodd Andrew Graham Dixon yr ysbryd cenedlaethol trwy gyfrwng grymus, cyhoeddus y teledu pan hawliodd mai yn Lloegr yr oedd gwreiddiau Moderniaeth yn ei raglen *The History of British Art*, a ddarlledwyd gan y BBC ym mis Medi 1996. Dyrchafwyd Turner ers amser gan feirniaid Saesneg i fod yn symbol o benarglwyddiaeth y gyfundrefn Seisnig mewn gwledydd eraill yn ogystal ag yn Lloegr. Honasant mai Turner oedd ffynhonnell gwaith Claude Monet a'r Argraffiadwyr Ffrengig ond, yn Ffrainc, pwysleisiwyd mai o draddodiad cynhenid, brodorol y tarddodd y mudiad. I Andrew Graham Dixon, gwaith gyfan-gwbl *plein-air* mynegiadol John Constable oedd man cychwyn celf y flaengad; ond mae'r hanesydd Cymraeg Prys Morgan yn dadlau bod tystiolaeth gref yn dangos mai Thomas Jones Pencerrig oedd yr arlunydd *plein-air* cyntaf i beintio'n uniongyrchol yr hyn a welai o'i flaen yn awyr agored Napoli.

Yn gyffredinol, gellir dweud mai o safbwynt Seisnig y cyflwynwyd hanes celf Lloegr neu Brydain, gan ymgorffori Cymry pwysig megis Richard Wilson, John Gibson, David Jones a Ceri Richards yn y traddodiad hwnnw, ac na chafwyd fawr o sôn am etifeddiaeth y Celtiaid. Mae celf yn brif ysbail rhyfel, rhywbeth i'w meddiannu gan y rhai sy'n ennill grym. Ond mi all hefyd droi'n arf i amddiffyn hunaniaeth lleiafrif, os y'i defnyddir i ledaenu ei weledigaeth arbennig o'r byd. Mae hanes celf Cymru – a thrwy hynny hunaniaeth weledol Cymru – wedi ei drosglwyddo ers y bedwaredd ganrif ar bymtheg mewn cylchgronau[71] a thrwy eiriaduron neu wyddoniaduron.[72] Yn ystod trydydd chwarter yr ugeinfed ganrif, cyhoeddwyd arolygon o'r celfyddydau yng Nghymru,[73] a pharhau y mae'r cyhoeddi a'r ymchwil a gwyntyllu syniadau, yn enwedig yn y cylchgronau Cymraeg a Chymreig.[74]

Sefydlwyd Canolfan Uwchefrydiau Cymreig a Cheltaidd Prifysgol Cymru ym 1985, gyda'r nod o hybu ymchwil ym maes astudiaethau Celtaidd gan ganolbwyntio ar iaith, llenyddiaeth a hanes

Cymru. Ym 1995 torrwyd tir newydd pan sefydlwyd cynllun cyffrous sy'n ymchwilio i hanes diwylliant gweledol Cymru ac a fydd yn esgor ar gyfres o gyfrolau am y pwnc. Ystyrir pob agwedd ar y diwylliant gweledol, gan osod y delweddau yn eu cyd-destun cymdeithasol o fewn fframwaith hanes Cymru yn gyffredinol.[75]

Hyd at chwarter olaf yr ugeinfed ganrif ni chafodd diwylliant gweledol Cymru yr un statws â'r traddodiad llenyddol. Er hynny mae ymchwil yn y maes wedi ehangu ac wedi aeddfedu drwy'r 1980au a hyd at heddiw. Bellach gwerthfawrogir delweddau a ddiystyriwyd yn y gorffennol am eu bod yn gelfyddyd werinol neu naïf, a thelir sylw dyledus i ffurfiau megis brodwaith, gwaith cerameg a ffotograffiaeth. O ganlyniad mae'r diwylliant gweledol cyfoethog wedi ennill ei blwyf – fel y dylai gan ei fod yn adlewyrchu hanes y genedl ac ar yr un pryd wedi cyfrannu at ei lunio. Mae delweddau coll wedi eu hailddarganfod, a delweddau eraill wedi eu hailystyried, weithiau yng nghyd-destun profiad diwylliannau eraill a ystyriwyd hwythau hefyd yn ymylol.

Problemau gwahanol fydd o'n blaen wrth gofnodi hanes celfyddyd gyfoes Cymru, o'r 1960au pan ddaeth gwleidyddiaeth 'ryngwladol' Eingl-Americanaidd i reoli'r sefydliadau celf, hyd at fywiogrwydd ac ymwybyddiaeth newydd Gymreig y 1980au a'r 1990au. Ond anghywir fyddai casglu fod yna fwy o amrywiaeth yn y cyfnod hwn nag yn yr oesoedd blaenorol. Cafwyd yr un syniad twyllodrus mewn cyfnodau eraill, ond gan ein bod ni yn llai cyfarwydd â'r cyfnodau hynny, tueddwn i orsymleiddio wrth gyfeirio atynt fel 'y Dadeni' neu 'yr Oesoedd Canol'. Ar ddiwedd yr ugeinfed ganrif daethom yn ymwybodol o golledion y gorffennol a llwyddo i berffeithio pob math o systemau diogelu a chofnodi. Ond mae ceisio dadansoddi tystiolaeth o ffilm, teledu, meicroffurfiau a chyfryngau electronig yn dod â phroblemau newydd i'n herio.

Wrth fwrw golwg ar darddiad safbwyntiau gwahanol yn natblygiad hanes celf, hwyrach y gellir eu harfer – neu'u hamau – er mwyn dod i well dealltwriaeth o'r hyn sydd yn dylanwadu ar ysgrifennu hanes. Nid yw adeiladu'r gorffennol yn ddiben ynddo'i hun nac ar ei ben ei hun. Mae'r presennol yn llywio (ac yn lliwio) ein hymchwil i'r gorffennol, ond mae'n hymchwil hanesyddol hefyd yn dylanwadu ar y ffordd y byddwn yn dirnad y presennol.

Nodiadau

1. Gweler J. W. Thompson a B. J. Holm, *A History of Historical Writing* (Efrog Newydd, 1942).

2. Frederick Antal, 'Remarks on the method of Art History', *Burlington Magazine* (Chwefror/Mawrth 1949), ailargr. yn Frederick Antal, *Classicism and Romanticism with other Studies in Art History* (Llundain, 1966), pennod 6, tt.175–89.

3. Joseph Needham, *Science and Civilization in China* (16 cyfrol, Caergrawnt, 1954–95), gwaith pwysig yn olrhain hanes mathemateg, seryddiaeth, ffiseg, cemeg, daeareg, sŵoleg, botaneg, meddygaeth a phynciau eraill dros bum canrif ar hugain. Arbenigai Joseph Needham (1900–95) ym maes seicoleg, ond mae'n debyg mai ef oedd yr ysgolhaig ehangaf ei wybodaeth yn yr Ewrop fodern.

4. H. Rackham (gol. a chyf.), *Pliny the Elder, Libri* XXXIII–XXXV (1952), ix, yn *Natural History*, Loeb Class. Lib. (Llundain a Cambridge, Mass., 1938–62), XXXV.xxxvi, 65.

5. Ibid., XXXV.xxxvi, 85.

6. Giorgio Vasari, *Le vite de'più eccellenti architettori, pittori e scultori italiani da Cimabue insino a'tempi nostri* (Firenze, 1550), Giorgio Vasari, *Vite de' più eccellenti pittori, scultori ed architettori* (ailargr. Firenze, 1568). Gweler hefyd Patricia Lee Rubin, *Giorgio Vasari. Art and History* (New Haven a Llundain, 1995) ac M. de Certeau, *L'écriture de l'histoire* (Paris, 1975); cyfieithiad Saesneg yn T. Conley (gol.), *The Writing of History* (Efrog Newydd, 1988).

7. Giulio Mancini, *Considerazioni sulla pittura* (*c*.1621); yr argraffiad modern cynharaf yw Adriana Marucchi (gol.), (2 gyfrol, Rhufain, 1956–7). Gweler hefyd waith cyffredinol Germain Bazin, cyf. Jane van Nuis Cahill, *The Museum Age* (Brwsel a Llundain, 1967). Gweler ymhellach Edward L. Goldberg, 'Documents for the history of collecting', *Burlington Magazine* (Rhan I, Chwefror 1996; Rhan II, Awst 1996), tt.529–45, sef cyfres o erthyglau am y berthynas rhwng y llys Sbaeneg ac artistiaid a noddwyr yr Eidal yn yr unfed a'r ail ganrif ar bymtheg.

8. Matthias Quadt, *Teutscher Nation Heiligkeitt* (Köln, 1609).

9. Joachim von Sandrart, *Academia Todésca della Architectura, Scultura e Pittura* (4 cyfrol, Nürnberg, 1675–9). Cyfieithwyd yn ddiweddarach i'r Lladin (Nürnberg, 1683).

10. Charles Perrault, *Parallelle des anciens et des modernes* (Paris, 1688), a *Les hommes illustres qui ont paru en France pendant ce siècle* (2 gyfrol, Paris, 1696–1700).

11. Giovanni Battista Vico, *Principi d'una scienza nuova* (Napolis, 1725).

12. Ivor Davies, 'Modern Art: a definition and historical analysis of the terminology and components', *Aspects*, rhif 14 (Gwanwyn 1981), tt.7–9.

13. Georg Wilhelm Friedrich Hegel, *Phänomenologie des Geistes* (Bamberg, Würzburg, 1807). Ei weithiau nodweddol eraill yw *Wissenschaft der Logik* (2 gyfrol, Nürnberg, 1812–16); *Encyklopädie der philosophischen Wissenschaften im Grundrisse* (Heidelberg, Offenbach, 1817). Casglwyd ei *Werke* mewn 18 cyfrol (Berlin, Leipzig, 1832–87).

14. Leopold von Ranke (1795–1886) oedd un o'r rhai cyntaf i ddod â gwendidau hanes traddodiadol i'r golwg, a hynny ym 1824.

15. Auguste Comte, *Cours de Philosophie Positive* (6 chyfrol, Paris, 1830–42).

16. John Stuart Mill, *System of Logic* (2 gyfrol, Llundain, 1843) ac *Essays on Some Unsettled Questions of Political Economy* (Llundain, 1844).

17. Nodyn gan Engels yn rhagymadrodd argraffiad Almaeneg maniffesto'r Blaid Gomiwnyddol.

18. Dechreuodd Charles Robert Darwin gasglu'r ffeithiau ym 1837 a'u cyhoeddi yn ei lyfr enwog *On the Origin of Species by Means of Natural Selection, or the Preservation of Favoured Races in the Struggle for Life* (Llundain, 1859). Gwerthwyd yr holl 1,250 o gopïau a argraffwyd yn ystod y diwrnod cyntaf.

19. Gweler E. H. Gombrich, *In Search of Cultural History* (Philip Morris Deneke Lecture, 1967, Rhydychen, 1969), pennod 3, tt.14–25.

20. Jacob Burckhardt, *Die Cultur der Renaissance in Italien* (Basel, 1860), cyfieithiad Saesneg gan Samuel G. C. Middlemore, *Civilization of the Renaissance in Italy* (Rhydychen, 1878).

21. Gombrich, *In Search of Cultural History*, pennod 4, t.25.

21. H. Wölfflin, *Kunstgeschichtliche Grundbegriffe* (München, 1915), cyf. M. D. Hottinger, *Principles of Art History* (6ed argr., Llundain, 1932), t.vii.

23. *The Myvyrian Archaeology of Wales* (3 cyfrol, Llundain, 1801–7). Bu Edward Williams (1746–1826), 'Iolo Morganwg', yn chwilio am hen lawysgrifau, a'i waith ef yw'r rhagymadrodd yn ogystal â rhai o'r penillion ffug. Yr oedd ganddo ddychymyg a gallu fel bardd ac fel saer maen.

24. Gweler *Great Exhibition, 1851, Official Descriptive and Illustrated Catalogue* (3 cyfrol a chyfrol ychwanegol, Llundain, 1851) a hefyd *Great Exhibition, 1851, Reports of the Commissioners, 1852 to date* (Llundain, 1852).

25. Ymhlith y Cymry eraill yr arddangoswyd eu cerfluniau yno gellid enwi Edward Davis o Gaerfyrddin (1813–78), John Evan Thomas o Aberhonddu (1810–73) a Joseph Edwards (1814–83), mab i saer maen o Ferthyr Tudful. Gweler Rupert Gunnis, *A Dictionary of British Sculptors, 1660–1851* (Llundain, 1951).

26. Pascual de Gayánges, *Plans, Elevations, Sections and Details of the Alhambra. From drawings taken on the spot by J. Goury and O. Jones* (2 gyfrol, Llundain, 1842–5); a chan Owen Jones, *Designs for Mosaic and Tesselated Pavements* (Llundain, 1842), *An attempt to define the Principles which should regulate the Employment of Colour in the Decorative Arts* (Llundain, 1852), *The Alhambra Court* (Llundain, 1854), *The Grammar of Ornament* (Llundain, 1856), *One Thousand and One Initial Letters* (Llundain, 1864), *Seven Hundred and Two Monograms* (Llundain, 1864), *Examples of Chinese Ornament* (Llundain, 1867), ac eraill.

27. Fe'i portreadwyd gan William Roos ym 1851 fel 'y peiriannydd sifil parchus', gweler catalog yr arddangosfa *Arlunwyr Gwlad* (Llyfrgell Genedlaethol Cymru, Aberystwyth, 1993) wedi ei hymchwilio a'i threfnu gan Peter Lord.

28. John Parry (gol.), *Encyclopaedia Cambrensis. Y Gwyddoniadur Cymreig* (ail argr., Dinbych, 1889–96) cyf. VI, tt.416H, a *Cymry Enwog. Bywgraffiadau byrion a baratowyd dan nawdd Adran Gymreig y Bwrdd Addysg a Gwasg Prifysgol Cymru* (Caerdydd, 1944), t.112.

29. 'I call upon attention to the demoralising influence of imitating Nature so directly as is the custom in the present day' (1863), gweler Mario Amaya, *Art Nouveau* (Llundain, 1966), t.12.

30. Yr oedd Eugène-Samuel Grasset yn ddylunydd dodrefn, celfi, gwaith haearn,

carpedi, gwydr-lliw ar gyfer ffenestri, mosäig, platiau a stampiau post yng nghyfnod *Art Nouveau*. Fe'i hysbrydolwyd gan Owen Jones i gyhoeddi llyfr am 'blanhigion a'u haddasiad ar gyfer addurn' fel ffolio lliwgar yn cynnwys 'gramadeg y celfyddydau': *La plante et ses applications ornamentales* (2 gyfrol, Paris, 1897–1900); *Méthode de composition ornamentale* (2 gyfrol, Paris, 1905).

31. Aloïs Riegl, *Historische Grammatik der bildenden Künste*, cyf. Élaine Kaufholz, *Grammaire historique des arts plastiques; volonté artistique et vision du monde* (Paris, 1978). Am lyfryddiaeth lawn o waith Riegl, gweler rhagymadrodd Hans Sedlmayr yn Carl M. Swoboda (gol.), *Gesammelte Aufsätze* (Augsburg, Wien, 1929), t.xxxv.

32. Aloïs Riegl, *Stilfragen, Grundlegungen zu einer Geschichte der Ornamentik* (Fiena, 1893), cyf. Evelyn Kain, *Problems of Style, Foundations for a History of Ornament* (Princeton, 1992). Gweler hefyd Margaret Iverson, *Aloïs Riegl: Art History and Theory* (Cambridge, Mass., a Llundain, 1993) a'r adolygiad o'r llyfrau hyn gan Paul Crowther, 'More than ornament: the significance of Riegl', *Art History*, cyf. 17, rhif 3 (Medi 1994), tt.482–94. Am grynodeb o ddamcaniaeth Riegl, gweler M. Schapiro yn *Anthropology Today. An encyclopedic inventory. Prepared under the Chairmanship of A. L. Kroeber* (Chicago, 1953).

33. Gottfried Semper, *Der Stil in den technischen und tektonischen Kuensten* (2 gyfrol, Frankfurt am Main, 1860–3).

34. Arnold Hauser, *The Social History of Art*, cyf. 1, pennod 1, 'Old Stone Age', n.1, tt.3–5.

35. W. Worringer, *Abstraktion und Einfühlung* (München, 1908), cyf. Michael Bullock, *Abstraction and Empathy* (Llundain, 1953).

36. W. Worringer, yn Michael Bullock (cyf.), *Abstraction and Empathy*, t.56.

37. Haneswyr celf oedd Ulrich Thieme ac F. Becker. Sefydlasant yr *Allgemeines Lexikon der bildenden Künstler von der Antike bis zur Gegenwart* (37 cyfrol, Leipzig, 1907–50; dechreuwyd argr. newydd 1983–90, gol. G. Meissner, München). Y gwaith cyfatebol cyntaf yn Saesneg oedd yr argraffiad cyntaf o Michael Bryan, *Biographical and Critical Dictionary of Painters and Engravers* (2 gyfrol, Llundain, 1816); cafwyd nifer o argraffiadau newydd rhwng 1849 a 1903. Gweler hefyd yr *Encyclopedia of World Art* (15 cyfrol, Efrog Newydd, 1959–68); ac E. Bénézit (gol.) *Dictionnaire critique et documentaire des peintres, sculpteurs, dessinateurs et graveurs* (3 cyfrol, Paris, 1911–24).

Gweler ymhellach R. Édouard-Joseph, *Dictionnaire biographique des artistes contemporains, 1910–30* (3 cyfrol, Paris, 1930–4); R. Huyghe, *Art and Mankind. Larousse Encyclopedia of Modern Art from 1800 to the Present Day* (4 cyfrol, Llundain, 1962–5); Jane Shoaf Turner (gol.), *The Dictionary of Art . . . from Prehistory to the 1990s* (34 cyfrol, Llundain, 1996).

38. Donald Drew Egbert, *Social Radicalism and the Arts: Western Europe, a Cultural History from the French Revolution to 1968* (Efrog Newydd, 1970).

39. Oliver Fairclough, 'Sir Watkin Williams-Wynn and Robert Adam: commissions for silver, 1768–80', *The Burlington Magazine*, cyf. 127, rhif 1107 (Mehefin 1995), tt.376–86.

40. Francis Klingender, *Art and the Industrial Revolution* (Llundain, 1947).

41. Iorwerth C. Peate, *Diwylliant Gwerin Cymru* (Lerpwl, 1942).

42. Ibid., t.ix.

43. Ibid.

44. Jacques Gubler, *Nationalisme et internationalisme dans l'architecture moderne de la Suisse* (Lausanne, 1975).

45. Iorwerth C. Peate, *Welsh Folk Museum, St Fagans* (Caerdydd, 1963).

46. Iorwerth C. Peate, *Y Crefftwr yng Nghymru: Rhagymadrodd i Hanes Crefft* (Aberystwyth, 1933).

47. Iorwerth C. Peate, *Welsh Society and Eisteddfod Medals and Relics* (Caerdydd, 1938).

48. Iorwerth C. Peate, *The Welsh House: A Study in Folk Culture* (Caerdydd, 1940).

49. Nicos Hadjinicolaou, *Histoire de l'art et lutte des classes* (Paris, 1973), cyf. Saesneg, Louise Asmal, *Art History and Class Struggle* (Llundain, 1978).

50. Hans Sedlmayr, 'Probleme der Interpretation', yn Hans Sedlmayr, *Kunst und Wahrheit* (Hamburg, 1958), tt.116, 185.

51. Norma Broude a Mary D. Gerrard (gol.), *The Power of Feminist Art: The American Movement of the 1970s, History and Impact* (Llundain, 1994), ond gweler adolygiad gan Amelia Jones yn *Art History*, cyf. 18, rhif 3 (Medi 1995), tt.435–43.

52. Er enghraifft Tom Phillips, John Mack a Petrine Archer-Straw (gol.), Africa, *The Art of a Continent*, catalog arddangosfa Academi Frenhinol y Celfyddydau (Llundain, 1995).

53. *In Fusion: New European Art*, catalog arddangosfa National Touring Exhibitions, South Bank Centre for ACGB (Llundain, 1993).

54. Rasheed Araeen, *The Other Story, Afro-Asian Artists in Post-War Britain*, catalog arddangosfa Oriel Hayward, South Bank Centre (Llundain, 1989).

55. 'Black Artists' Catalogues', *The Art Pack: a History of Black Artists in Britain'; Black Art and Artists, Arguments and Opinions 1984–94*, Eddie Chambers, 62 Islington Road, Bristol.

56. John House (gol.), catalog yr arddangosfa *Landscapes of France: Impressionism and its Rivals* (South Bank Centre, Llundain, a Museum of Fine Arts, Boston, 1995), tt.56–9.

57. Paul Hayes Tucker, 'Rooted in France: Monet's poplar paintings of 1891', yn *Monet in the '90s. The Series Paintings* (catalog arddangosfa, Museum of Fine Arts, Boston, 1989), tt.115–51.

58. W. J. T. Mitchell (gol.), *Landscape and Power* (Chicago, 1994), ac ymhellach, Martin Warnke, *Political Landscape* (Llundain, 1994), cyf. Saesneg o'r Almaeneg (München a Fiena, 1992).

59. James Holloway, Lindsay Errington, *The Discovery of Scotland: the Appreciation of Scottish Scenery through two Centuries of Painting* (catalog arddangosfa Oriel Genedlaethol yr Alban, Caeredin, 1978), t.15.

60. Francis Klingender, *Art and the Industrial Revolution*, pennod 4, 'Documentary illustrations', tt.58–86.

61. Michael Charlesworth, 'Thomas Sandby climbs the Hoober Stand. The politics of panoramic drawing in eighteenth-century Britain', *Art History*, cyf. 19, rhif 2 (Mehefin 1996), tt.247–66.

62. François Louis Thomas Francia (1772–1839), *The Parys Mine in Anglesey*, dyfrlliw, 25.5 x 17.6 cm, diwedd y ddeunawfed ganrif; priodolwyd i George Robertson (1742–88), *Nant-y-glo Ironworks*, dyfrlliw 14 x 20 cm, tua 1788, Amgueddfa ac Oriel Genedlaethol Caerdydd; Julius Caesar Ibbetson (1759–1817), *Cyfarthfa Ironworks*,

Merthyr Tydfil, dyfrlliw, tua 1795, yng nghasgliad Castell Cyfarthfa, Merthyr Tudful. Mae gan Amgueddfeydd ac Orielau Cenedlaethol Cymru gasgliad helaeth o luniau o'r fath.

63. J. M. W. Turner, *A Scene in the Welsh Mountains with an Army on the March*, dyfrlliw, 68 x 100 cm, 1799–1800, casgliad Turner yn Oriel Tate, Llundain.

64. Gweler Peter Lord, 'Y Bardd – Celtiaeth a Chelfyddyd', *Cof Cenedl* VII, tt.98–131.

65. J. M. W. Turner, *Dolbadarn Castle, North Wales*, 1800, olew ar gynfas, Academi Frenhinol Brydeinig y Celfyddydau, Llundain:

> How awful is the silence of the waste,
> Where nature lifts her mountains to the sky,
> Majestic solitude, behold the tower
> Where hopeless OWEN, long imprisoned pin'd,
> And wrung his hands for liberty in vain.

Barddoniaeth Turner o gatalog yr Academi Frenhinol (Llundain, 1800) wedi'i dyfynnu yn y catalog *Turner 1775–1851*, Oriel Tate (Llundain, 1974), t.44. Cafodd Owain Goch, brawd Llywelyn ap Gruffudd, tywysog olaf y Cymry, ei garcharu am dros dair blynedd ar hugain wedi ei gyhuddo o geisio annog y bobl i wrthryfela yn erbyn ei frawd.

66. Er enghraifft David Bell, *The Artist in Wales* (Llundain, 1957); Eric Rowan, *Art In Wales, 2000 BC–AD 1850* (Caerdydd, 1978); Eric Rowan, *Art in Wales: an Illustrated History, 1850–1980* (Caerdydd, 1985).

67. Jonathan Alexander a Paul Benski (gol.), catalog yr arddangosfa, *Age of Chivalry: Art in Plantagenet England 1200–1400* (Llundain, 1988).

68. George Zarhecki ac eraill (gol.), catalog yr arddangosfa, *English Romanesque Art 1066–1200* (Oriel Hayward, Llundain, 1984).

69. Leslie Webster a Janet Backhouse (gol.), catalog yr arddangosfa *The Making of England: Anglo-Saxon Culture AD 600–900* (yr Amgueddfa Brydeinig, Llundain, 1991).

70. *I Celti*, catalog arddangosfa (Milano, 1991).

71. *Y Gwladgarwr* (Caerllion, *c.*1833–41); *Transactions of the Honourable Society of Cymmrodorion* (Llundain, 1822–3, 1892–); *Bulletin of the Board of Celtic Studies* (Caerdydd, 1920–); *The Red Dragon* (Caerdydd, 1882–7).

72. T. Mardy Rees, *Welsh Painters, Engravers and Sculptors (1527–1911)*, (Caernarfon, 1912).

73. Meic Stephens (gol.), *Y Celfyddydau yng Nghymru, 1950–75* (Caerdydd, 1979).

74. Cyhoeddwyd erthyglau perthnasol yn *Y Faner*, *Planet*, *Taliesin*, *Barn*, *Link*, a *New Welsh Review*.

75. Bydd y prosiect yn ystyried y deunydd yn ôl y themâu canlynol: Cristnogaeth Geltaidd, Celtiaeth, Anghydffurfiaeth, Diwydiant, Y Mudiad Cenedlaethol a Nawdd. Y gyfrol gyntaf i'w chyhoeddi oedd Peter Lord, *Diwylliant Gweledol Cymru: Y Gymru Ddiwydiannol* (Caerdydd, 1998).

Llyfryddiaeth

Frederick Antal, 'Remarks on the method of art-history' yn Frederick Antal, *Classicism and Romanticism* (Llundain, 1966), tt.175–89.

Eric Fernie (gol.), *Art History and its Methods. A Critical Anthology* (Llundain, 1995).

Ernst Gombrich, *In Search of Cultural History* (Philip Morris Deneke Lecture, 1967; Rhydychen, 1969).

Arnold Hauser, *The Philosophy of Art History* (Llundain, 1959).

Michael Ann Holly, *Panofsky and the Foundations of Art History* (Ithaca a Llundain, 1984).

W. Eugene Kleinbauer, *Modern Perspectives in Western Art History* (Efrog Newydd, 1971).

Francis Klingender, *Art and the Industrial Revolution* (Llundain, 1947).

W. J. T. Mitchell (gol.), *Landscape and Power* (Chicago a Llundain, 1994).

Iorwerth C. Peate, *Y Crefftwr yng Nghymru* (Aberystwyth, 1933).

Iorwerth C. Peate, *Diwylliant Gwerin Cymru* (Lerpwl, 1942).

Michael Podro, *The Critical Historians of Art* (New Haven a Llundain, 1982).

Donald Preziosi (gol.), *The Art of Art History. A Critical Anthology* (Rhydychen, 1998).

Heinrich Wölfflin (cyf. M. D. Hottinger), *Principles of Art History. The Problem of the Development of Style in Later Art* (Llundain, 1932).

2
Helfa Drysor yn yr Archifau

CERIDWEN LLOYD-MORGAN

Ble i ddechrau? Dyna gwestiwn a glywir droeon gan lyfrgellwyr ac archifyddion o enau ymchwilwyr brwd sydd yn awyddus i durio i hanes arlunydd a'i waith ond sydd yn ansicr iawn ble y dylid dechrau. Fel arfer, y cyngor gorau y gellid ei roi i'r holwr yw dechrau gyda'r hyn sydd wedi ei gyhoeddi'n barod, ac erbyn hyn mae nifer gynyddol o gyfeirlyfrau ac astudiaethau mewn print am yr arlunwyr enwocaf. Ond buan y daw'r amser pryd y bydd angen chwilio ymhellach. Bwriad yr ysgrif hon yw cynnig rhai cynghorion – ac ambell i rybudd hefyd – a fydd, gobeithio, o gymorth i'r sawl sydd am ymchwilio i hanes celf Cymru.

Er mai ar ymchwil ar hanes arlunwyr unigol y byddaf yn canolbwyntio, credaf y bydd nifer o'r sylwadau a fydd gennyf yn berthnasol i ymchwil i grwpiau o arlunwyr, themâu neu syniadaeth yn ogystal. Ac er mai at archifau unigolion y byddaf yn cyfeirio gan amlaf, dylid cofio bod cofnodion eraill yn anhepgor hefyd. Yn yr Archifdy yng Nghaerdydd, er enghraifft, ceir archif Cymdeithas Gelfyddyd Gyfoes Cymru, ffynhonnell bwysig ar gyfer hanes celf mewn bywyd cyhoeddus yng Nghymru, a hefyd mae cyfres o gofnodion yr Academi Frenhinol Gymreig wedi ymgartrefu bellach yn Llyfrgell Genedlaethol Cymru.[1] Gall archifau argraffweisg fod yn gloddfa bwysig hefyd, ac yn y categori hwn mae papurau Gwasg Gregynog, sydd bellach yn y Llyfrgell Genedlaethol, yn enghraifft ragorol, gan fod yr archif helaeth hwn yn cynnwys llu o eitemau megis gohebiaeth, brasluniau, profluniau ar gyfer ysgythriadau a thorluniau pren, a chynlluniau ar gyfer rhwymiadau, sydd yn adlewyrchu gweithgareddau yr artistiaid a fu'n gyfrifol am addurno'r cyfrolau cain a gyhoeddwyd cyn yr Ail Ryfel Byd.[2]

Yn achos yr arlunwyr Cymreig enwocaf, neu fwyaf poblogaidd, mi fydd yn gymharol hawdd gwneud y gwaith sylfaenol gyda chymorth ffynonellau printiedig: catalogau arddangosfeydd, astudiaethau, cofiannau, hyd yn oed hunangofiannau. Ond rhaid cofio bod y ffynonellau hyn i gyd yn anghyflawn, ac wedi eu paratoi â gogwydd arbennig. Go brin y bydd y rhagymadrodd i gatalog arddangosfa yn datgelu'r cwbl am yr arlunydd dan sylw, a go brin y bydd yn dweud dim beirniadol iawn chwaith, oherwydd nid dyna'r hyn a ddisgwylir mewn ysgrif sydd â'r nod o gyfiawnhau'r arddangosfa ac felly'n gorfod canu mawl i'r arlunydd. Yn yr un modd mae cofiannau a hunangofiannau yn llawn rhagfarnau (dealladwy) ac yn cynnig un fersiwn yn unig o'r stori. Ni ddylid byth anghofio sylw'r nofelydd Canadaidd o dras Cymreig, Robertson Davies, a ddywedodd am fywgraffiad ohono ef ei hun ei fod yn fywgraffiad ardderchog – o rywun arall. Wrth baratoi bywgraffiad arlunydd sy'n dal yn fyw, rhaid i'r cofiannydd, wrth gwrs, ochel rhag pechu'r gwrthrych, os dymunir cael ei ganiatâd i ddyfynnu'n helaeth neu i atgynhyrchu lluniau o'i waith. Gall y broblem fod yn waeth byth yn achos artist sydd wedi ymadael â'r fuchedd hon, gan fod angen plesio'r teulu. Y teulu, mae'n debyg, fydd wedi etifeddu'r hawlfraint ar waith yr ymadawedig a, heb gydweithrediad aelodau'r teulu, go denau fydd y gobaith o gyhoeddi ffrwyth eich ymchwil. Dyna pam na chafwyd hyd yn hyn gofiant manwl i Brenda Chamberlain neu ymdriniaeth estynedig o'i gwaith, a hithau'n arlunydd mor allweddol o bwysig yn hanes celf Gymreig yng nghanol yr ugeinfed ganrif.[3]

Lle mae cofiannau wedi eu cyhoeddi, felly, rhaid derbyn na allent fod yn gwbl onest a diffuant bob tro, ond mae'r un peth yn wir am hunangofiannau. Mae sawl rheswm am ysgrifennu hunangofiant: amddiffyn yr hunan, clodfori'r hunan, cofnodi cyfnod neu ddigwyddiadau hanesyddol bwysig er lles cenedlaethau'r dyfodol, neu ddiddori cynulleidfa. Yn y categori olaf, sef difyrru, y byddwn i'n tueddu i osod dwy gyfrol hunangofiannol Kyffin Williams, *Across the Straits* (1973) ac *A Wider Sky* (1991). Mae'r rhain yn llyfrau hyfryd i'w darllen ac yn plesio'r llygad hefyd, ond go brin y byddai neb yn honni eu bod yn dweud y cwbl am hanes Kyffin Williams fel dyn ac fel arlunydd. Nid dyna oedd ei fwriad wrth ysgrifennu'r ddwy gyfrol ac, yn naturiol, rhai agweddau yn unig o'i fywyd a'i waith a groniclir ynddynt. Yn yr un modd, rhaid darllen dwy gyfrol hunangofiannol Augustus John, *Chiaroscuro* (1952) a *Finishing Touches* (1964), gyda phinsiad go fawr o halen. Nid dadlennu'r hunan yn gignoeth onest oedd ei fwriad, ond creu delwedd arbennig ohono ef ei hun.

Rhaid pwysleisio'r pwynt hwn er mwyn tanlinellu nad oes modd bob amser ymddiried yn y gair ysgrifenedig. Nid yw'r ffaith fod llyfr wedi ei ysgrifennu gan awdurdod yn y maes, neu gan yr arlunydd ei hun, na'i fod wedi ei gyhoeddi gan gyhoeddwr adnabyddus ac uchel ei barch yn golygu ei fod yn gywir a dibynadawy. Yn anochel ac yn ddieithriad, stori unochrog, anghyflawn a geir, wedi ei lliwio gan safbwynt arbennig yr awdur.

Nid sôn am ffynonellau printiedig yw fy mlaenoriaeth, fodd bynnag, ond am archifau. Ar yr olwg gyntaf mae'n demtasiwn i feddwl y gallem ymddiried mewn ffynonellau gwreiddiol, ond fel y cawn weld yn y man, nid yw dogfennau gwreiddiol yn hollol ddibynadwy chwaith. Eto i gyd, yr hyn y mae'n rhaid ei bwysleisio am y tro yw'r angen i ddechrau gyda'r ffynonellau printiedig os oes rhai ar gael, cyn mentro i fyd y llawysgrifau a defnyddiau gwreiddiol eraill. Bydd y ffynonellau printiedig o leiaf yn cynnig braslun o fywyd a gwaith yr unigolyn, sef y cyd-destun y crëwyd y dogfennau gwreiddiol o'i fewn.

Yn dechnegol, gellir diffinio archif fel y deunydd a grynhowyd neu a grëwyd gan unigolyn neu grŵp o unigolion, er enghraifft teulu neu gymdeithas neu gorff. Yn achos unrhyw unigolyn gall archif gynnwys bob math o bapurau personol ac, yn achos arlunydd, gall gynnwys deunydd gweledol yn ogystal ag ysgrifenedig. Enghraifft nodweddiadol o archif arlunydd yw papurau Gwen John yn y Llyfrgell Genedlaethol, sydd yn cynnwys llyfrau nodiadau, dyddiaduron, llythyrau personol a swyddogol, rhai papurau ariannol, ychydig o frasluniau, a negyddion rhai ffotograffau a oedd yn ei meddiant.[4] Dyma'r papurau a oedd wedi eu gadael yn ei stiwdio pan fu hi farw ac a gasglwyd ynghyd gan yr etifedd. Erbyn hyn mae papurau nifer o arlunwyr Prydeinig wedi eu diogelu mewn casgliadau cyhoeddus, fel llyfrgelloedd, orielau ac amgueddfeydd. Mae gan Oriel Tate yn Llundain, er enghraifft, gasgliad helaeth o archifau arlunwyr unigol, yn cynnwys papurau gwreiddiol a hefyd meicroffilmiau a llungopïau o ddeunydd sydd mewn gwledydd eraill neu mewn dwylo preifat.[5] Wrth olrhain hanes arlunwyr adnabyddus, mae cronfa ddata ar-lein y 'National Register of Archives' yn Llundain yn cynnig cymorth drwy restru'r prif grwpiau o bapurau a'u lleoliad, lle mae hynny'n hysbys, a gellir chwilio'r gronfa hon o bell trwy rwydwaith cyfrifiadurol.[6] Mewn rhai achosion ceir casgliad o bapurau personol ynghyd â chasgliad o waith yr arlunydd: er enghraifft, mae'r casgliad a adawodd Graham Sutherland i'r genedl, i'w gadw yn Sir Benfro, yn cynnwys archifau ysgrifenedig yn ogystal â chasgliad helaeth o luniau'r artist.[7] Mae bob amser yn werth holi yn yr archifdy lleol yn yr ardal lle y bu arlunydd yn byw ac yn gweithio rhag ofn bod deunydd wedi dod i law. Yng Nghymru mae gennym rwydwaith ardderchog o archifdai o dan ofal llywodraeth leol sydd yn diogelu a chatalogio pob math o ddeunydd fel ei fod ar gael i ymchwilwyr o bob math heddiw ac i'r dyfodol. Ond i'r sawl sydd am ymchwilio i hanes arlunwyr Cymreig, mae gan y Llyfrgell Genedlaethol hefyd dipyn i'w gynnig. Am flynyddoedd, mae'n wir, bu'r Llyfrgell yn fwy adnabyddus am ei chasgliadau hanesyddol a llenyddol. Ond sefydlwyd ar y cychwyn Adran Darluniau a Mapiau â'r cyfrifoldeb am gasglu deunydd yn ymwneud â delweddau gweledol o Gymru, ei phobl, ei diwylliant a'i hanes. Aethpwyd ati o'r cychwyn, felly, i gasglu darluniau o bob math ac mewn pob cyfrwng, boed olew, dyfrlliw, brasluniau pensil, inc neu olosg, ysgythriadau, torluniau pren neu ffotograffau. Ond nid ystyriaethau esthetig oedd y canllaw wrth ddewis – maes y chwaer sefydliad, yr Amgueddfa Genedlaethol oedd hwnnw – ond yn hytrach cofnodi'r wlad a'i phobl a'i holl weithgareddau. Golyga hyn fod gan y Llyfrgell yr hawl i brynu llun gan Richard Wilson o dirlun yng Nghymru ond nid tirlun o'r Eidal; hunanbortread gan Gwen John ond nid llun ganddi o Ffrances ifanc ym Mharis; portread gan Augustus John o Lloyd George ond nid portread ganddo o un o'i lu o gariadon Saesneg.

O ran dogfennau ysgrifenedig yn ymwneud â hanes celf yng Nghymru, dim ond o'r 1970au ymlaen yr aethpwyd ati o ddifrif yn Adran Llawysgrifau a Chofysgrifau'r Llyfrgell i ddechrau casglu'n fwriadol bapurau arlunwyr Cymreig a phapurau'n ymwneud â hwy. Serch hynny, daeth llu o drysorau i'r Llyfrgell yn ystod degawdau cyntaf ei hanes. Daeth y rhain trwy nifer o lwybrau, gan gynnwys rhoddion gan unigolion a oedd yn ymwybodol o bwysigrwydd y deunydd yn eu meddiant. Eto i gyd, llwyddid i brynu rhai grwpiau sylweddol, hyd yn oed yn y dyddiau cynnar pan oedd arian yn gymharol brin. Ym 1924, er enghraifft, y prynwyd rhai o bapurau'r cerflunydd John Gibson (1790–1866),[8] tra daeth rhai papurau yn ymwneud â theuluoedd arlunwyr o'r ddeunawfed ganrif a'r bedwaredd ar bymtheg megis John Dyer, Thomas Jones, Pencerrig, a Penry Williams fel rhan o bapurau stad yn hytrach nag fel archif yr unigolyn.[9] Mawr yw'n dyled ni fel cenedl i ofal rhai unigolion hirben a welodd mewn da bryd yr angen am ddiogelu papurau arlunwyr, a hynny mewn cyfnod pryd na thalwyd cymaint o sylw iddynt ag y gwneir heddiw. Mae'r Dr Iorwerth Hughes Jones, Abertawe, yn enghraifft berffaith o hyn. Cadwodd fanylion am arddangosfeydd gan nifer o arlunwyr Abertawe a'r cylch, gan gynnwys rhai artistiaid nad oes llawer o sôn amdanynt yn y cyfeirlyfrau a ffynonellau printiedig yn gyffredinol, er enghraifft Esther Grainger. I'r un cymwynaswr y mae'r diolch hefyd am gadw'r cnewyllyn bach o bapurau personol Evan Walters a oroesodd: mor rhwydd y gellid bod wedi eu colli am byth.[10] Cadwodd Iorwerth Hughes Jones hefyd gyfres ysblennydd o lythyrau a dderbyniodd oddi wrth Ceri Richards a fu'n gyfaill agos iddo ef a'i wraig.[11]

Yn raddol y dechreuodd y Llyfrgell brynu archifau perthnasol, ar gynnig unigolion a hefyd trwy arwerthiannau a gwerthwyr masnachol o bob math. Weithiau llwyddid i grynhoi casgliad swmpus o bapurau arlunydd arbennig dros nifer o flynyddoedd ac o ffynonellau tra gwahanol. Yn achos Augustus John, derbyniwyd rhai llythyrau yn rhoddion, prynwyd rhai gan unigolion, neu mewn arwerthiannau neu drwy asiant, cyn i'r prif archif gyrraedd ym 1988. Cadwyd canran lawer uwch na'r arfer o bapurau yn ymwneud ag Augustus oherwydd iddo ddod i enwogrwydd yn ddyn ifanc iawn, ym mlynyddoedd cyntaf yr ugeinfed ganrif. Yr oedd hefyd yn ddyn cymdeithasol iawn gyda chylch eang o ffrindiau a chydnabod, a chan ei fod yn adnabyddus nid yn unig am ei waith celf ond hefyd am ei fod yn gymeriad go liwgar, efallai y tueddai'r rhai a dderbyniai lythyrau ganddo i'w diogelu. Pan fu farw Augustus yn 83 blwydd oed ym 1961, cawsai oes hir, a bu farw mewn cyfnod pryd yr oedd y cyhoedd yn fwy ymwybodol o bwysigrwydd archifau ac yn eu cadw'n fwy gofalus nag erioed o'r blaen yn ein hanes. Dyma rysáit ar gyfer archif swmpus, ac mor wahanol yw hanes papurau Augustus, fel canlyniad, i hanes rhai J. D. Innes, yr arlunydd godidog hwnnw o Lanelli a fu farw'n 27 oed o'r diciâu ym 1914.[12] Oherwydd iddo farw mewn cyfnod anffodus, ar gychwyn y Rhyfel Byd Cyntaf, ac wedi marw mor ifanc, cyn iddo ddod i enwogrwydd ar yr un raddfa ag Augustus, ychydig iawn o bapurau yn ei law ef ei hun sydd wedi goroesi, a rhaid dibynnu i raddau helaeth ar dystiolaeth ei gyfoedion.

Yn achos Augustus John, fodd bynnag, cadwodd ei berthnasau ei bapurau ef yn ddiogel, oherwydd eu bod yn ymwybodol o'i bwysigrwydd ef fel artist. Serch hynny, mae hanes archif Augustus John yn enghraifft ddadlennol o droeon yr yrfa yn hanes papurau personol unigolyn adnabyddus iawn cyn iddynt ddod yn ddiogel i ddwylo cyhoeddus.[13] Penderfynodd y teulu eu gwerthu yn y 1970au hwyr, ac ym mis Rhagfyr 1979 fe'u gwerthwyd mewn arwerthiant gan Sotheby's yn Llundain. Erbyn y cyfnod hwn, yr oedd Adran Llawysgrifau'r Llyfrgell Genedlaethol wedi dechrau mabwysiadu polisi o gasglu papurau arlunwyr ac felly ceisiwyd prynu archif Augustus John. Ond er gwaethaf pob ymdrech, prynwr anhysbys ac nid y Llyfrgell a lwyddodd i'w fachu. Yn fuan ar ôl yr arwerthiant, daeth llythyr trwy asiant yn gweithredu ar ran y prynwr, yn cynnig y papurau i'r Llyfrgell. Anfonwyd ateb brwd, ond yn sydyn a dirybudd fe fu tawelwch ac ni chlywyd dim pellach am flwyddyn neu ddwy. Yn y man clywyd sibrydion bod y casglwr preifat a brynasai'r archif wedi ei allforio o Brydain i'r Unol Daleithiau, a hynny'n anghyfreithlon, oherwydd ni wnaethpwyd cais am drwydded allforio. Golygai hyn, wrth gwrs, nad oeddynt ar gael i ymchwilwyr. Ym 1984, fodd bynnag, prynodd y Llyfrgell archif Gwen John, chwaer Augustus, a sicrhawyd tipyn o gyhoeddusrwydd ar y pryd. Yn sgîl hynny, daeth llythyr oddi wrth Sotheby's yn gofyn a oedd gennym ddiddordeb yn archif Augustus. Mynegwyd diddordeb, ond unwaith eto bu distawrwydd llwyr am gyfnod. O'r diwedd, ym 1987, daeth neges gan Sotheby's yn Llundain i ddweud bod y papurau yno. Wedi'r blynyddoedd o ansicrwydd a rhwystredigaeth, llwyddwyd i'w prynu a sicrhau eu bod ar gael i'r cyhoedd.

Ond yn anffodus, wrth i'r archif deithio'n ôl ac ymlaen ar draws Môr Iwerydd aeth rhai pethau ar goll, a'r golled fwyaf oedd yr amlenni. Llythyrau yw swmp mawr yr archif hwn, ac wrth reswm ni fydd pob gohebydd yn gofalu ei fod yn nodi'r dyddiad llawn ar bob llythyr y mae'n ei anfon. Mewn achosion o'r math hwn, mae amlen â'r marc post yn amhrisiadwy, gan ei fod yn caniatâu inni ddyddio'r llythyr yn gywir. Gall amlen fod o gymorth hefyd i brofi ble'r oedd y derbynnydd ar adeg arbennig ac, os tueddai'r arlunydd i symud o gwmpas dipyn wrth ei waith, gellir dilyn ei symudiadau wrth weld y cyfeiriad a'r dyddiadau yn newid ar yr amlenni. Unwaith y collir yr amlen mae'r holl dystiolaeth honno ar goll am byth. Yr unig eithriad yw pan fydd y marc post wedi cael ei osod mor galed nes bod ôl ei bwysau i weld ar bapur y llythyr – bu hyn yn achubiaeth droeon wrth geisio dyddio llythyr. Fel y dengys yr enghraifft hon, mae manylion bach yn gallu bod yn bwysig iawn, ac un o bleserau mawr yr helfa drysor sydd i'w gael wrth weithio ar archifau yw gwneud y gwaith ditectif hwn i geisio gwasgu cymaint o wybodaeth â phosibl o ddarn o bapur. Weithiau wrth gwrs, bydd yr inc wedi goleuo a'r papur wedi melynu dros y blynyddoedd, ond gyda chymorth lamp uwch-fioled yn bur aml bydd modd goresgyn y broblem hon ac ailddarganfod ysgrifen sydd fel arall yn rhy olau i'w darllen.

Yn anaml y ceir archif mor fawr ac amlochrog ag un Augustus John, lle y bu'r teulu'n hollol ymwybodol o'i werth ac wedi gwneud ymgais fwriadol i'w gadw. Fel rheol bydd llawer mwy wedi mynd ar goll na'r hyn sydd wedi goroesi. Eto i gyd, ar adegau daw deunydd i'r golwg yn hollol annisgwyl. Ychydig flynyddoedd yn ôl, fel rhan o'm gwaith fel archifydd daeth llythyr i'm llaw oddi wrth ymchwilydd yn holi os oedd gan y Llyfrgell unrhyw bapurau o eiddo John Dyer, yr arlunydd a'r bardd o Sir Gaerfyrddin a fu'n gweithio yn ystod hanner cyntaf y ddeunawfed ganrif. Mae Dyer yn hynod o ddiddorol o safbwynt hanes diwylliant Cymru gan ei fod yn enghraifft gynnar iawn – o bosibl yr enghraifft gynharaf un – o unigolyn creadigol yn disgleirio ym maes llenyddiaeth a chelf weledol. Yn yr ugeinfed ganrif gallwn enwi sawl un a fynegai ei hunan yn greadigol trwy gyfrwng y gair a'r ddelwedd weledol. I Brenda Chamberlain, er enghraifft, Margiad Evans neu David Jones, yr oedd y ddau gyfrwng yr un mor bwysig, ond anodd fyddai enwi enghraifft arall mor gynnar â John Dyer. Mae Dyer yn hynod o bwysig hefyd am ei fod wedi dathlu Cymru yn benodol, yn ei farddoniaeth yn ogystal â'i luniau. Ar y pryd, er imi chwilio'n ddyfal, methais â dod o hyd i fawr ddim heblaw gweithredoedd yn ymwneud â thiroedd y teulu yn Sir Gaerfyrddin.[14] Ond tua blwyddyn yn ddiweddarach digwyddodd gwyrth. Cysylltodd un o ddisgynyddion uniongyrchol John Dyer â'r Llyfrgell Genedlaethol, gan gynnig yn rhodd swp o bapurau'r arlunydd, yn cynnwys dyddiaduron a llyfrau nodiadau.[15] Bu'r rhain yn nwylo'r teulu erioed. Fe'u casglwyd ynghyd o wahanol ganghennau o'r teulu yn ail hanner y ganrif ddiwethaf gan un o ddisgynyddion uniongyrchol Dyer. Fe gopïodd hefyd rai llawysgrifau na ddaeth i'w feddiant. Yn anffodus, pan fu farw'r aelod hwn o'r teulu fe chwalwyd y rhan fwyaf o'r papurau a dim ond canran fach o'r cwbl oedd wedi goroesi. Fel y dengys yr hanes hwn, hap a damwain sydd yn penderfynu ffawd archif, ac yn aml cael a chael yw hi os na fydd dim yn cael ei ddiogelu achos diffyg diddordeb gan y disgynyddion. A hyd yn oed os yw aelodau'r teulu'n ymwybodol o'r angen am gadw papurau o'r math, efallai na fydd ganddynt syniad beth i'w wneud â hwy. Mae hyn yn broblem arbennig pan fydd disgynyddion arlunydd Cymreig yn byw yn Lloegr, heb wybod dim oll am Gymru, a heb sylweddoli bod yna archifdai, orielau ac amgueddfeydd lle y gall y papurau gael gofal a bod o ddefnydd i ymchwilwyr.

Gan mai hap a damwain yn aml sydd yn cyfrif nid yn unig am faint o bapurau arlunydd sydd yn goroesi ond pa fath o bapurau hefyd, golyga hyn fod angen gofal mawr wrth eu dehongli. Mae'n demtasiwn mawr dadlau ar sail tystiolaeth negyddol, hynny yw, dod i gasgliad ar sail absenoldeb deunydd. Nid yw'r ffaith nad oes sôn, dyweder, am Josef Herman ymhlith papurau Gwenallt yn y Llyfrgell Genedlaethol yn golygu nad oedd dim cysylltiad pwysig rhwng y ddau, ac nid yw'r ffaith mai dim ond tri llythyr oddi wrth

J. D. Innes sydd yn archif Augustus John yn golygu mai'n anaml yr oedd y ddau yn gohebu neu nad oeddynt yn gyfeillion agos. Yn gyffredinol, gellid dweud bod llythyrau, dyddiaduron ac ati o gyfnod cynharaf gyrfa unigolyn yn debygol o fod yn fwy prin na'r rhai mwy diweddar. Wrth symud tŷ, neu fel y bydd papurau'n cynyddu yn y cartref neu'r stiwdio, mae'n naturiol bod pethau'n cael eu taflu. Tuedda pawb i ddifa papurau sydd yn codi gwrid neu sydd yn adlewyrchu cyfnod anhapus neu gywilyddus yn ei hanes. Yr eithriad i'r rheol hon yw pan fydd rhywun yn bwriadol gadw deunydd oherwydd ei fod yn cofnodi cyfnod tyngedfennol, os oeddynt yn ymwybodol ar y pryd o bwysigrwydd y digwyddiadau. Dyna pam y cadwodd Gwen ac Augustus John lythyrau o'r cyfnod pan oedd Augustus, a oedd eisoes wedi priodi Ida Nettleship, un o ffrindiau gorau Gwen, wedi ymserchu mewn merch arall, Dorelia McNeill, eto un o ffrindiau Gwen, ac am ddod â hi i mewn i'r cylch teuluol. Aeth pob un o'r pedwar drwy gyfnod anodd ac emosiynol iawn, a bu sawl tro yn yr hanes cyn i Dorelia ddod i fyw at Augustus ac Ida mewn *ménage-à-trois*, a chyn i Ida druan farw ryw dair blynedd yn ddiweddarach, ym 1907, ar ôl genedigaeth ei phumed plentyn. Yr oedd y cyfnod hwn yn eu bywydau mor ddwys a chymhleth nes peri i bob un ohonynt gadw llythyrau ei gilydd, llythyrau sydd yn cofnodi pob cam yn yr hanes. Ond yr oedd hyn yn bosibl oherwydd eu bod yn aml ar wahân ac yn gorfod cyfathrebu trwy lythyrau: pe buasent i gyd wedi byw yn sefydlog dan yr un to, ni fuasai'r dystiolaeth ddogfennol wedi ei chreu. (Heddiw, mae'n debyg mai ffonio ei gilydd y byddent, ac mae poblogrwydd y ffôn yn sicr yn amddifadu ymchwilwyr y dyfodol o dystiolaeth ddogfennol – er bod defnydd cynyddol o'r peiriant ffacs, a'r gallu i argraffu negeseuon a dderbynnir drwy'r post electronig, yn dechrau ailorseddu'r gair ysgrifenedig.)

Gan fod Augustus John ar hyd ei yrfa wedi teithio llawer wrth ei waith, tra byddai ei ail wraig Dorelia yn tueddu i aros gartref gyda'r haid o blant, arferai Augustus ysgrifennu ati'n gyson gan adrodd ei hanes ef. Mae'r llythyrau hyn yn ffynhonnell werthfawr iawn wrth inni geisio dilyn ei yrfa a chanfod ei ymateb i wahanol bobl, lleoedd a digwyddiadau. Ond ar gyfer y cyfnodau pan oedd yn sefydlog gartref gyda Dorelia, yn naturiol rhaid dibynnu ar ei lythyrau at bobl eraill, ac fel arfer nid yw'r rhain mor gyson ddadlennol, gan ei fod yn mynegi ei hun yn fwy agored, yn aml, i'w wraig nag i ffrindiau. Yn wir, gellid dweud iddo wisgo amryw o fygydau yn ôl yr amgylchiadau a'r ddelwedd yr oedd am ei chreu ar gyfer ei ohebydd.

Nid yw maint a natur yr archif sydd yn goroesi yn gyson nac yn wastad o ran gwahanol gyfnodau ym mywyd y gwrthrych: mewn gair, ni fydd y papurau'n gynrychioliadol. Fel arfer, fel y nodwyd eisoes, o ddyddiau olaf unigolyn y cedwir y swmp mwyaf o bapurau, naill ai am ei fod yn fwy ymwybodol o'i bwysigrwydd mewn bywyd cyhoeddus, neu am nad oedd wedi trafferthu i daflu dim yn ystod ei ddegawdau olaf. Yn anffodus, golyga hyn mai'r cyfnod tlotaf o ran nifer y dogfennau a gadwyd yw un o'r mwyaf diddorol ym mywyd arlunydd, sef cyfnod ei brentisiaeth, pryd y bydd yn graddol ddarganfod ei drywydd ei hun. Am y rhesymau hyn i gyd, bydd archif o bapurau personol, pa mor fawr bynnag y bydd, yn anwastad iawn o ran nifer a defnyddioldeb y dogfennau a gadwyd ac, yn naturiol, rhaid cymryd hyn i ystyriaeth wrth ddefnyddio'r math hwn o dystiolaeth tra'n cloriannu bywyd a gyrfa artist. Mae hyn yn enwedig o bwysig wrth ymdrin â phapurau unigolion sydd wedi dewis a dethol yn ystod eu hoes y papurau y dylid eu cadw. Yng Nghymru, Saunders Lewis sydd yn cynnig yr enghraifft orau o ddyn a benderfynodd cyn iddo farw yr hyn i'w gadw ar gyfer ymchwilwyr y dyfodol, gan ddethol y 'trysorau' yn unig, sef cyfresi o lythyrau oddi wrth enwogion y genedl fel Kate Roberts. Ni chadwyd y cannoedd onid miloedd o lythyrau mwy personol oddi wrth ohebwyr mwy distadl, ac mae hyn yn golled fawr i ni ac i ymchwilwyr y dyfodol. Yn aml mae llythyrau o'r math hwn yn taflu goleuni ar agweddau gwahanol ar fywyd yr unigolyn. Un o ogoniannau archif Gwen John, ar y llaw arall, yw'r llythyrau oddi wrth gymdogion a chyfeillion a addolai yn yr un eglwys â hi, sydd yn dangos ochr wahanol iawn i'w bywyd a'i phersonoliaeth na'r hyn a geir fel arall, gan ganiatáu mwy o gyd-bwysedd yn yr argraff a gawn ohoni.[16]

Hyd yn hyn, ni ddeuthum ar draws yr un arlunydd a fu mor llawdrwm â Saunders Lewis wrth ddewis pa bapurau i'w cadw, ond eto i gyd ceir ambell archif gweddol denau o ystyried pwysigrwydd yr unigolyn. Archif Ceri Richards yw un ohonynt, a ddaeth yn uniongyrchol o'r teulu i'r Llyfrgell Genedlaethol.[17] Er ei fod yn cynnwys amrywiaeth o ddefnyddiau, gan gynnwys llythyrau, brasluniau a rhai papurau personol amryw (gweler Plât lliw VIII), mae'r cwbl yn gymharol fach o gofio statws yr arlunydd yn y cyd-destun Prydeinig yn ogystal ag yng Nghymru, ac mae lle i gredu bod yr ohebiaeth wedi ei chwynnu'n drwyadl.

Eto i gyd, ar adegau bydd archif cymharol fach yn datgelu trysorau mawr ac annisgwyl. Pan fu farw John Petts ym 1991 penderfynodd ei weddw yn y pen draw mai i'r Llyfrgell Genedlaethol y dylai ei bapurau ddod.[18] Fel y disgwylid, yn eu plith cafwyd llythyrau oddi wrth y bardd Alun Lewis, a gydweithiodd â John Petts a Brenda Chamberlain ar y *Caseg Broadsheets*, yn ogystal â rhai oddi wrth unigolion eraill y bu Petts yn cydweithio â hwy, megis yr awduron Gwyn Williams (Trefenter) a'r Athro Gwyn Jones: mae'r ddwy gyfres hyn yn ymwneud yn bennaf â'r torluniau pren a wnaeth John Petts ar gyfer cyhoeddiadau'r gohebwyr.[19] Ond, er mawr syndod i lawer, yr oedd archif John Petts yn cynnwys yn ogystal dros bedwar ugain o lythyrau oddi wrth Brenda Chamberlain.[20] Mae'r llythyrau yn rhedeg o 1934 i 1943, ac felly'n rhychwantu'r amser pan oedd John Petts a hithau'n fyfyrwyr yn Llundain ac yn dechrau canlyn, trwy'r cyfnod ffrwythlon yn y 1930au hwyr a'r 1940au cynnar, hyd at y gwahanu trist. Nid oedd yn hysbys bod y llythyrau yn dal ym meddiant John Petts, a phan holai pobl ef amdanynt gwadai ef eu bod ganddo. Ychydig yn ddiweddarach cafodd y Llyfrgell Genedlaethol gyfle i brynu cyfres o lythyrau Brenda Chamberlain at Alan Clodd, a gyhoeddodd ddau lyfr ganddi, sef *Alun Lewis and the Making of the Caseg Broadsheets* a *Poems and Drawings*, ym 1969. Ymhlith y llythyrau hyn, daeth ffotograff cynnar o John Petts a Brenda Chamberlain ar ben mynydd yn Eryri, a rhai brasluniau ganddi.[21] Mae pethau newydd yn dod i'r golwg o hyd felly, ac wrth gau pen y mwdwl ar draethawd, ysgrif neu lyfr mae bob amser yn werth cysylltu unwaith eto â'r archifdai a llyfrgelloedd, rhag ofn y bydd rhyw ddeunydd newydd wedi dod i law a fydd o bosibl yn gwyrdroi'r holl ddamcaniaethau.

Daw hyn â ni at un arall o brif beryglon y gêm, sef y temtasiwn i feddwl bod dogfennau'n dweud y gwir. Efallai y bydd cyfres o

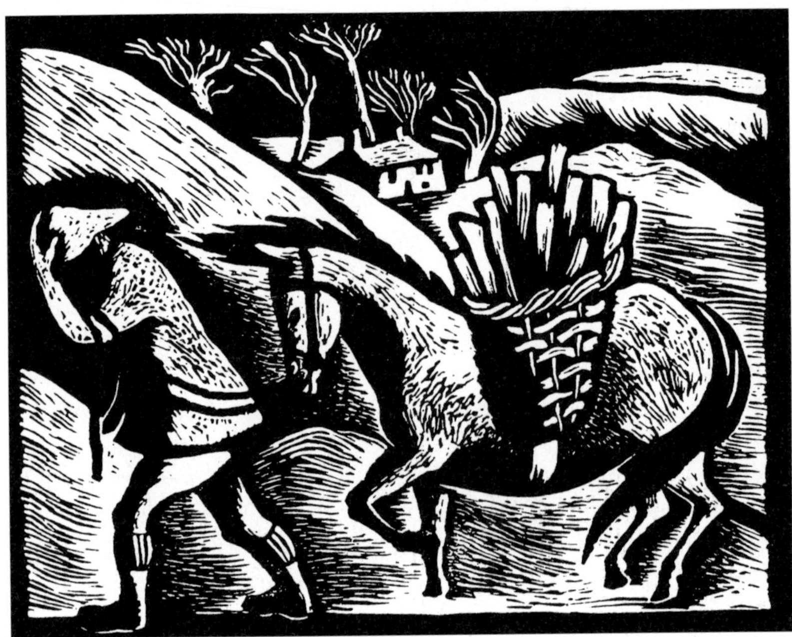

2. Brenda Chamberlain, *Wood-bearers* (*c*.1939).

lythyrau yn dod i'r golwg yn cofnodi hanes digwyddiad pwysig neu gyfres o ddigwyddiadau neu ymateb yr unigolyn iddynt. Ond o gael hyd i gyfres arall gan yr un arlunydd, ond at ohebydd arall, yn bur aml gwelir bod y stori wedi newid. Os bydd yr ymchwilydd yn ddigon ffodus i ddod o hyd i lythyrau oddi wrth wahanol bobl i gyd yn trafod yr un digwyddiadau, yn fuan iawn y gwêl mai pethau twyllodrus o unochrog yw llythyrau, a bydd angen pwyso a mesur yn ofalus y dystiolaeth sydd ynddynt. Ceir nifer o enghreifftiau o hyn yn llythyrau Gwen John, a oedd yn mynegi ei barn yn ddiflewyn ar dafod ar adegau. Wrth ysgrifennu at ei ffrind agosaf, Ursula Tyrwhitt, am John Quinn, ei phrif noddwr a fu'n prynu lluniau ganddi'n rheolaidd, cwynai'n ddibaid amdano, ond mae ei llythyrau ato ef, sydd wedi eu cadw'n ddiogel yn Llyfrgell Gyhoeddus Efrog Newydd, yn gynnes a chwrtais. Nid rhagrith yw hyn i gyd chwaith: yn aml iawn mae natur yr hyn y mae pobl yn ei ysgrifennu yn dibynnu ar yr hwyliau sydd arnynt neu at bwy maent yn ysgrifennu, a gall eu teimladau tuag at eu cydnabod amrywio o ddydd i ddydd. Bydd arferion cymdeithasol hefyd yn ein hatal rhag dweud y gwir cas yn wyneb rhywun neu wrth ei ffrindiau.

Nid yn unig bydd rhaid cofio, felly, y gall barn a fynegir mewn un ddogfen fod yn hollol groes i'r hyn a ddywedir yn y ddogfen nesaf, ond rhaid sylweddoli hefyd fod pobl yn tueddu i ysgrifennu mwy, neu'n amlach, ar wahanol adegau yn eu bywydau. Wrth gwrs y bydd digwyddiadau pwysig fel priodi, geni plant, neu ennill cystadleuaeth neu anrhydedd arbennig, yn fwy tebygol o gael eu cofnodi mewn dyddiadur neu mewn llythyrau. Ond yn aml iawn bydd cyflwr meddwl yn bwysig. O edrych ar archif Gwen John yn ei grynswth, hawdd iawn fyddai casglu ei bod hi'n anhapus iawn y rhan fwyaf o'r amser. Mae ei dyddiaduron, ei llyfrau nodiadau a'i llythyrau at rai agos ati yn frith o sylwadau am ei thristwch, ei rhwystredigaeth, am garwriaeth anhapus neu fethiant i gyrraedd y nod yn ei gwaith, am y ffordd mae rhai pobl yn ei brifo neu yn ei phoeni hi. Ond o edrych yn fanylach ac o astudio dyddiadau'r dogfennau hyn, lle mae hynny'n bosibl, mae modd canfod patrwm ynddynt, a sylwi ei bod hi'n ysgrifennu mwy yn ystod y cyfnodau hynny pan nad oedd cwrs ei bywyd yn un rhwydd. Pan oedd hi'n fodlon ar ei byd, yn gweithio'n effeithiol ac yn ymgolli yn ei gwaith, ni theimlai'r angen am ysgrifennu cymaint. I raddau helaeth yr oedd ysgrifennu llythyrau at y rhai y gallai ymddiried ynddynt, neu ddrafftio llythyrau heb fwriadu eu hanfon, neu gofnodi ei theimladau ar ffurf nodiadau, i gyd yn fodd iddi ddod dros gyfnod o iselder neu drallod: mewn gair, math o *gatharsis*. Yn achos ei brawd, Augustus, efallai mai euogrwydd a hiraeth a'i gyrrai i ysgrifennu mor gyson at ei wraig Dorelia pan oedd oddi cartref. Rhaid gochel felly rhag darllen dogfennau ar lefel arwynebol a heb eu cyd-destun.

Wrth ymchwilio i hanes unigolyn, rhaid cadw mewn cof hefyd y bydd ei lythyrau at eraill yn fwy na thebyg wedi eu gwasgaru. Dim ond y llythyrau a dderbyniwyd gan yr unigolyn fydd wedi eu cadw ymhlith ei bapurau er, *ambell* waith, bydd pobl yn anfon llythyrau yr ymadawedig yn ôl at y weddw neu'r disgynyddion i'w hymgorffori yn yr archif personol. Pan fu farw'r bardd Vernon Watkins ym 1967, er enghraifft, anfonodd Ceri Richards at y weddw lythyrau a dderbyniodd gan ei gŵr. Yn achos Augustus John, erbyn hyn mae gan y Llyfrgell Genedlaethol gasgliad eang o lythyrau oddi wrtho at nifer o'r gohebwyr hynny y mae eu llythyrau ato ef i'w cael yn archif personol yr arlunydd, ond fesul dipyn dros y blynyddoedd y daeth y rhain i'r gorlan, ac o wahanol gyfeiriadau a sefydliadau. Cadwyd nifer o lythyrau perthnasol mewn casgliadau cyhoeddus eraill: rhai mewn casgliadau yn yr Unol Daleithiau, er enghraifft, rhai ar feicroffilm neu ffîs yn Oriel Tate yn Llundain, ac mae llu o lythyrau oddi wrth Ida Nettleship, gwraig gyntaf Augustus, ar gael yn llyfrgell Prifysgol Lerpwl. Bydd angen amynedd ar yr ymchwilydd brwd, heb sôn am barodrwydd i deithio neu i dalu am lungopïau.

Hyd yn hyn, bu'r pwyslais ar beryglon ac anawsterau ymchwil mewn archifau ond, er hynny, ni ddylid gwangalonni, gan fod cyfoeth cyffrous i'w chael. Mae'r wybodaeth sydd i'w chael ym mhapurau arlunwyr yn gallu bod o gymorth amhrisiadwy nid yn unig wrth geisio sefydlu ffeithiau allanol bywyd yr unigolyn, ond hefyd wrth olrhain datblygiad eu gwaith a'u syniadau hwy eu hunain am eu gwaith. Dyma rai enghreifftiau a ddewiswyd ar hap ond sy'n awgrymu faint o wybodaeth amrywiol a hynod ddefnyddiol y gellir ei ddarganfod mewn archifau, o'u defnyddio gyda gofal.

Yn ystod yr Ail Ryfel Byd aeth John Petts, a oedd wedi cofrestru fel gwrthwynebydd cydwybodol i wasanaeth milwrol, i weithio ar fferm yn ne Lloegr. Tra oedd ef i ffwrdd, ysgrifennai Brenda Chamberlain ato'n rheolaidd o'u cartref yn Nhŷ'r Mynydd, Llanllechid. Nid yn unig y mae ei llythyrau hi ato, y cyfeiriwyd atynt yn barod, yn agor ffenestr ar y gymdeithas leol ac ar y ffordd y gwelai hi ei bywyd pob dydd hi, ond y maent hefyd yn cofnodi ei gwaith creadigol hi o ddydd i ddydd. Yn absenoldeb Petts, ar Brenda Chamberlain y syrthiai'r cyfrifoldeb am redeg Gwasg y Gaseg, ac mae ei llythyrau hi yn ffynhonnell amhrisiadwy ar gyfer hanes y wasg arloesol honno. Gwelwn y gwaith o dipyn i beth yn cynyddu, gydag archebion am gerdiau cyfarch, calendrau ac ati yn cyrraedd. Ar ben hyn y daeth yr holl lafur ynghlwm wrth gynllunio a chynhyrchu'r enwog *Caseg Broadsheets* gyda chydweithrediad y bardd Alun Lewis. Gellir olrhain y broses o ymgynghori, dewis deunydd a chynllunio'r *Broadsheets* trwy'r llythyrau hyn.[22]

O droi at Augustus John, mae ei lythyrau at ei wraig yn gloddfa wych o wybodaeth am y gwaith sydd ganddo ar y gweill, fel bod modd yn aml ddyddio lluniau'n fanwl gywir, a chlywed ei farn am y bobl o'i gwmpas, yn enwedig pan oedd yn gweithio ar bortreadau. Ceir manylion reit annisgwyl ar adegau, fel ei gŵyn ym 1919 fod y dywysoges Bibesco, un o wragedd harddaf a mwyaf ffasiynol Paris yn y cyfnod, yn pigo'i thrwyn yn ddi-baid tra oedd Augustus wrthi'n tynnu ei llun![23] Ambell waith, wrth ymgodymu â phortread, mi fyddai'r arlunydd yn ychwanegu brasluniau bach o'r gwaith ar waelod neu ar ymyl y llythyr, sydd yn fodd inni ddysgu mwy am y ffordd yr oedd y darlun wedi datblygu a newid cyn cyrraedd y fersiwn terfynol.[24]

Mae gohebiaeth Gwen John, chwaer Augustus, yn frith o gyfeiriadau at ei lluniau hi, yn naturiol efallai o gofio'i hymrwymiad llwyr i'w gwaith arlunio. Bu'n llythyru gyda'i ffrind agos, Ursula Tyrwhitt, am dros 35 mlynedd, ac yn ffodus iawn cadwodd hithau'r rhan fwyaf o'r llythyrau hyn yn ddiogel.[25] Gan fod Gwen yn ymddiried yn llwyr ynddi, a chan fod Ursula hithau'n arlunydd, yn y gyfres hon o lythyrau y cawn fwy o fanylion am waith Gwen nag yn unrhyw ffynhonnell arall. Mae'n disgrifio'r gwaith sydd ganddi ar y gweill, gan nodi os yw hi'n fodlon arno neu beidio, ond mae hi hefyd yn trafod ei syniadau mwy theoretig ac yn cofnodi ei hymateb i waith rhai o'u cyfoeswyr megis Rouault, Lhote, Picasso a Chirico. O ddarllen y llythyrau hyn ochr yn ochr â'i nodiadau, cawn y nesaf peth at gyffes ffydd yr arlunydd rhyfeddol yma. Ac o sôn am ei nodiadau, yn union fel mae Augustus John yn cyfuno gair a delwedd mewn llythyrau, mae Gwen hithau'n cyfuno'r ddau gyfrwng yn ei llyfrau nodiadau ac yn ei llyfrau brasluniau.[26]

Weithiau gall tystiolaeth yn llaw yr arlunydd ei hun weddnewid y farn arferol am agwedd arbennig o'i waith. Dyma achos trawiadol a ddaeth i'r golwg ym 1991. Pan oedd y bardd Dylan Thomas ar ei wely angau yn Efrog Newydd ym mis Tachwedd 1953, daeth y newyddion am ei gyflwr i glustiau Ceri Richards. Aeth ati i ailddarllen cerddi Dylan yn ei *Collected Poems*, a gyhoeddwyd y flwyddyn flaenorol, ac yn y man penderfynodd yr arlunydd addurno'r llyfr â brasluniau pwrpasol. Gwyddom iddo addurno tri chopi fel hyn. Yn ôl Richard Burns yn ei astudiaeth o'r addurniadau, troi at y gwaith hwn ar ôl clywed am farwolaeth Dylan Thomas a wnaeth Ceri Richards, gyda'r bwriad o gyflwyno'r copi cyntaf yn anrheg i'w wraig Frances. Honna Burns hefyd fod Ceri Richards wedi gweithio'n uniongyrchol ar y llyfrau, heb wneud brasluniau rhagbaratoadol.[27] Ond mae tystiolaeth archifol yn profi nad oes sail i'r ddamcaniaeth hon. Yn gyntaf, mae Ceri Richards mewn llythyr at ei gyfaill, y bardd Vernon Watkins, llythyr sydd wedi ei ddyddio cyn marwolaeth Dylan, yn dweud iddo glywed bod y bardd yn ddifrifol wael a'i fod yntau wedi dechrau tynnu lluniau ar ddalennau'r *Collected Poems*. Ei fwriad, meddai, oedd rhoi'r llyfr i Dylan pe byddai ef fyw.[28] Dyna chwalu'r ddau osodiad cyntaf, felly. Ymhlith papurau Ceri Richards ceir cyfres o ddeg o frasluniau bach wedi eu paratoi ar gyfer yr addurniadau terfynol, sydd yn taflu amheuaeth ar y trydydd honiad.[29] Nid er mwyn collfarnu Richard Burns yr adroddaf y stori hon, ond er mwyn pwysleisio mor bwysig ydyw i beidio ag anwybyddu neu anghofio tystiolaeth archifol.

Dengys y stori hon hefyd fod angen chwilio'n eang, ac i beidio â chyfyngu'r ymchwil i archif personol yr arlunydd yn unig. O aros am eiliad yng nghwmni Ceri Richards, mae papurau Vernon Watkins ac Iorwerth Hughes Jones yn cynnwys cyfresi o lythyrau hollol allweddol oddi wrtho, lle mae'n trafod ei fwriad a'i syniadau wrth weithio ar luniau penodol. Ymhlith papurau noddwyr ceir llawer o drysorau. Enghraifft dda yw casgliad Syr O. M. Edwards yn y Llyfrgell Genedlaethol, oherwydd y bu O.M. yn gefn i nifer o arlunwyr Cymreig y dydd, yn enwedig J. Kelt Edwards. Yn yr un modd gall llythyrau noddwr at arlunydd gynnig gwybodaeth ddiddorol, yn enwedig pan gofnodant gyfnod cynnar yng ngyrfa'r unigolyn, fel y gwna llythyrau Mrs Coombe-Tennant at John Elwyn.[30] Ambell waith, papurau gwrthrych llun fydd yn datgelu ffeithiau newydd, annisgwyl. Oni bai am nodyn swta 'sat to Kelt Edwards' yn nyddiadur y bardd Edward Thomas, er enghraifft, ni fyddai neb, efallai, wedi sylweddoli bod yr arlunydd hwnnw wedi tynnu ei lun.[31] Weithiau bydd rhaid chwilio deunydd mewn sawl cyfrwng cyn dod i adnabod bywyd a gwaith arlunydd yn iawn. Yn achos David Jones, gellir dechrau gyda'i gyhoeddiadau, a llyfrau ac erthyglau cyhoeddedig amdano, cyn edrych ar lyfrau o'i lyfrgell ei hun sydd yn aml yn cynnwys nodiadau dadlennol yn ei law.[32] O droi at lawysgrifau wedyn, cadwyd drafftiau dirifedi o'i waith llenyddol a channoedd o lythyrau oddi wrtho at lu o ohebwyr amryw, heb sôn am lythyrau at David Jones ei hun oddi wrth lawer o'r un cyfeillion. Ceir hyd i luniau ac arysgrifau ganddo yn ogystal, ffotograffau ac amryw bortreadau.

Erbyn heddiw hefyd, mae defnyddiau clyweled yn ychwanegu'n sylweddol at ein gwybodaeth a'n dealltwriaeth. Mewn sawl sefydliad, gan gynnwys y Llyfrgell Genedlaethol, mae modd gweld ffilmiau fideo sydd yn cynnig gwybodaeth gefndirol neu'n cynnwys cyfweliadau gydag arlunwyr a'u perthnasau a ffrindiau. Er enghraifft, er nad yw Brenda Chamberlain yn ymddangos ynddi, mae ffilm E. E. Pritchard am Ynys Enlli, *The Island in the Current*, a wnaethpwyd tua'r adeg pan aeth hi i fyw yno ym 1947, yn rhoi cip ar ei hamgylchiadau yno; i'r rhai sydd â diddordeb yn Augustus a Gwen John, mae modd troi at y ffilm *The Fire and the Fountain*, sydd yn cynnwys cyfweliadau gydag aelodau'r teulu a oedd yn adnabod y ddau yn dda.[33] Wrth sylweddoli bod y rhan fwyaf ohonynt wedi marw erbyn hyn, gallwn werthfawrogi pwysigrwydd cadw'r math hwn o ffynhonnell ar gyfer ymchwilwyr y dyfodol.

Heb amheuaeth, ac er gwaethaf yr anawsterau a pheryglon, mae ymchwilio i hanes celf trwy ddefnyddio'r amrywiaeth o ffynonellau sydd ar gael yn waith hynod o gyffrous a phleserus. Mae'r wefr o ddarganfod ffaith annisgwyl, neu gael hyd i'r union ddarn o wybodaeth fydd yn llenwi bwlch neu'n datrys ryw ddirgelwch yn cyfiawnhau'r oriau o chwilota. Ac ar ôl hel y deunydd gwasgaredig at ei gilydd mae gweld patrwm yn ymddangos o'r diwedd yn rhoi boddhad mawr i'r ymchwilydd.

Ond nid dyna ddiwedd y daith. Y cam nesaf yw cyhoeddi'r darganfyddiadau. Mae lle a sut i gyhoeddi yn dibynnu ar y deunydd, ac nid pwrpas yr ysgrif hon yw rhoi arweiniad i'r cyfeiriad hwnnw. Digon yw nodi bod y posibiliadau'n amrywio o erthygl fer boblogaidd yn y papur bro, neu ysgrif fwy academaidd mewn cylchgrawn mwy swmpus, i gyfrol gyfan. Ond mae'n hynod bwysig ein bod yn rhannu ffrwyth ein hymchwil gydag eraill. Rhaid cydnabod y bydd ymchwilwyr weithiau, am wahanol resymau, yn methu â chyhoeddi eu gwaith, neu'n anfodlon gwneud. Yr ateb wedyn yw gofalu bod copi o'r gwaith a wnaethpwyd yn cael ei osod mewn archifdy neu lyfrgell fel bod modd i eraill ei ddarllen. Mae sicrhau bod y gwaith ar gael nid yn unig yn arbed rhywun rhag mynd dros yr un tir eto, ond gall hefyd ysgogi rhagor o ymchwil. Yn y cyd-destun Cymreig – a Chymraeg – lle mae cymaint o ymchwil eto i'w wneud er mwyn inni addysgu'n hunain ac eraill am hanes ein diwylliant, mae cyfrifoldeb arbennig arnom i rannu'r trysorau a gipiwyd yn yr helfa.

Nodiadau

1. Gweler *Contemporary Art Society for Wales. 50th Anniversary Exhibition* (Caerdydd, 1987), ac argraffiad newydd ar gyfer y 60fed pen-blwydd (1997); *Adroddiad Blynyddol Llyfrgell Genedlaethol Cymru, 1993–94*, t.60.

2. Gweler catalog teipysgrif, *Gregynog Press Archives* (2 gyfrol, 1992–5) yn LlGC. Ar lefel fwy cartrefol, mae Papurau J. O. Williams, Bethesda, yn cynnwys gohebiaeth a deunydd amryw ynglŷn â'r darluniau a gynhwyswyd yn *Llyfr Mawr y Plant*. Gweler *Adroddiad Blynyddol LlGC, 1974–75*, t.76.

3. Oherwydd problemau hawlfraint, yr unig gyfrol a welodd olau dydd hyd yn hyn yw Kate Holman, *Brenda Chamberlain* (cyfres 'Writers of Wales', Caerdydd, 1997), cyflwyniad cyffredinol sydd yn canolbwyntio ar waith llenyddol yr arlunydd.

4. Gweler Ceridwen Lloyd-Morgan, *Gwen John Papers at the National Library of Wales* (ail argr., Aberystwyth, 1995).

5. Ceir arolwg o'r daliadau yn Sir Alan Bowness ac S. Fox Pitt, *The Tate Gallery Archive* (London, 1986).

6. Ceir mynediad trwy derfynellau yn y Llyfrgell Genedlaethol a nifer o archifdai trwy Brydain, neu trwy'r Rhyngrwyd (http://www.hmc.gov.uk/nra/nra.html).

7. Y bwriad yw creu canolfan arbennig ar eu cyfer yn Sir Benfro; yn y cyfamser mae'r archif yng ngofal Amgueddfeydd ac Orielau Cenedlaethol Cymru yng Nghaerdydd, ond cedwir copïau meicroffîs o'r deunydd ysgrifenedig yn Amgueddfa Dinbych-y-pysgod.

8. Llsgrau LlGC 4914-15D, 20566-8E.

9. Gweler catalogau teipysgrif *Court Henry Deeds* (1939), *Pencerrig Deeds and Documents* (1953), yn enwedig tt.50–2, 59–60, a *Penpont Deeds and Documents* (2 gyfrol, 1936, 1975), i gyd yn y Llyfrgell Genedlaethol. Ceir cyfeiriadau at bapurau eraill, gwasgaredig, yn ymwneud â Penry Williams yn Derrick Pritchard Webley, *Cast to the Winds. The Life and Work of Penry Williams (1802–1885)* (Aberystwyth, 1997).

10. Gweler *Adroddiad Blynyddol LlGC, 1977–8*, t.44. Cyflwynwyd grŵp o nodiadau ac ysgrifau gan Evan Walters yn rhodd i'r Llyfrgell gan ei gyfaill Erna Meinel, gweler *Adroddiad Blynyddol LlGC, 1953–4*, t.30.

11. *Adroddiad Blynyddol LlGC, 1977–8*, t.44.

12. Ar J. D. Innes, gweler, er enghraifft, A. D. Fraser Jenkins, *J. D. Innes at the National Museum of Wales* (Caerdydd, 1975), ac Eric Rowan, *Gwyrthiol Wlad yr Addewid. J. D. Innes, Augustus John a Derwent Lees yng Ngogledd Cymru 1910–13* (Llandudno, 1982), lle y ceir cyfeiriadau pellach.

13. Gweler isod, a Ceridwen Lloyd-Morgan, *Augustus John Papers at the National Library of Wales* (Aberystwyth, 1996), yn enwedig tt.3–4.

14. *Court Henry Deeds*, gweler nodyn 9 uchod.

15. Bellach llsgrau LlGC 23294D a 23295A yn y Llyfrgell Genedlaethol; gweler hefyd llsgrau LlGC 23296B (coeden achau John Dyer) a 23297C (nodiadau ar ei farddoniaeth) a ddaeth o'r un ffynhonnell.

16. Gweler Ceridwen Lloyd-Morgan, *Gwen John Papers*, tt.25–6.

17. Bellach llsgrau LlGC 23005–14 ac LlGC ex 1378.

18. Bellach llsgrau LlGC 23207–13 ac LlGC ex 1528.

19. Llsgr. LlGC 23208D.

20. Llsgr. LlGC 23207E.

21. Llsgr. LlGC 23381D.

22. Llsgr. LlGC 23207E.

23. Llsgr. LlGC 22778D, ff. 23–4.

24. Gweler Ceridwen Lloyd-Morgan, *Augustus John Papers*, t.5 a llun VIII.

25. Bellach llsgr. LlGC 21486D.

26. Am enghreifftiau a thrafodaeth gweler Ceridwen Lloyd-Morgan, *Gwen John Papers*, tt.35–6 a llun VI.

27. Richard Burns, *Ceri Richards. Drawings to Poems by Dylan Thomas* (Llundain, 1980) a *Ceri Richards and Dylan Thomas. Keys to Transformations* (Llundain, 1981). Gweler hefyd Megan Morgan Jones isod, tt.135.

28. 'I have been reading from his Collected Works [*sic*] this weekend – and his trouble deepens the tragedy in the poems – also whilst reading in his book I have decorated many of the pages – if Dylan gets well soon (we hope so so very much) then I think of sending him a copy complete with drawings.' (Llsgr. LlGC 22487E, f. 84). Gweler hefyd Ceridwen Lloyd-Morgan, 'Ceri Richards: Sketches for Dylan Thomas', *Cylchgrawn Llyfrgell Genedlaethol Cymru*, XXIX (1995–6), tt.347–54.

29. Llsgr. LlGC 23011E, ff. 3–11.

30. Llsgr. LlGC 23531D.

31. Llsgr. LlGC 22905B, t.122, cofnod ar gyfer 2 Mai 1906.

32. Gweler Huw Ceiriog Jones, *The Library of David Jones (1895–1974). A Catalogue* (Aberystwyth, 1995).

33. Gellir gweld y ddwy ffilm yng Nghasgliad Sain a Delweddau Symudol y Llyfrgell Genedlaethol, lle y diogelwyd hefyd tapiau sain o'r cyfweliadau cyfan a fu'n sail i *The Fire and the Fountain*, yn ogystal â chopïau o raglenni radio a theledu sy'n berthnasol i'r arlunwyr hyn ac eraill.

Llyfryddiaeth

Janet Foster a Julia Sheppard (gol.), *British Archives* (3ydd argr. diwygiedig, Llundain, 1995).

G. Varley (gol.), *Art and Design Documentation in the UK and Ireland* (Bromsgrove, 1993).

Guide to the Department of Manuscripts and Records, The National Library of Wales (Aberystwyth, 1994).

Sir Alan Bowness ac S. Fox Pitt, *The Tate Gallery Archive. A Booklet* (Llundain, 1986).

3
Darluniau Dirifedi Cymru

DONALD MOORE

Er fy mawr fwynhad, treuliais y rhan fwyaf o'm gyrfa yng Nghwmni gweithiau celfyddyd gain – am bedair blynedd ar hugain yn Amgueddfa Genedlaethol Cymru, wedyn am saith mlynedd yn Llyfrgell Genedlaethol Cymru, ac yn ddiweddarach am gyfnodau byrion yn Oriel Glynn Vivian, Abertawe, ac Oriel Mostyn, Llandudno. Yn ogystal, cefais ddwy flynedd yn cofnodi portreadau Cymreig ledled Cymru ar ran y Llyfrgell Genedlaethol.

Mae'r hyn oll wedi fy ngwneud yn gyfarwydd â nifer fawr o luniau penodedig nes iddynt fynd yn ffrindiau personol, i'w cyfarch dro ar ôl tro wrth alw heibio i'w cartrefi. Ac fel yn achos ffrindiau dynol, rhaid pryderu weithiau fod eu hiechyd mewn perygl. Trist o beth yw gweld hoff lun yn cael ei fygwth gan fwg neu wres, neu gampwaith wedi'i grogi mewn cornel dywyll di-nod. Ond gwir lawenydd imi yw gweld darluniau a brynais ag arian y wlad yn cael eu harddangos yn anrhydeddus mewn lle cyhoeddus.

Daw hanesion lawer i'm cof wrth feddwl am y cyfnod pan fyddwn yn prynu darluniau ar ran y Llyfrgell Genedlaethol. Gallai tirlun ag arwyddocâd Cymreig ymddangos mewn ffenestr yn Bond Street, neu bortread Cymreig mewn arwerthiant yn Sotheby's, neu ddarlun cyfoes mewn arddangosfa yng Nghymru. Yr oedd yn fraint meddu ar yr hawl i wario arian mawr yn y farchnad gelfyddyd, a chyffrous oedd yr helfa.

Dechreuais ymddiddori mewn celfyddyd yn ifanc iawn. Yr oedd tri amgylchiad yn gyfrifol am hyn, sef diddordeb fy nhad mewn lluniau yn ein cartref yn y Barri, y gwersi celfyddyd yn Ysgol Sir y Bechgyn yno, ac ymweliadau yn y 1930au â siop gelf yn nhref y

Barri. Cyn synnu bod y fath siop mewn tref yn llawn o weithwyr rheilffordd a dociau, dylid cofio bod galw am ddefnyddiau celf gan blant ysgol, gan fyfyrwyr Coleg Hyfforddi y Barri ac yn flynyddol gan Ysgol Haf Morgannwg. Yr oedd perchennog y siop, Gordon Mills, yn barod bob amser i esbonio'r darluniau a arddangosai yno. Yr oedd y rhan helaeth o'r darluniau a oedd ar werth y dyddiau hynny yn atgynyrchiadau unlliw. Nid oedd y dechneg o argraffu darluniau mor effeithiol a rhad ag y mae heddiw. Yn y siop honno o bryd i'w gilydd byddai cyfle prin i weld gwaith gwreiddiol gan arlunydd cyfoes megis Scottie Wilson.[1]

Darluniau: eu hanfodion, eu ffurfiau a'u hamrywiaeth

Mae dau amcan i'r erthygl hon: datgelu cyfoeth darluniadol Cymru a dangos lle y gellir gweld enghreifftiau nodweddiadol o bob math. Mae'r gweithgarwch yn ymestyn dros ganrifoedd, ac yn haeddu esboniad hanesyddol ar adegau, yn enwedig gan fod darluniau yn gludadwy ac yn gallu symud gydag amser. Mae darluniau Cymru yn ddirifedi yn llythrennol gan nad oes modd adnabod y cyfan. Gwir bod llawer wedi eu cofnodi mewn mynegeion a chatalogau, ond nid yw'r wybodaeth hon yn adnabyddus ond i gnewyllyn o ymchwilwyr.

Mae'r deunydd yn amrywiol ei natur; defnyddir gwahanol gyfryngau ar gyfer darluniau gwreiddiol – pin, pensil, dyfrlliw, olew, tempera, a phaentiau newydd megis acrylig. Mae llu o gyfryngau eraill ar gyfer atgynyrchiadau – engrafiad, sur-gerfiad (*etching*), acwatint, lithograff, argraffiad arwyneb, a phrosesau technegol newydd. Ychwanegir at amrywiaeth y darluniau gan y gwahanol foddion o'u cynnal – cynfas, bord, papur, plastr, metel, a bron unrhyw ddeunydd dan haul. Mae'n arfer dangos llawer ohonynt mewn fframiau, ond cedwir llawer mwy dan glawr i'w gweld yn achlysurol. Gwneir printiau gan mwyaf ar bapur i fod yn ddarluniau llyfrau.

Gall testunau darluniau gynnwys tirwedd, pobl, adeiladau, gwrthrychau, digwyddiadau ac yn y blaen, ond nid yw pob darlun yn cynrychioli gwrthrychau; mae rhai yn dangos patrymau, ffurfiau neu liwiau yn unig; mae eraill yn ceisio mynegi teimladau. Gwelir llu o ddarluniau o'n cwmpas ym mhob man – mewn cartrefi, siopau, ysgolion, orielau, amgueddfeydd, adeiladau cyhoeddus a lleoedd gwaith a hamdden, heb sôn am lyfrau a phapurau newydd. Er bod lluniau ar ffilm a'r teledu yn fyw, eto mae ganddynt ddau ddimensiwn megis lluniau llonydd.

Cyn cychwyn ar bererindod trwy Gymru ar drywydd darluniau, mae'n werth edrych yn fanylach ar hanfodion darlun. Defnyddir y gair 'darlun' mor aml fel na sylweddolwn pa mor ddwfn yw ei ddiffiniad. Yn y bôn, mae darlun gan mwyaf yn ddelwedd ddau ddimensiwn sy'n cynrychioli tri dimensiwn. Mae darluniau yn amrywio o ran maint, ond nid yw maint darlun penodol o angenrheidrwydd yn cyfateb i faint y gwrthrych gwreiddiol. Gall fod yn gyffelyb, neu'n fwy, neu'n llai. Wrth weld cymaint o ddarluniau yn y byd modern, deallwn heb bendroni ba *raddfa* sydd i lun. Hawdd yw anghofio'r hyfforddiant ac ymarfer a gawsom cyn deall *hanfodion* darlun. Erys pobloedd cyntefig mewn mannau yn y byd heddiw nad ydynt yn gyfarwydd â darluniau, a heb fedru cydnabod cynnwys darlun neu ddeall perthynas ei faint â'r gwrthrych iawn. Fe aeth hyn yn hysbys i mi pan yn gweithio yn Affrica yn Amgueddfa Uganda, Kampala, yn y 1960au. Nid oedd yn Uganda draddoddiad brodorol o gelfyddyd gain, na llun na delwedd; rhaid i'r brodorion fabwysiadu arferion y Gorllewin cyn deall a defnyddio darlun.[2]

Ni ddylid meddwl am swyddogaeth darlun yn nhermau trosglwyddo gwybodaeth neu fynegi teimlad yn unig. Gall darlun fod ynddo ei hun yn *ddatganiad* o rywbeth, megis awdurdod, cyfoeth neu chwaeth y perchennog, beth bynnag y bo'r testun. Gall darlun hefyd wasanaethu yn *eilun* , i'w barchu a hyd yn oed i'w addoli.

Wrth gwrs mae rhan yr artist yn allweddol wrth greu darlun; mae angen medr a dawn. Ond cyn i ddarlun ddod i fodolaeth, mae'n anhepgorol cael *noddwr*, sef rhywun sy'n mynnu'r darlun. Heddiw mae artistiaid yn tueddu i fod yn 'noddwyr dros dro' eu hunain, a chynhyrchu darluniau yn ôl eu dymuniad hwy, gan obeithio y daw 'noddwr iawn' yn y man i'w prynu yn y 'farchnad'. Yn y gorffennol yr oedd perthynas agos a gweladwy rhwng artist a noddwr; byddai darlun yn cael ei greu trwy orchymyn neu gomisiwn ac ar gyfer pwrpas penodedig.

Darluniau'r Oesoedd Canol: yr etifeddiaeth goll

Yn ystod canrifoedd yr Oesoedd Canol prif amcan darlun a delw oedd esbonio crefydd ar ffurf weledol i ffyddloniaid anllythrennog. Bryd hynny ceid lluniau ar furiau y tu mewn i'r eglwysi er cyfleu athrawiaeth yr Eglwys: Dioddefaint Crist, Marwoldeb Dyn a Dydd y Farn. Yr Eglwys oedd y noddwr. Canlyniad y Diwygiad Protestannaidd oedd dibrisio'r darlun a'r ddelw fel moddion gras, a'u halltudio o'r addoldy. Cuddiwyd llawer murlun â gwyngalch, a datganwyd y Gair Protestannaidd ar ffurf testunau ysgrifenedig o'r Ysgrythurau. Arferid yn ogystal beintio arfbais y brenin ar furiau'r tu mewn i'r adeilad i ddangos pwy oedd yn ben ar yr Eglwys.

Diflannodd geiriau ac arfbais oddi ar y muriau yn eu tro, naill ai o dan haen newydd o wyngalch, neu o ganlyniad i dorri'r plastr oddi ar y muriau mewn ateb i'r ffasiwn o ddatgelu cerrig y mur yn noeth. Er bod nifer helaeth o'r murluniau canoloesol wedi cael eu distrywio gan ddiwygwyr Protestannaidd, daw enghreifftiau i'r golwg wrth i eglwys gael ei hatgyweirio. Gellir gweld murluniau canoloesol adferedig yn eglwysi Llanilltud Fawr, Bro Morgannwg, a Llangar, Meirionnydd, i enwi dwy. Daeth murluniau i'r golwg yn eglwys Llandeilo Tal-y-bont, Gorllewin Morgannwg, pan dynnwyd yr adeilad i lawr gyda'r bwriad o'i symud i Amgueddfa Werin Cymru.

Diflannodd lluniau crefyddol hefyd yng ngwydrau lliw'r eglwysi yn ystod y Diwygiad Protestannaidd neu yn y Rhyfel Cartref a'r Weriniaeth, a darfu'r un anhap i waith carreg a choed cerfiedig. Erys delweddau o fan i fan, a cheir sgrîn croglofft o hyd mewn nifer o eglwysi, er bod y grog fawreddog a oedd yn ei choroni wedi'i thynnu i lawr, a'r paent llachar a orchuddiodd y cyfan wedi diflannu. Byddai darluniau goreuredig mewn llawysgrifau cludadwy yn ailadrodd yr un negesau.[3]

Gwaetha'r modd, mae llai nag erioed o bobl yn gweld y trysorau canoloesol eglwysig sydd yn goroesi, na gwaith celf sydd newydd gyrraedd chwaith. Bach yw cynulleidfaoedd heddiw, a chedwir addoldai ynghau fel rheol am resymau diogelwch oni chynhelir gwasanaeth. Mae delweddau crefyddol bellach yn debycach o ddod i sylw'r cyhoedd mewn arddangosfeydd amgueddfaol.

Felly mae Cymru wedi colli nid yn unig gweithiau celf di-rif ond hefyd y traddodiad o'u gwneuthur. Atalwyd y Cymry am gyfnod hir rhag gwerthfawrogi lluniau a delweddau yn y mannau a fynychid gan bawb – a gwir oedd hyn am Loegr a'r Alban hefyd. Bydd Prydeinwyr sy'n teithio yng ngwledydd pabyddol y Cyfandir yn synnu gweld y cyfoeth o ddelweddau a darluniau sydd yn yr eglwysi yno; gall y fath brofiad roi syniad o'r hyn sydd wedi diflannu o'r wlad hon. Creodd Protestaniaeth gynnar atgasedd tuag at ddelweddau o bob math. Yn y maes arlunio yn gyffredinol aeth traddodiad celf brodorol Lloegr mor dila erbyn y ddeunawfed ganrif, nes i noddwyr gymryd yn ganiataol fod angen gwahodd artistiaid o'r Cyfandir i gyflawni gwaith iawn. Pan glywir cwyn am ddiffyg traddodiad celfyddyd weledol yng Nghymru, rhaid cofio am etifeddiaeth goll yr Oesoedd Canol.

Daeth adfywiad i gelfyddyd eglwysig yn y bedwaredd ganrif ar bymtheg gyda diddordeb cynyddol yn olion gweledol yr Oesoedd Canol a chyda pharodrwydd Uchel Eglwyswyr i dderbyn delweddaeth i mewn i'r eglwys unwaith eto. Cododd traddodiad celfyddyd ar wahân yn y capeli Anghydffurfiol, ond cyfyngedig a gwerinol oedd, yn ymwneud â phatrymau a geiriau addurniadol ar y muriau, a phortreadau cewri'r enwad yn y festri.[4] Gwir gyfraniad Anghydffurfiaeth i gelfyddyd oedd pensaernïaeth urddasol ei chapeli cynnar.

Gyda'r Dadeni ar y Cyfandir, gorlifodd y celfyddydau dros derfynau crefydd i ymwneud â phob agwedd ar fywyd. Blodeuodd testunau newydd mewn celfyddyd: portreadau, tirluniau, morluniau, lluniau o ddigwyddiadau hanesyddol ac o wrthrychau pob dydd. Gallai portread bellach ddarlunio dyn yn ogystal â Christ a'r saint.

Y portread yng Nghymru

O'r safbwynt hanesyddol, y dosbarth cyntaf o ddarluniau i sôn amdano yw portreadau'r plas. Megis yng ngwledydd eraill Ewrop, yr oedd portreadau'n bwysig i uchelwyr fel tystiolaeth weledol o dras teulu ac fel cymar i achau ysgrifenedig. Byddai'r eisteddwyr yn ymddangos fel arfer yn eu *persona* cyhoeddus, yn llawn urddas ac awdurdod. Yn ogystal ag aelodau'r teulu, disgwylid gweld portreadau o'r brenin a'r frenhines i brofi teyrngarwch y perchennog. Ac ystyried bod un plasty neu ragor ymhob plwyf, gellir sylweddoli pa mor niferus oedd casgliadau'r boneddigion.

Hanner canrif yn ôl trefnwyd ymgyrch gynhwysfawr i gofnodi portreadau mewn plastai Cymreig gan Amgueddfa Genedlaethol Cymru o dan ofal y Ceidwad Celf, John Steegman. Cyhoeddwyd *A Survey of Portraits in Welsh Houses* gan yr Amgueddfa mewn dwy gyfrol ym 1957 a 1962 yn eu tro. Ymwelodd John Steegman a'i ddilynydd Rollo Charles â rhyw 183 o gartrefi, a chofnodwyd 4,009 o bortreadau yn yr ymgyrch honno. Dim ond rhan o'r rhif posibl oedd y ffigur oherwydd cyfyngu'r ymchwiliad at blastai blaenllaw.

Cam amserol oedd arolwg yr Amgueddfa. Hyd yn oed bryd hynny yr oedd plastai yn mynd yn wag, teuluoedd yn symud a darluniau'n cael eu gwasgaru, ac mae'r sefyllfa yn waeth erbyn heddiw. Fe erys cartrefi diamhariad o hyd â'u teuluoedd priodol a'u portreadau ynddynt. Ym Morgannwg, er enghraifft, mae Castell Ffon-mon (portreadau Jones a Boothby) a Chastell Penrice (Mansel Talbot a Methuen Campbell); yn Sir Fynwy mae Cwrt Cefntilla (Arglwydd Raglan); yn Sir Gaerfyrddin Castell Strade (Mansel Lewis); yn Sir Benfro Castell Pictwn (Philipps). Ymhlith tai'r gogledd sydd â'u teulu a'u portreadau y mae Plas Newydd, Môn (Ardalydd Môn), y Faenol (Williams ac Assheton-Smith), y Foelas (Wynne-Finch), Mostyn (Arglwydd Mostyn) a Gwysane (Davies-Cooke).

Gwaetha'r modd, mae nifer fawr o blastai wedi diflannu yn gyfan gwbl, a chofnodwyd hwy mewn cyfrol drist gan Thomas Lloyd, *The Lost Houses of Wales* (1989). Mae eraill wedi mynd yn westai cefn gwlad, neu'n ganolfannau cyhoeddus. Mae Gogerddan, ger Aberystwyth, bellach yn bencadlys Sefydliad Tir Glas a'r Amgylchedd; aeth y portreadau i'r Llyfrgell Genedlaethol ar adnau pan werthwyd y plas, ac ym 1984 fe'u prynwyd ganddi.

Heddiw nid yw mor hawdd cael caniatâd i weld portreadau mewn cartref preifat gan fod perchenogion yn ceisio cadw eu darluniau yn gyfrinachol rhag ofn iddynt gael eu dwyn. Serch hynny, gellir gweld ambell gasgliad yn ei le priodol, pan fo'r cartref wedi ei drosglwyddo i'r Ymddiriedolaeth Genedlaethol. Y mwyaf ysblennydd, efallai, yw'r Castell Coch ym Mhowys, ger y Trallwng.

Yno mae chwaeth a chyfoeth ieirll Powis dros y canrifoedd wedi cynnull casgliad gwych o ddodrefn, porslen, enamel, arian, cerfwaith a darluniau o bob math a chyfnod. Yn ogystal â phortreadau o deuluoedd y castell, Herbert a Clive, mae yno weithiau gan Reynolds, Gainsborough a Romney, a darlun enwog o Ferona yn yr Eidal gan Belotto; cyhoeddwyd rhestr ohonynt gan yr Ymddiriedolaeth Genedlaethol.

Yng ngogledd Cymru gall y cyhoedd ymweld â phum plasty â chasgliadau celf nodweddiadol yn perthyn iddynt: Plas Newydd, Môn (Ardalydd Môn), Castell y Penrhyn, Bangor (Douglas Pennant), Neuadd Bodrhyddan, ger y Rhyl (Shipley-Conwy), Erddig ger Wrecsam (Yorke) a Chastell y Waun, ger Rhiwabon (de Walden), i gyd, ac eithrio Bodrhyddan, o dan reolaeth yr Ymddiriedolaeth Genedlaethol. Ynddynt gellir gweld, heb ymyrryd â phreifatrwydd y perchenogion, gasgliadau traddodiadol o bortreadau teuluol, tirluniau, morluniau ac eraill.[5]

Anaml y gwelir peintiadau o'r gweision neu'r bobl gyffredin mewn plas, ond yn Erddig mae deg darlun o'r math, yn eu plith saer, cigydd a garddwr. Yng Nghastell y Waun mae llun o Welch Wilkes, clochydd y castell. Yn Rhydodyn (Edwinsford), Sir Gaerfyrddin, bu darlun o gipar Syr Nicholas Williams a beintiwyd tua 1725; heddiw mae'r plasty yn adfail, ond mae'r darlun yn ddiogel yn Amgueddfa Werin Cymru. Mae portread o delynor dall plas Tre-gib, Sir Gaerfyrddin, yn yr Amgueddfa ac Oriel Genedlaethol yng Nghaerdydd.

Yr oedd anifeiliaid yn rhan o'r teulu, ac yn eiddo i ymfalchïo ynddo. Gwelir darluniau mewn llawer plas o hoff gŵn, ceffylau, gwartheg a moch, ac edrychir arnynt fel unigolion a chyfeillion. Bu portreadau o hoff anifeiliaid mewn arddangosfa deithiol 'Balchder Eiddo', a drefnwyd gan Gyngor Celfyddydau Cymru ym 1975. Adloniant poblogaidd cefn gwlad oedd hela, a wnaeth destun darlun ar lawer cynfas. Peintiodd Richard Barrett Davis lun o ardalydd cyntaf Môn ar ei geffyl, gyda'i gi, yn saethu adar ar Cannock Chase (1828).[6]

Yn y blynyddoedd diweddar mae llawer o bortreadau teuluol wedi cyrraedd cadwrfeydd cyhoeddus. Aethpwyd â phortreadau Clennenau, Sir Gaernarfon (teulu Owen), i arwerthiant yn Lloegr, a'u prynu gan Lyfrgell Genedlaethol Cymru. Cedwir portreadau Vaughan o'r Gelli Aur, Sir Gaerfyrddin, yn Amgueddfa Caerfyrddin; yno hefyd y mae portreadau o Ddolau Cothi, plasty diflanedig ger Pumsaint. Ym mhlasty Scolton, ger Hwlffordd, Sir Benfro, erys portreadau'r cyn-berchenogion, y teulu Higgon, er nad oes aelod ohono yn byw yno bellach; mae'r adeilad yn rhan o Amgueddfeydd Sir Benfro, a'r stad wedi'i throi yn barc gwledig.

Mae portreadau yn dal mewn bri yn y cartrefi bonheddig sy'n goroesi, ond heddiw defnyddir ffotograffau yn ogystal â chynfasau; gwelir hefyd beintiadau wedi eu seilio ar ffotograffau. Gall gwybodaeth hanesyddol am bortreadau teuluol fod yn brin ac yn ansicr; trosglwyddir traddodiadau amdanynt o genhedlaeth i genhedlaeth, ond gall cof y teulu ddiffygio ambell waith. Yng nghasgliad Plas Nanteos, Ceredigion, cofnodwyd 38 o eitemau, ond ni wyddys i sicrwydd pwy oedd naw ohonynt. Adroddwyd am bortreadau Castell Penrice, Bro Gŵyr, fod llawer ohonynt yn dwyn disgrifiadau camarweiniol, i gyd yn yr un llawysgrif, wedi eu hychwanegu tua 1740–50.[7]

Portreadau y tu hwnt i'r plas

Nid yw portreadau'r plas yn cynnwys holl bortreadau Cymru o bell ffordd. Mae llawer mewn mannau eraill. Gallent fod ar furiau coleg, neuadd dref, amgueddfa, swyddfa cwmni, neu gartref dirodres. Yn neuadd y dref, Caerfyrddin, er enghraifft, ceir portread enfawr o'r Cadfridog Picton ac un arall o Syr Rhys Hopkin Morris, gynt yn rheolwr BBC Cymru. Mewn bwthyn llawr pridd, Y Gangell, Cynwyl Elfed, Sir Gaerfyrddin, gwelir portread ar gynfas o Elfed (y Parchedig Howell Elvet Lewis). Ym Mhrifysgol Cymru, Llanbedr Pont Steffan, mae portread enfawr o'r Esgob Burgess o Dyddewi yn arglwyddiaethu ar y neuadd fwyta.

Yn hen Lys Rhuthun, Sir Ddinbych, bu portreadau o unigolion pwysig yr ardal. Yn hen Neuadd Sir Forgannwg (a ddaeth yn bencadlys Sir Forgannwg Ganol yn ddiweddarach), gwyliai cewri gynt, megis Syr Thomas Mansel Franklen, Godfrey Lewis Clark o Dalygarn, y Barnwr Gwilym Williams o Feisgyn ac Oliver Henry

Jones o Ffon-mon, gyfarfodydd y cyngor. Ym 1996 aeth y portreadau hyn i gartrefi newydd, o ganlyniad i greu siroedd newydd. Ni chynhwyswyd y rhai hyn yn arolwg Steegman.

Gwnaed ymdrech newydd i gofnodi portreadau Cymreig ar raddfa helaethach gan Lyfrgell Genedlaethol Cymru ym 1984 wrth greu Archif Portreadau Cymreig. Gofynnwyd i'r awdur presennol deithio o gylch y wlad i gofnodi portreadau o ddiddordeb Cymreig yn unrhyw fan. Nid oedd bwriad ail-wneud gwaith Steegman ond, yn hytrach, ehangu'r maes. Yn ogystal ag ysgrifennu cofnod, gwnaed ymdrech i dynnu llun archifol, du-a-gwyn o bob portread ac un arall mewn lliw. Ar ôl dwy flynedd o chwilio cafwyd hyd i dros 800 o eitemau mewn 70 o leoedd. Ymwelwyd â rhai casgliadau a nodwyd eisoes gan Steegman er mwyn darganfod pa newidiadau a oedd wedi cymryd lle yn y cyfamser. Mae'r rhan fwyaf o'r cofnodion yn ymwneud â de-orllewin Cymru, am y rheswm syml fod yr ymgyrch wedi cychwyn yno. A barnu o'r nifer a ddaeth i'r golwg yn Sir Benfro, yr oedd lle i gredu bod miloedd eto ar gael dros y wlad i gyd. Felly dim ond yn dechrau yr oedd y gwaith.[8]

Er cymaint yw diddordeb portreadau i'w teulu priodol, bychan yw eu hatyniad fel rheol i bobl y tu allan, megis prynwr mewn arwerthiant neu ymwelydd ag oriel. Pan fydd plasty yn darfod neu deulu yn dod i ben, yn aml diflanna diddordeb yn eu heilunod. Bydd rhai portreadau yn debyg o gael noddfa mewn amgueddfa, ac eraill cartref mewn gwesty moethus er creu 'awyrgylch hanes-yddol'. Yr eithriad ydyw darlun ag eisteddwr enwog, neu arlunydd adnabyddus, dyweder Gainsborough, Reynolds, Romney a Ramsey.

Cedwir portreadau o enwogion Prydain yn yr Oriel Bortreadau Genedlaethol yn Llundain, a mynnodd yr oriel honno gael modd i arddangos eitemau o'i storfa mewn canolfannau eraill. Yr oedd cynllun ar y gweill i greu canolfan ddiwylliannol yng ngogledd Cymru yng Nghastell Bodelwyddan. Prynwyd y castell hwnnw gan Gyngor Sir Clwyd a'i atgyweirio yn y 1980au er mwyn agor yr adeilad a'r gerddi i'r cyhoedd. Trwy gymwynasgarwch Arglwydd Kenyon o Gredington, a oedd ar yr un pryd yn Llywydd yr Oriel Bortreadau Genedlaethol ac yn gadeirydd Ymddiriedolaeth Celf Gain Clwyd, benthyciwyd casgliad gwych o bortreadau pwysig am dymor hir i'r castell. Cafwyd cerfluniau gan yr Academi Frenhinol a dodrefn gan Amgueddfa Fictoria ac Albert. Pan ddiddymwyd Clwyd fel sir ym 1996, ffurfiwyd ymddiriedolaeth i ofalu am Gastell Bodelwyddan, mewn cysylltiad agos â'r Sir Ddinbych newydd. Cyfrannodd y Llyfrgell Genedlaethol arddangosfeydd dros dro am arlunwyr yng ngogledd Cymru. Cyn hynny nid oedd mannau cyhoeddus i arddangos darluniau yn y gogledd-ddwyrain ac eithrio yn llyfrgelloedd y sir.

Tirluniau a lluniau eraill

Cychwynnodd hanes y tirlun yng Nghymru hefyd yn y plas. Mae ei apêl a'i swyddogaeth yn ehangach na phortread dyn. Hawdd i ddarlun o fangre blesio pawb, tra bydd portread yn apelio at deulu neu gymdeithas go gyfyng. Dechreuodd tirfeddianwyr gomisiynu darluniau o'u tai a'u tir yn yr ail ganrif ar bymtheg. Arferid gwneud math arbennig o lun, yn debyg i drem o'r awyr. Peintiadau mawr oeddynt, yn dangos tir ac adeiladau yn fanwl er gwneud cofnod cywir o eiddo bonheddwr. Mae golwg gyntefig arnynt fel rheol, sy'n awgrymu arlunwyr heb fawr o hyfforddiant. Ceir cyfres o bedwar darlun o'r math sy'n dangos hen stad Dinefwr ger Llandeilo, Sir Gaerfyrddin, fel yr oedd yn yr ail ganrif ar bymtheg; mae dau o'r hen gastell canoloesol, a dau o'r plas a'i erddi ffurfiol. Gwahanol iawn ydyw'r lle heddiw; adnewyddwyd y tŷ sawl gwaith, a difethwyd y gerddi er mwyn creu tirwedd 'naturiol'. Mae'r plasty bellach ym meddiant yr Ymddiriedolaeth Genedlaethol, a gwelir y tirluniau hyn yn eu hen gynefin unwaith eto.[9]

Aeth y llun o'r awyr yn anffasiynol yn ystod y ddeunawfed ganrif. Gwell gan berchenogion oedd golygfa o'u plas a stad o'r llawr. Yn y tirluniau hyn gwelir dylanwad arlunwyr y ganrif o'r blaen a weithiai yn yr Eidal – Claude Lorrain, Nicolas Poussin, Gaspard Dughet a Salvator Rosa. Eu hamcan hwy oedd darlunio golygfa ddelfrydol, a chawsant eu hysbrydoli gan wledydd Môr y Canoldir; byddent yn ychwangu ffigyrau a themlau er mwyn cyfeirio at hanesion clasurol neu feiblaidd.

Ymledaenwyd edmygedd y fath dirlun dros ogledd Ewrop a

chyrraedd Prydain yn ystod y ddeunawfed ganrif. Arferai boneddigion fynd ar y gylchdaith fawr – *the grand tour* – yn y ganrif honno. Mawr oedd dylanwad tirwedd, tywydd, trigolion a henebion Môr y Canoldir arnynt. Mynnodd y teithwyr cefnog ddod adref â darluniau i gofio am eu profiad, a'u harddangos yn eu cartrefi. Felly ymgartrefodd tirwedd a thirlun delfrydol – *the Ideal Landscape* – ym Mhrydain.[10] Yn Saesneg mae dwy ystyr i'r gair *landscape* – y lle ei hun, a'r darlun ohono. Yn y Gymraeg ceir dau air gwahanol: 'tirwedd' a 'thirlun'; cymysgir y ddau yn aml, hyd yn oed yn nghyhoeddiadau'r Swyddfa Gymreig.

Ceir enghraifft nodweddiadol o'r olygfa ddelfrydol gan Richard Wilson, *Snowdon from Llyn Nantlle* yn Oriel Walker, Lerpwl (gweler Plât lliw I). Yn y canol saif mynydd pigog, o'i flaen mae llyn llonydd ac adlewyrchiad y mynydd ynddo; ar yr ochrau ceir coed sy'n hanner fframio'r olygfa; yn y blaendir mae pysgotwyr brodorol; dros y llun i gyd ymleda awyrgylch haf hirfelyn o'r math na cheir mohono'n aml yn Nyffryn Nantlle, mae'n debyg. A dweud y gwir, yr oedd Wilson wedi 'mewnforio' tywydd teg o'r Eidal, gan fod hwnnw yn anhepgorol ar gyfer y fath dirlun. Bydd sôn nes ymlaen am arlunwyr a fabwysiadodd arddull Wilson.

Rhaid cofio bod artistiaid talentog ymhlith y teuluoedd bonheddig. Gellir crybwyll y Parchedig John Parker (1798–1860) o Neuadd Sweeney, ger Croesoswallt, rheithor Llamyrewig, Sir Drefaldwyn, ac wedyn ficer Llanyblodwel, Sir Amwythig. Daeth tua 350 o'i dirluniau dyfrlliw i'r Llyfrgell Genedlaethol. Bu ei chwaer Mary (yn ddiweddarach yr Arglwyddes Mary Leighton) hefyd yn artist rhagorol.

Ceir enghraifft ddiweddarach yn Sir Benfro o fyd y portreadau. Yng nghasgliad Penty Park bu portread o Richard Llewellin Lloyd (1872–1938) gan ei wraig Beatrice; yr oedd ef yn ddisgynnydd James Philipps Lloyd, Ffosybleiddau, yn y bumed genhedlaeth, ac yn etifedd gwryw olaf Lloyd a Lloyd-Philipps, Penty Park. Peintiodd Beatrice Lloyd hefyd bortread o'u merch Elinor.[11]

Tra oedd y portread a'r tirlun yn brif gynhaliaeth casgliad y plas, math arall a geid oedd 'bywyd llonydd' – gwrthrychau cartref megis jwg, cawg, cyllell, ffrwythau, bara, cig, caws ac yn y blaen. Rhagorai'r Iseldirwyr yn hyn o beth yn yr ail ganrif ar bymtheg. Yr oedd y fath luniau yn adlewyrchu ffyniant dosbarth canol cefnog a diwylliedig yr Iseldiroedd. Er bod eu testunau'n wrthrychol iawn, yr oedd eu delweddaeth yn llawn symbolaeth a gwersi moesol. Pe buasai galw am ddarluniau o'r math yng Nghymru – neu yn Lloegr – buasai'n rhaid eu mewnforio. Nid oedd gweithgaredd brodorol yn y maes hwn. Am y gweddill, mae casgliad y plas yn geidwadol ei chwaeth; mae noethluniau yn dderbyniol yn unig i ddehongli chwedlau clasurol o'r gorffennol delfrydol, ac ofer yw chwilio am ddarluniau haniaethol yno.

Cyfraniad y cymdeithasau gwirfoddol

Bu deffroad celfyddydol yn y bedwaredd ganrif ar bymtheg yn y trefi mawr o dan ddylanwad diwydiant a masnach. Yn ne Cymru y trefi perthnasol oedd Caerdydd ac Abertawe. Yng ngogledd Cymru yr oedd trefi mawr Lloegr, yn enwedig Lerpwl a Manceinion, yn ganolfannau gweithgarwch. Yr oedd cymdeithasau gwirfoddol yn arwain y ffordd; hwy a sefydlodd amgueddfeydd ac orielau celf i hybu arlunio ac arddangosfeydd cyn i'r awdurdodau lleol ddod i fodolaeth, a chyn i gyrff cenedlaethol gael eu sefydlu.

Yn Abertawe daeth unigolion dylanwadol at ei gilydd ym 1834 i greu Sefydliad Brenhinol De Cymru yn ardal brysur y dociau. Cymdeithas â diddordebau eang oedd y Sefydliad – byd natur, daeareg, gwyddoniaeth ac archeoleg yn ogystal â chelfyddyd. Ffurfiwyd casgliad nodedig o forluniau, math o gelfyddyd a flodeuodd yn Abertawe yn y bedwaredd ganrif ar bymtheg.[12] Yn Abertawe hefyd ffurfiwyd cymdeithas gelf mor gynnar â 1886 a ddathlodd gan mlynedd o weithgarwch ym 1986.[13]

Yng Nghaerdydd bu datblygiadau gwirfoddol tebyg i'r rhai yn Abertawe. Gyda chynnydd diwydiant a masnach, mewnfudodd pobl newydd i Gaerdydd. Cynhaliwyd arddangosfeydd celf mawreddog ym 1870, 1883 a 1884, a ffurfiwyd Cymdeithas Celf De Cymru ym 1887–8.[14] Ni wireddwyd cynllun i gael oriel gelf yng ngerddi'r castell; yr oedd ymdrechion lleol yn canolbwyntio ar sefydlu amgueddfa genedlaethol.

Yn y de-orllewin, bu diddordeb cryf mewn celfyddyd yn amgueddfa wirfoddol Dinbych-y-pysgod. Yno ar fryn y castell ym min y môr, adferwyd hen adeilad i fod yn gadwrfa dwt sy'n denu pobl leol ac ymwelwyr o bell. Crëwyd oriel newydd i goffáu cyn-guradur, Wilfred Harrison, ac yno y gwelir gwaith Augustus John a'i chwaer Gwen (bu'r teulu John yn byw yn Ninbych-y-pysgod am gyfnod). Ceir casgliad ardderchog o ddarluniau topograffig lleol, gan gynnwys gwaith Charles Norris, a phortreadau o hen forwyr porthladd Dinbych-y-pysgod.

Yn y gogledd, yr oedd ardaloedd Eryri a Dyffryn Conwy wedi atynnu arlunwyr er diwedd y ddeunawfed ganrif. Yn gyntaf deuai ymwelwyr ar wibdaith i weld rhyfeddodau'r wlad, ac wedyn i aros am ysbaid, neu i ymsefydlu yno. Cyrchfan hoff oedd Betws-y-coed. Daeth grŵp o artistiaid at ei gilydd i greu 'academi', ac ym 1882 sefydlwyd The Royal Cambrian Academy of Art – Academi Frenhinol Gymreig y Celfyddydau – gyda warant frenhinol. Ymgartrefodd yr Academi ym Mhlas Mawr, Conwy, adeilad hanesyddol a aeth yn dipyn o faen tramgwydd arni gyda'r blynyddoedd. Ymhlith yr aelodau cynnar cafwyd arlunwyr o fri, ac mae hyn yn wir heddiw, ond gan fod Conwy yn lleoliad cyfleus i ddinasoedd gogledd Lloegr, atynnai'r Academi 'arlunwyr penwythnos' o Lerpwl, Swydd Gaer a Manceinion, ac arhosodd y gymdeithas yn rhanbarthol yn hytrach na chenedlaethol.[15]

Cafodd yr Academi ryddhad o faich Plas Mawr ym 1994, pan dderbyniwyd yr adeilad i ofalaeth Cadw: Welsh Historic Monuments, asiantaeth y Swyddfa Gymreig. Adferwyd y plas bellach i'w hen ogoniant, yn enghraifft odidog o dŷ mawreddog oes Elisabeth I. Yno gwelir gwaith plastr yr unfed ganrif ar bymtheg, sy'n dangos delweddau benywaidd, rhosynnau Tuduraidd ac arfbeisiau wedi eu hail-liwio'n llachar. Rhoddodd Cadw help i'r Academi i ailymgartrefu mewn hen gapel diangen drws nesaf, lle cafwyd gwell diogelwch a chyfleusterau arddangos. Gwnaed ymdrech i Gymreigio gweithgareddau'r Academi yn y 1990au, a chynhaliwyd darlithoedd Cymraeg yn yr oriel am y tro cyntaf ym 1995 – y rhain sydd yn sail i'r llyfr hwn.

Yr oedd arddangosfeydd aelodau'r Academi yn adlewyrchu diddordebau llawer o gymdeithasau celf ledled y wlad. Gwelid toreth o dirluniau, rhai o'r ardal leol, eraill wedi eu gwneud ar wyliau mewn gwledydd tramor, yna astudiaethau o flodau, llwyni a choed, ychydig o 'fywyd llonydd', sawl enghraifft o waith haniaethol, a nifer fach o bortreadau ac astudiaethau ffigur. Gan nad oes casgliad parhaol yn yr Academi, ni chynhelir ond arddangosfeydd dros dro.

Darluniau yng ngofal llywodraeth leol

Heddiw mae disgwyl i awdurdodau lleol Cymru chwarae rhan amlwg ym maes y celfyddydau. Mae rhai ohonynt wedi gwneud cyfraniadau sylweddol trwy gefnogi orielau i gadw a dangos darluniau a thrwy sefydlu colegau celf i hyfforddi artistiaid a chrefftwyr. Mae gan Oriel Casnewydd, sy'n rhan o'r Amgueddfa yno, gasgliad helaeth o waith yr ugeinfed ganrif a'r bedwaredd ganrif ar bymtheg, gyda phwyslais ar dirwedd ac artistiaid Gwent. Mae wedi ennill bri am ei harddangosfeydd dros dro, megis James Flewitt Mullock (1818–92), arlunydd Casnewydd yn oes Fictoria. Estynnodd Casnewydd ei gweithgareddau trwy brynu hen blasty cyfagos, Parc Tredegar, adeilad o'r ail ganrif ar bymtheg a oedd yn gartref gynt i'r teulu Morgan, is-ieirll Tredegar. Adferir y plas a cheisir adennill hen ddarluniau a dodrefn cysylltiedig â'r lle.

Yn Abertawe mae traddodiad cryf o gynnal orielau ac amgueddfeydd. Bu sôn uchod am ymdrechion arloesol Sefydliad Brenhinol De Cymru yn y bedwaredd ganrif ar bymtheg. Yn gynnar yn yr ugeinfed ganrif perswadiwyd Corfforaeth Abertawe i sefydlu oriel gelf gyda rhodd sylweddol o arian gan Richard Glynn Vivian, gwneuthurwr copr cyfoethog. Datblygodd Oriel Glynn Vivian, a enwyd ar ôl ei chymwynaswr, i fod yn ddylanwad pwysig yn y dref, gyda chasgliad mawr o beintiadau yn tarddu gan mwyaf o hanner cyntaf yr ugeinfed ganrif. Ynddynt ceir pwyslais ar y ddinas, Bro Gŵyr a gorllewin Cymru. Cysegrwyd ystafell arbennig i'r artist Ceri Richards (1903–71), a aned ym mhentref Dyfnant cyfagos. Etifeddodd yr Oriel nifer enfawr o brintiau a lluniadau a gasglwyd gan John Deffett Francis yn y bedwaredd ganrif ar bymtheg, ond nid ydynt wedi goroesi mewn cyflwr da. Mae orielau ac amgueddfeydd Abertawe i gyd heddiw yn wasanaeth unedig o dan Gyngor Dinas a Sir Abertawe.

Mae gan Gaerdydd goleg celfyddyd o fri, ond ni sefydlwyd nac amgueddfa nac oriel *leol* yno; ni wireddwyd cynllun i adeiladu oriel gelf yng ngerddi'r castell. Aeth ymdrechion yr hen fwrdeistref i sicrhau y byddai'r amgueddfa genedlaethol yn dod i Gaerdydd, a neilltuwyd 'casgliadau Caerdydd' ar gyfer y posibilrwydd. Heddiw mae cyfle i weld casgliadau parhaol ac arddangosfeydd dros dro yn Amgueddfa ac Oriel Genedlaethol Caerdydd. Yn Amgueddfa Castell Cyfarthfa ym Merthyr Tudful mae darluniau sy'n cofnodi'r diwydiannau lleol, yn eu plith gwaith nodweddiadol Penry Williams, arlunydd lleol y bedwaredd ganrif ar bymtheg. Yn amgueddfeydd Caerfyrddin a Scolton (Sir Benfro) mae casgliadau sylweddol o gelfyddyd, yn enwedig portreadau a fu gynt mewn plastai. Ym Mharc Howard, Llanelli, ceir casgliad parhaol o ddarluniau, sy'n cynnwys portreadau o enwogion lleol a thirluniau gan J. D. Innes, a aned yn Llanelli. Yng Nghaerfyrddin crëwyd oriel newydd yn hen gartref yr ysgol gelf. Ni ddylid anghofio bod lluniau o wahanol fathau ar gadw mewn llyfrgelloedd lleol ac archifdai.

Sefydlu cadwrfeydd cenedlaethol

Tyfodd yr orielau celf cynnar trwy ymdrechion unigolion, cymdeithasau lleol neu fwrdeistrefi. Bu sôn yn y bedwaredd ganrif ar bymtheg am gael cadwrfa *genedlaethol*, ar gyfer gwrthrychau archeolegol, creiriau bywyd gwerin, celfyddyd gain, llyfrau hen a newydd, dogfennau, llawysgrifau ac ati, ond ni chafwyd amgueddfa na llyfrgell i Gymru tan 1907, pan benderfynodd y Llywodraeth greu dau sefydliad mewn dau le gwahanol, un yn amgueddfa, i'w sefydlu yng Nghaerdydd, a'r llall yn llyfrgell, i fod yn Aberystwyth. Rhannwyd cyfrifoldebau am wahanol bynciau rhyngddynt a chyflwynodd siarter frenhinol i'r ddwy fel ei gilydd ym 1907. Dechreuwyd ar gynllunio adeiladau mawreddog ac urddasol ar eu cyfer.

Prif swyddogaeth Amgueddfeydd ac Orielau Cenedlaethol Cymru yw cadw, arddangos ac astudio gwrthrychau materol perthnasol i Gymru. Rhoddodd ei siarter le cyfartal i fyd natur ac i waith dyn;

trefnwyd adrannau ar gyfer creigiau, planhigion ac anifeiliad ar y naill law, ac adrannau archeoleg, bywyd gwerin, celfyddyd gain a diwydiant ar y llall. Trefnwyd Llyfrgell Genedlaethol Cymru yn dair adran yn ôl natur ei deunydd, sef llyfrau printiedig; llawysgrifau a chofysgrifau; a darluniau a mapiau. Byddai sylwebydd dros Glawdd Offa yn synnu efallai fod y Llyfrgell wedi ei lleoli yn Aberystwyth, dros gan milltir i ffwrdd o'r Amgueddfa yng Nghaerdydd, ond yr oedd rhesymau politicaidd, personol ac ariannol am hyn.

Llyfrgell Genedlaethol Cymru

Ni fydd llawer o Gymry yn meddwl yn syth am *ddarluniau* wrth glywed y gair *llyfrgell*, ond mae un adran y Llyfrgell Genedlaethol yn gyfrifol am bob math o ddeunydd darluniadol – printiau, mapiau, ffotograffau, peintiadau olew a dyfrlliw ac, er y 1980au, deunydd clyweled. Gosodwyd canllawiau digamsyniol ar gyfer yr adran hon: dylid chwilio am ddarluniau a fyddai'n cyfrannu gwybodaeth am bobl a lleoedd yng Nghymru neu yn cynrychioli gwaith artistiaid o Gymry yn unrhyw le. Nid oedd galw am gasglu pob math o gelfyddyd, a chan nad oedd angen gwaith haniaethol nac arbrofol, arbedwyd llawer o'r dadleuon a fyddai'n poeni'r Amgueddfa Genedlaethol.

Bu gwahaniaeth hanfodol rhwng y Llyfrgell a'r Amgueddfa yn eu polisïau arddangos am bron i 80 mlynedd. Tra oedd yr Amgueddfa yn ymdrechu o'r cychwyn i drefnu arddangosfa barhaol yn ei horielau cyhoeddus, arfer y Llyfrgell oedd trefnu arddangosfeydd dros dro. Gallai darllenydd weld unrhyw ddarlun o'r stôr yn y Llyfrgell, ond byddai'n rhaid gwneud cais amdano wedi astudio'r mynegeion, megis yn achos llyfr neu ddogfen.

Ym 1984 trefnodd y Llyfrgell arddangosfa o'i 'thrysorau' i goffáu 75fed pen-blwydd caniatáu iddi ei siarter. Gwnaed cyfuniad o eitemau oddi wrth y tair adran. Trawsffurfiwyd hon ym 1992, gydag ambell newid, yn arddangosfa barhaol i roi blas ar gasgliadau pob adran, tra cedwir y rhan helaeth o'r darluniau o hyd mewn stôr.[16]

Ymhlith y darluniau ceir portreadau o lenorion, beirdd,

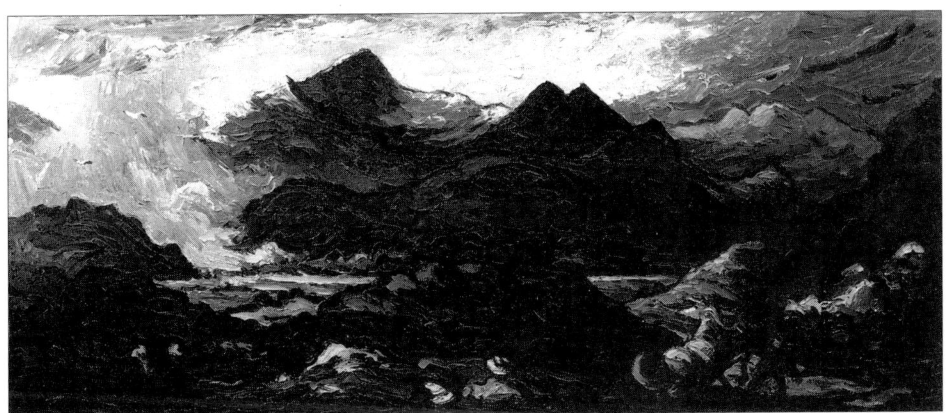

3. Kyffin Williams, *Snowdon, the Traeth and frightened horse* (1948); olew ar gynfas, 82.5 x 184.1 cm.

gweinidogion, offeiriaid, milwyr, arweinwyr politicaidd ac artistiaid, yn ogystal â theuluoedd bonheddig. Mewn arddangosfa 'Portreadau o'r Casgliadau Cenedlaethol' ym 1981, dangoswyd o eiddo'r Llyfrgell ddarluniau o Thomas Price (Carnhuanawc), Syr Ifor Williams, Christmas Evans, yr athro cerdd David Jenkins a David Lloyd George i enwi ond ychydig. Ychwanegir yn gyson at y casgliad trwy brynu portreadau gan arlunwyr diweddar neu gyfoes, megis Ivor Williams a David Griffiths.

Mae gweithiau gwreiddiol pwysig yn y Llyfrgell, megis brasluniau paratoadol gan y brodyr Samuel a Nathaniel Buck ar gyfer engrafiadau o'u *Antiquities* yn y 1740au. Ceir llu o ddarluniau topograffig gan artistiaid a chwiliai am olygfeydd delfrydol ac adfeilion rhamantaidd yng Nghymru yn oes aur y dyfrlliw, sef diwedd y ddeunawfed ganrif a dechrau'r bedwaredd ganrif ar bymtheg. Mae dros 100 o dirluniau dyfrlliw gan Thomas Rowlandson, 250 gan John 'Warwick' Smith, 300 gan Moses Griffith, arlunydd hunanddysgedig o Lŷn, a 350 gan gyfoeswr Griffith, John Ingleby.[17] Nid oes llawer o bobl yn ymwybodol o'r campweithiau hyn; ni welir mohonynt yn aml, gan fod gweithiau dyfrlliw, pensel neu inc yn pallu yng ngolau haul neu drydan oherwydd effaith niweidiol pelydrau uwchfioled (UV). Rhaid cadw'r darluniau hyn dan glawr a pheidio â'u harddangos yn rhy aml.

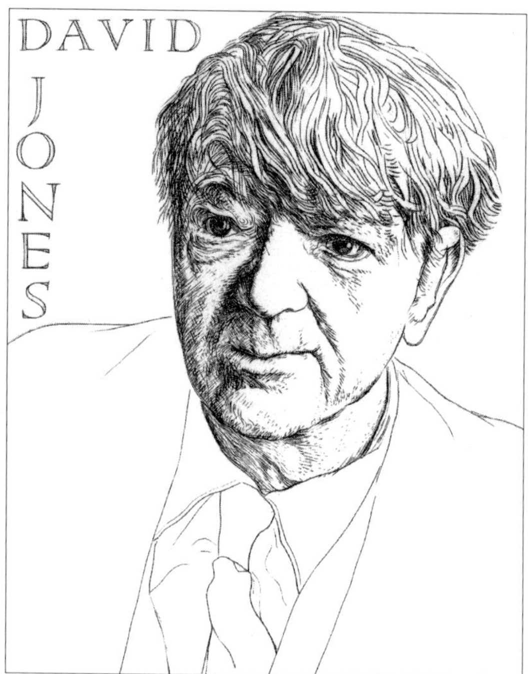

4. Edgar Holloway, *David Jones* (1979); engrafiad, 20.3 x 15.3 cm.

Ceir peintiadau olew gan feistri'r ddeunawfed ganrif, megis Richard Wilson a Paul Sandby, a thoreth o gynfasau o'r bedwaredd ganrif ar bymtheg, ond ni esgeulusir arlunwyr cyfoes. Ceir gweithiau Kyffin Williams, sy'n adnabyddus yn bennaf am ei dirluniau o fynyddoedd Eryri; efe yw un o'r ychydig Gymry sydd ar hyn o bryd yn aelod o'r Academi Frenhinol yn Llundain. Ym 1968, fe deithiodd i'r wladfa Gymreig ym Mhatagonia, De America, i gofnodi lleoedd a thrigolion yno, a chyflwynodd drigain o luniadau i'r Llyfrgell wedyn. Arlunwyr eraill yr ugeinfed ganrif a gynrychiolir ydyw David a Jane Carpanini, Brenda Chamberlain, John Elwyn, Christopher Hall, Augustus a Gwen John, David Jones, John Petts, John Piper, Ceri Richards, Kenneth Rowntree a Charles Tunnicliffe. Bydd y Llyfrgell lawer gwaith yn prynu gan arlunydd yn uniongyrchol neu yn comisiynu darlun am reswm arbennig.

Mae miloedd o hen brintiau o fathau gwahanol yn y casgliad, mwy o lawer eu rhif na'r gweithiau gwreiddiol. Maent yn dyddio gan mwyaf o'r cyfnod 1740 hyd 1900, a'u swyddogaeth fel rheol oedd darlunio llyfrau. Fe ddisodlwyd y print pan ddyfeisiwyd moddion atgynhyrchu ffotograffau, ond mae ambell artist, megis Edgar Holloway, yn dal i gynhyrchu printiau fel gweithiau celf.

Mewn cyfnod pan fydd *nifer* yr ymwelwyr a'r defnyddwyr yn faen prawf o werth unrhyw sefydliad, mae'r Llyfrgell Genedlaethol o dan anfantais, gan ei bod mewn tref fach ymhell o ardaloedd poblog. Ni ellir disgwyl tyrfaoedd o'r cyffiniau i fynychu arddangosfeydd, ac nid hawdd yw atynnu ymwelwyr o bell. Mae Aberystwyth fwy na hanner can milltir o'r draffordd agosaf – a hyn pan fydd mwyfwy o bobl yn mynnu teithio mewn car preifat. Nid yw'r rheilffordd mor bwysig a phoblogaidd ag y bu, ac nid yw'r lein yn cyrraedd poblogaeth sylweddol cyn gororau Lloegr.

Ni fu'r Llyfrgell erioed yn gyrchfan adnabyddus ar gyfer arddangosfeydd. Ni chyhoeddir ystadegau am y rhai sy'n mynychu arddangosfeydd, dim ond o'r darllenwyr sy'n gofyn am wasanaeth yn y gwahanol adrannau. Ym 1995–6, cofnodwyd 34,371 o *geisiadau*, ond nid yw hyn yn golygu bod y fath rif o *unigolion* wedi cyrraedd, ac yn ddiau ni fyddai pawb wedi mynd i weld yr arddangosfeydd yn ogystal.[18]

Amgueddfeydd ac Orielau Cenedlaethol Cymru

Saif Amgueddfa ac Oriel Genedlaethol Caerdydd ym Mharc Cathays, mewn bro boblog, heddiw yn agosach nag erioed i Lundain oherwydd ffyrdd gwell a threnau cyflymach, ac o fewn cyrraedd ardaloedd poblog Lloegr. Yn y flwyddyn Ebrill 1994–Mawrth 1995 daeth 197,694 o ymwelwyr i'r prif adeilad. Er mor sylweddol oedd y ffigur hwn, mynegwyd pryder oherwydd gostyngiad o 46,643 mewn cymhariaeth â 1993–4. Yma eto gellir honni bod llawer llai na'r cyfanrif wedi mynd i'r orielau celf.

Yn ddiamau mae'r Amgueddfa ac Oriel Genedlaethol yn drysorfa gelfyddyd fwyaf ei maint a'i chyfoeth yng Nghymru. Mae yno ddarluniau o bron pob gwlad ac ysgol yn y Gorllewin ac o bob cyfnod hanesyddol. Maent o werth ariannol amhrisiadwy, ond ni chânt eu hyswirio, gan fod y llywodraeth yn talu iawndal pe bai rhywbeth yn mynd ar goll, megis yn achos pob cadwrfa genedlaethol.

Mae dulliau arddangos yr Amgueddfa erioed wedi ennill bri am eu trefnusrwydd a'u glanweithdra, ond cyrhaeddodd yr Orielau Celfyddyd uchafbwynt chwaeth gyda newidiadau'r 1990au. Gall ymwelwyr bellach fwynhau detholiad hael o'r enghreifftiau gorau, yn beintiadau olew, cerfluniau, crochenwaith ac ati, mewn gofod helaeth ac urddasol. Ar yr un pryd, dylid cofio bod darluniau dyfrlliw fel rheol yn cael eu cadw mewn storfeydd diogel allan o'r golwg, a rhaid i ymchwilydd wneud cais i'w gweld.

Mae polisi Amgueddfa ac Oriel Genedlaethol Caerdydd wedi tarddu o'i siarter frenhinol. Serch hynny, nid yw amcanion yr Amgueddfa ym maes y celfyddydau wedi aros yn ddigyfnewid trwy'r blynyddoedd. Yn ôl Llawlyfr Darluniedig 1953, yr oedd tair prif nod i'r Adran Gelf: yn gyntaf, dangos gorchestion artistig y Cymry mewn peintio, lluniadu, engrafio, cerflunio, crochenwaith a phorslen; yn ail, creu casgliad portreadau cenedlaethol i gynrychioli'r rheini a oedd wedi cyfrannu i hanes Prydain a'r Ymerodraeth Brydeinig; yn drydedd, i ddarlunio golygfeydd Cymru drwy gyfrwng peintiadau, lluniadau ac engrafiadau topograffaidd. Yr oedd pwyslais ar yr agwedd Gymreig, megis yn siarter y Llyfrgell. Ni fu sôn am brynu darluniau gan feistri'r Cyfandir, na chartwnau Rubens chwaith, nac am gasglu celfyddyd haniaethol ac arbrofol. Yn eithriadol byddai hawl i brynu esiamplau heb gysylltiad Cymreig er cymhariaeth. Pe buasai'r amcanion gwreiddiol wedi parhau, gallasai'r adran wedi datblygu'n debyg i Oriel Genedlaethol Hwngari, Budapest, lle na cheir ond celfyddyd frodorol Hwngari.

Heddiw, o ddarllen llawlyfr a gyhoeddwyd gan yr Amgueddfa ym 1993, gwelir pwyslais newydd.[19] Gyda lluniau lliw swmpus (trwy haelioni Nwy Prydain, Cymru), fe'n harweinir trwy gynnwys yr Adran Gelf, a elwir bellach yn Oriel Genedlaethol Gelf. Y thema gyntaf yw celfyddyd Cymru'r Oesoedd Canol hyd at Oes Oleuedig yr ail ganrif ar bymtheg. Wedyn, ceir triniaeth o hen feistri'r unfed ganrif ar bymtheg a'r ail ganrif ar bymtheg o'r Cyfandir – Eidalwyr megis Cima da Conegliano ac Antonio Canaletto, Iseldirwyr megis

Maerten van Heemskerck ac Aelbert Cuyp, a'r Ffrancwyr enwog Nicolas Poussin a Claude Lorrain. Ni fu datblygiad tebyg yng Nghymru, ac ni ellir deall darluniau Prydeinig y ddeunawfed ganrif heb wybod am eu rhagflaenwyr ar y Cyfandir.

Mae'r llwybr trwy'r orielau yn mynd ymlaen at ddetholiad hael o waith Richard Wilson (1714–82), Cymro a elwir yn 'Dad Tirluniaeth Seisnig'. Treuliodd Wilson y rhan helaethaf o'i fywyd y tu allan i Gymru, yn Llundain ac yn yr Eidal, ac yn hyn yr oedd yn debyg i'w gyfoeswr, yr Albanwr Allan Ramsay. Daeth Wilson yn ôl i Gymru yn ei flynyddoedd olaf, a bu farw yng Ngholomendy, Sir y Fflint. Yn yr Amgueddfa gwelir casgliad ardderchog o'i waith, yn cynnwys darlun cynnar *View of Dover*, tirluniau clasurol megis *Rome and the Ponte Molle*, a chestyll Cymru megis *Dolbadarn Castle* a *Pembroke Town and Castle*. Mae lle anrhydeddus hefyd i ddisgybl Wilson, Thomas Jones o Bencerrig. Gwelir darluniau o dref a thirwedd a wnaeth yn yr Eidal ac yn ei sir enedigol, Maesyfed. Ceir darlun deniadol o Thomas Jones gyda'i deulu, a wnaed gan yr Eidalwr, Francesco Renaldi, ar ymweliad â Phencerrig.

Yn yr un cyfnod blodeuodd y noddwr mwyaf hael erioed yng Nghymru, y 'Maecenas Cymreig', Sir Watkin Williams Wynn, y pedwerydd barwnig, o Wynnstay. Yr oedd ef yn ymfalchïo yn ei dras Gymreig ac yn hen hanes Cymru. Gwelir yn yr oriel bortread urddasol ohono gyda dau gyfaill yn Rhufain, gan yr Eidalwr enwog, Pompeo Batoni (gweler Plât lliw II). Prynwyd hwn am £230 yn fuan ar ôl yr Ail Rytel Byd yn arwerthiant Wynnstay, cartref gynt y teulu Williams Wynn.[20]

Dangosir gwaith arlunwyr pwysig y ddeunawfed ganrif, megis Thomas Gainsborough, a wnaeth bortread adnabyddus o Thomas Pennant, y naturiaethwr; gwelir hefyd *Rocky Landscape with Hagar and Ishmael* ac *A Cottage in a Cornfield* gan Gainsborough. Y mae cornel gartrefol sy'n crynhoi oes aur y tirlun Cymreig pan ddarganfu arlunwyr dirwedd Cymru – ei mynyddoedd a'i dyffrynnoedd, ei hafonydd a'i llynnoedd, ei chlogwyni a'i thraethau. Gellir crybwyll enwau Copley Fielding, John Varley, Nicholas Pocock, Anthony Devis a James Baker Pyne, i gyd yn Saeson ar daith yng Nghymru. Nid oes prinder gwaith gan arlunwyr Cymreig, nac o destunau Cymreig, ond fe'u trinnir fel rhan o ddatblygiad celfyddyd ym Mhrydain ac yn Ewrop yn hytrach nag o fewn cefndir Cymreig. Bu beirniadaeth lem ar y drefn hon gan rai a gredai fod cyfraniad Cymru yn haeddu triniaeth arbennig.

Nid yw'r erthygl hon yn ceisio trin cerameg, ond dylid crybwyll casgliad gwych o borslen Gymreig yn yr Amgueddfa, cynnyrch ffatrïoedd Abertawe a Nantgarw, yn rhinwedd y lluniau ar lawer o'r eitemau, sy'n dangos blodau, adar, anifeiliaid, lleoedd a phatrymau addurniadol.

Fe welir sut y datblygodd tirluniaeth ar ôl amser Wilson yn narluniau J. M. W. Turner, gyda'i bwyslais ar deimlad a thywydd a golau. A sôn am Turner, mae gan yr Amgueddfeydd ac Orielau Cenedlaethol gangen fach sy'n coffáu'r arlunydd hwnnw, oriel Tŷ Turner yn nhref Penarth, bum milltir o Gaerdydd. Yno cynhelir rhaglen newidiol o arddangosfeydd celf o bob math.

I droi yn ôl at yr Oriel Genedlaethol yng Nghaerdydd, gellir dilyn y thema 'tywyllwch' mewn argraff o Fenis gan James McNeill Whistler ac mewn darlun enfawr o waith dur yng Nghaerdydd gan Lionel Walden. Gwelir manylder a symboliaeth grefyddol yn narluniau brawdoliaeth y Cyn-Raffaëliaid. Mae lle amlwg hefyd i Augustus John a'i ddau gyfaill J. D. Innes a Derwent Lees, triawd a dreuliodd gyfnod ger y Bala, wedi eu swyno gan olwg mynydd Arenig.

Ymhlith y gweithiau a ystyriwyd yn eu hamser yn *avant-garde*, cawn *Waterloo Bridge, London* gan Oskar Kokoschka (1926), *The Wood* gan Max Ernst (1927), *The Empty Mask* gan René Magritte (1928) a *Two Forms* gan Ben Nicholson (1940–3). Dau Gymro a wnaeth gyfraniad i gelfyddyd arbrofol oedd Ceri Richards a Merlyn Evans, tra oedd David Jones yn freuddwydiwr mewn dosbarth iddo ef ei hun.

Pan sefydlwyd yr Amgueddfa, ni fuasai neb wedi proffwydo y byddai ei chasgliadau ryw ddydd yn fyd-enwog am beintiadau Ffrengig. Yn gynnar yn yr ugeinfed ganrif yr oedd dwy chwaer, Gwendoline a Margaret Davies, wyresau'r enwog David Davies, Llandinam, yn ymddiddori mewn celfyddyd o bob math. Byddent yn prynu darluniau gan arlunwyr Ffrengig diweddar, megis Corot, Millet, Daumier, Manet, Renoir, Monet, Cézanne a Van Gogh, a hyn mewn cyfnod pan na thelid sylw mawr iddynt. Benthyciodd y chwiorydd eitemau o'u casgliadau ar adegau i'r Amgueddfa i'w harddangos, a chyda marwolaeth Gwendoline Davies ym 1952 daeth ei chasgliad hi yn gymynrodd i'r Amgueddfa, i'w ddilyn ym 1963 gan gasgliad ei chwaer Margaret.[21] Felly, yng nghanol y ganrif, bu chwyldro ym mholisi'r adran. O hyn ymlaen nid oedd gweithiau estron yn eithriadau i'w caffael 'er cymhariaeth'.

Cyfraniad Prifysgol Cymru

Mae sefydliadau cyfansoddol Prifysgol Cymru wedi cyfrannu at y stôr o ddarluniau sydd yng Nghymru. Ers sefydlu'r coleg cyntaf yn Aberystwyth ym 1872, maent wedi casglu neu etifeddu, braidd yn ddiarwybod ar adegau, bortreadau o athrawon ac arloeswyr addysg ynghyd â darluniau a phrintiau o ddiddordeb cyffredinol. Mae'r deunydd yn wasgaredig, ac nid yw'n hawdd i rywun sylweddoli beth yn union sydd yno.

Yng ngholeg Aberystwyth gwnaed ymdrech i olrhain hanes cyfnewidiol y casgliadau celf.[22] Yng Nghanolfan y Celfyddydau arddangosir casgliad gwych o gerameg, a chynhelir arddangosfeydd dros dro yn agored i artistiaid cyfoes o bob rhan o Gymru. Yr oedd yr Adran Gelf Weledol eisoes yn prysur hyfforddi artistiaid y dyfodol, a hynny heb anghofio gwreiddiau hanesyddol y pwnc. Ond ar ddiwedd yr ugeinfed ganrif trawsffurfiwyd yr Adran yn Ysgol Gelf y Brifysgol, y tro cyntaf i Gymru gael sefydliad cenedlaethol i *hyfforddi* artistiaid. Mewn pencadlys newydd (labordai cemeg cynt) mae'r ysgol hon wedi crynhoi gweithiau celf a chrefft, gan gynnwys casgliad mawr o brintiau, i'w hastudio a'u harddangos.[23]

Darluniau ac artistiaid cyfoes Cymru

Rhoddwyd pwyslais yn yr erthygl hon hyd yn hyn ar ddarluniau'r gorffennol – y rhai a wnaed gan arlunwyr sydd bellach wedi marw. Mae casgliadau 'traddodiadol' yn hawdd eu gweld mewn orielau adnabyddus ac mewn adeiladau hanesyddol sy'n agored i'r cyhoedd. Yr hyn sy'n anodd ydyw ymweld â chasgliad o waith cyfoes. Cynhyrchir digonedd o waith, ac mae mwyfwy o artistiaid yn ennill eu bywoliaeth trwy werthu eu gwaith.

Heddiw, megis yn y celfyddydau eraill, mae chwaeth a diddordebau'r cynhyrchwyr wedi gwahanu'n fawr nid yn unig oddi wrth y gorffennol, ond yn aml oddi wrth flas cyffredin y presennol. Mae artistiaid cyfoes yn derbyn eu hyfforddiant ac ysbrydoliaeth mewn colegau celf, lle mae ymateb parod i argoelion newydd ac i weithgareddau arbrofol. Nid yw pobl y tu hwnt i gylch y colegau yn teimlo'n gartrefol bob amser gydag amlygiadau newydd, a hwy yn y pen draw yw'r noddwyr, boed yn unigolion neu yn aelodau o bwyllgorau prynu. Mae newydd-deb yn gallu peri amheuaeth ac ansicrwydd. Rhaid wrth amser i werthfawrogi rhywbeth newydd – er nad yw'n ddoeth honni bod popeth newydd yn dda. Ymddangosodd darluniau haniaethol Ben Nicholson yn ddieithr yn y 1940au, ond bellach maent wedi ymgartrefu'n gyffyrddus yn ein golwg.

I ryw raddau mae'n fater o esbonio a hysbysebu. Bu ymgais i hybu celf gyfoes ym 1956 gyda sefydlu Grŵp 56 Cymru, artistiaid yn gweithio yng Nghymru a fynnai greu urddas ac enw i Gymru fel ffynhonnell gelfyddyd. Nid oedd y Grŵp am greu casgliad amgueddfaol, dim ond arddangos a gwerthu gwaith ei aelodau. Er nad yw'r Grŵp yn cefnogi unrhyw arddull, mae gwaith llawer ohonynt yn tueddu i fod yn haniaethol ac arbrofol.[24]

Gwelir gwaith newydd fel arfer mewn arddangosfeydd dros dro, yn enwedig mewn orielau masnachol, a gwasgerir y deunydd yn fuan. Er mwyn cadw peth o'r etifeddiaeth gynyddol hon mae angen adnoddau ar gyfer arddangos, prynu a chadw. Gwnaed tair ymdrech annibynnol i greu casgliad cyfoes Cymreig.

Un o ddibenion Cyngor Celfyddydau Cymru yw cefnogi artistiaid cyfoes. Arferai'r Cyngor am gyfnod brynu darluniau newydd yn rheolaidd a'u storio yng Nghaerdydd gyda'r bwriad o fenthyca eitemau i leoliadau teilwng. O'r diwedd penderfynwyd rhoi'r gorau i'r trefniant hwn, ac ym 1998 cynigiwyd dewis o'r darluniau i gyd i'r orielau ac amgueddfeydd cenedlaethol a lleol. Er nad oedd y casgliad yn gyson neu'n gynhwysfawr, yr oedd yn ddetholiad diddorol o gelfyddyd Cymru ail hanner yr ugeinfed ganrif.

Ffurfiwyd casgliad arall o waith cyfoes gan Wasanaeth Ysgolion yr Amgueddfa Genedlaethol o'r 1950au ymlaen, i'w dosbarthu ar fenthyg i ysgolion uwchradd Cymru bob tymor. Yr oedd ynddo bob math o destun, arddull a chyfrwng, ac fe'i prynwyd gydag arian a gyfrannwyd gan awdurdodau addysg Cymru. Ymhlith amcanion y gwasanaeth oedd cynnig gwaith cyfoes i'r ysgolion a dangos i ddisgyblion sut bethau oedd peintiad a phrint.[25]

Gwnaed y trydydd casgliad gan Gymdeithas Gelfyddyd Gyfoes Cymru, a sefydlwyd er hyrwyddo arlunwyr cyfoes Cymru trwy brynu eu gwaith a'i fenthyca i orielau a sefydliadau cyhoeddus. Bob blwyddyn gofynnir i rywun blaenllaw ym myd y celfyddydau cain ddewis nifer o weithiau gyda swm penodedig o arian. Wedyn rhoir cyfle i orielau a sefydliadau cyhoeddus ofyn am enghreifftiau mewn arddangosfa gyhoeddus o'r gwaith a brynwyd.[26]

Gallesid disgwyl i'r Amgueddfa Genedlaethol greu casgliad cynyddol o gelfyddyd gyfoes, yn enwedig gan arlunwyr yng Nghymru, ond yr oedd yn hwyr i symud ei golwg o'r gorffennol. Yn y 1930au nid oedd ei Phwyllgor Celf ac Archeoleg yn awyddus i dderbyn gweithiau gan David Jones, hyd yn oed am ddim.[27] Mae sefydliadau swyddogol yn arfer petruso cyn prynu rhywbeth nad yw hanes wedi rhoi sêl ei fendith arno. Gwelwyd gydag amser nad oedd daliadau'r Amgueddfa o'r ugeinfed ganrif yn ddigonol, a neilltuwyd swm sylweddol er mwyn prynu rhagor. Mae'r sefyllfa bellach wedi gwella.

Eto i gyd nid oes fawr o gyfle i weld arddangosfa barhaol o waith cyfoes yng Nghymru. Ceir detholiad yn orielau newydd Amgueddfa ac Oriel Genedlaethol Caerdydd ac yn ystafell Ceri Richards yn Oriel Glynn Vivian, Abertawe; mae enghreifftiau yn Amgueddfa Casnewydd. Caewyd Oriel Graham Sutherland yng Nghastell Pictwn, Sir Benfro, ym 1995, a chwilir am gartref newydd i'r casgliad. Mae cyfle i weld gwaith cyfoes dros dro mewn llawer lle: dangoswyd gwaith Brenda Chamberlain yn Oriel Bangor, a gwaith Ivor Davies yn Amgueddfa Aberhonddu. Mae un sefydliad yn rhoi blaenoriaeth i waith cyfoes, yn enwedig gwaith arbrofol, sef Oriel Mostyn yn Llandudno, ond nid oes arddangosfa barhaol yno. Sefydlwyd Oriel Mostyn o ganlyniad i Eisteddfod Genedlaethol Llandudno ym 1896, trwy haelioni Arglwyddes Mostyn. Ailsefydlwyd yr oriel ym 1979 wedi cyfnod segur.

Mae'n bwysig cofio cyfraniad yr Eisteddfod gyda'i harddangosfa flynyddol, sy'n cyflwyno celf a chrefft i bobl nad ydynt yn mynychu arddangosfeydd fel arall.[28] Heddiw mae llawer o gystadlaethau o hyd, ond yn y 1990au daeth yn arfer cysegru'r brif arddangosfa i waith dethol. Bob blwyddyn cyhoeddir catalog chwaethus sy'n cofnodi cynnydd celfyddyd Cymru.

Mae arddangosfa yn ddolen gydiol rhwng artist a chwsmer. Cynigir gwaith ar werth yn y modd hwn gan gymdeithasau ac artistiaid unigol, a'r datblygiad trawiadol ers yr Ail Ryfel Byd yw twf orielau masnachol sy'n gwerthu gwaith cyfoes. Fe gofir am y 1950au pan oedd Oriel Howard Roberts yng Nghaerdydd bron yn unigryw yng Nghymru. Yn y 1960au, daeth tair oriel bwysig i fodolaeth: y Tegfryn ym Mhorthaethwy, Oriel Dillwyn (wedyn yr Attic) yn Abertawe, a'r Albany yng Nghaerdydd. Ymhlith y rhai diweddarach yw Oriel Martin Tinney yng Nghaerdydd. O ganlyniad i hyn oll mae darluniau gwreiddiol wedi dod allan o fyd yr amgueddfa i blith y bobl. Nodwedd ail hanner yr ugeinfed ganrif, heb os, oedd gweld gweithiau celf gwreiddiol a chyfoes yn llu mewn cartrefi mawr a mân dros y wlad. Fe'u prynwyd bellach â hyder, gan bobl a feithrinodd eu chwaeth trwy fynychu orielau a thrwy hoffi darluniau.

Nodiadau

1. Donald Moore, 'Amgueddfeydd ac orielau' yn Meic Stephens (gol.), *Celfyddydau yng Nghymru 1950–75* (Caerdydd, 1979), tt.95–153; gw. tt.140–1. Yn yr erthygl hon ceir manylion am gynnwys y gwahanol gasgliadau yng Nghymru.

2. Donald Moore, 'Art in a small nation: the Welsh experience' in *Art in a Small Nation* (Aberystwyth, 1987), tt.74–93; gweler t.87.

3. Glanmor Williams, 'The medieval period' in Eric Rowan (gol.), *Art in Wales 2000 BC–AD 1850* (Caerdydd, 1978), tt.84–97.

4. John Harvey, *The Art of Piety: The Visual Culture of Welsh Nonconformity* (Caerdydd, 1995).

5. The National Trust, *Handbook for Members and Visitors 1996*, Wales, tt.284–304.

6. Catalog arddangosfa, *Balchder Eiddo* (Caerdydd, 1975).

7. John Steegman, *A Survey of Portraits in Welsh Houses*, Volume 1: *North Wales*; Volume 2: *South Wales* (Caerdydd, 1957 a 1962), Gogerddan, cyf. 2, t.35; Penrice, cyf. 2, t.111.

8. Yr Archif Portreadau Cymreig, Llyfrgell Genedlaethol Cymru, Aberystwyth.

9. Donald Moore, 'Dynevor Castle and Newton House: some seventeenth-century pictures' yn *Archaeologia Cambrensis*, CXLIII (1994), tt.204–35.

10. Donald Moore, 'The discovery of the Welsh landscape' yn Donald Moore (gol.), *Wales in the Eighteenth Century* (Abertawe, 1976), tt.127–67.

11. Steegman, *A Survey of Portraits in Welsh Houses*, cyf. 2, tt.186–7.

12. R. G. Howell, catalog arddangosfa, *Under Sail: Swansea cutters, tallships and seascapes 1830–1880* (Abertawe, 1987).

13. Roy Knight, *A History of the Swansea Arts Society 1886–1986* (Abertawe, 1987).

14. Donald Moore, *Hanes Cymdeithas Celf De Cymru*. Coflen arddangosfa canmlwyddiant Cymdeithas Celf De Cymru (Caerdydd, 1987).

15. Catalog arddangosfa, *Dathlu Canmlwyddiant: peintiadau wedi eu dethol o arddangosfa flynyddol Academi Frenhinol Gymreig y Celfyddydau a gynhaliwyd yng Nghymru 1882–1982* (Conwy, 1982)

16. Llawlyfr arddangosfa, *Trysorfa Cenedl: A Nation's Treasury* (Aberystwyth, 1982; adargr. diwygiedig, 1995).

17. Donald Moore, 'Amgueddfeydd ac orielau', t.117.

18. Llyfrgell Genedlaethol Cymru, *Adroddiadau Blynyddol*.

19. Mark Evans ac Oliver Fairclough, *The National Museum of Wales: a companion guide to the National Art Gallery* (Caerdydd, 1993).

20. Ibid., t.14.

21. Peter Hughes, *Celf Ffrengig o Gasgliad Davies* (Caerdydd, 1982).

22. Moira Vincentelli, 'The UCW Museum and Art Collections 1872–1918', *Journal of the Ceredigion Antiquarian Society*, VIII (1979), tt.389–403.

23. Alistair Crawford, *Casgliad Printiau Coleg Prifysgol Cymru, Aberystwyth* (Aberystwyth, 1984). Cyhoeddwyd catalog arddangosfa i ddathlu symud i'r adeilad newydd: *Addysgu ac Ysbrydoli* (Aberystwyth, 1997).

24. Arthur Giardelli, *The Artist and How to Employ Him* (Grŵp 56 Cymru, 1976).

25. Catalog Celf Gwasanaeth i'r Ysgolion 1992: *Catalogue of Art Loan Material* (Caerdydd, 1992).

26. Contemporary Art Society for Wales (CASW), *50th Anniversary Exhibition* (Caerdydd, 1987).

27. Evans and Fairclough, *The National Museum of Wales*, t.14.

28. Peter Lord, *Y Chwaer-dduwies: celf, crefft a'r Eisteddfod* (Llandysul, 1992).

Llyfryddiaeth

David Bell, *The Artist in Wales* (Llundain, 1957).

Bruce Arnold, *The Art Atlas of Britain and Ireland* (Llundain, 1991).

Kirstine Brander Dunthorne, *Artists Exhibited in Wales 1945–74* (Caerdydd, 1976).

Hywel Harries, *Cymru'r Cynfas: Pymtheg Artist Cyfoes* (Tal-y-bont, 1983).

Michael Jacobs a Malcolm Warner, *The Phaidon Companion to Art and Artists in the British Isles* (Rhydychen, 1980).

Thomas Lloyd, *The Lost Houses of Wales* (Llundain, 1989).

Eric Rowan (gol.), *Art in Wales 2000 BC–AD 1850* (Caerdydd, 1985).

Eric Rowan (gol.), *Art in Wales: An Illustrated History 1850–1980* (Caerdydd, 1985).

Meic Stephens, *Y Celfyddydau yng Nghymru 1950–1975* (Caerdydd, 1979), y bennod 'Amgueddfeydd ac orielau' gan Donald Moore.

4
Yr Etifeddiaeth – Delwedd y Werin

PETER LORD

Ym 1771, ysgrifennodd y dychanwr Evan Lloyd o'i gartref, Y Fron, ger y Bala, at ei gyfaill John Wilkes yn Llundain. Drwy gysylltu tirwedd fynyddig Cymru â Rhyddid, sef *Liberty*, hoff gysyniad y ddeunawfed ganrif, bu modd iddo gyflwyno darlun ffafriol iawn o'i famwlad i'r Sais senoffobaidd:

> If Milton was right when he called Liberty a mountain nymph, I am now writing to you from her residence and the peaks of our Welch Alps heighten the idea, by wearing the clouds of Heaven like a cap of Liberty . . .

Siarad o'r galon yr oedd Lloyd ond, mewn llythyr arall, bu'n rhaid iddo gydnabod cysylltiad arall, llai ffafriol ei naws, rhwng y dirwedd fynyddig ac amodau byw gwerin Cymru:

> I might indeed furnish my Letter with another Sort of Materials – for when I sit at my Window I am all the Farmer – then I might tell You of the Wet Season, the rot among Sheep, the Damage done the Hedges by the starving Inhabitants of Bala . . .[1]

Gyda'r geiriau dwys hyn, mynegodd Evan Lloyd yr amwysedd meddyliol a effeithiai ar ddeallusion Cymreig drwy holl gyfnod Rhamantiaeth. Ar y naill law, siaradent fel Cymry brodorol, a oedd yn deall y wlad o'r tu mewn, ond ar y llaw arall, mabwysiadent ddelwedd ffansïol o Gymru a'i phobl a apeliai at y Saeson.

Ystyriai Evan Lloyd ei hun yn radical er y cyfyngwyd ei radicaliaeth, mewn gwirionedd, gan ei fyd-olwg pendefigaidd. Nid oes lle i amau didwylledd ei gydymdeimlad â chyflwr y werin, ond gwelai hwy fel pobl naïf ac angen arweiniad arnynt o'r tu allan i'w dosbarth eu hunain. Cas oedd ganddo'r radicaleiddio o'r tu mewn a oedd yn digwydd yn eu plith o dan ddylanwad Methodistiaeth. Portreadwyd y ffenomen gan Lloyd a'i gyfeillion yn y 'Gymdeithas Loerig' fel y diniwed rai yn cael eu harwain ar gyfeiliorn – yr oedd y pregethwyr Methodistaidd yn 'gwirioni gwerinos', yn ôl un o gerddi Rice Jones.

Libertarian yn hytrach na *democrat* oedd Lloyd, felly. Fel arall yr oedd yr arlunydd Hugh Hughes, ac yntau'n *meritocrat* hefyd. Deffrowyd Hugh Hughes gan Fethodistiaeth ar ddiwedd y ddeunawfed ganrif, a dyfnhawyd ei argyhoeddiad radicalaidd gan y profiad o fyw yn Llundain yn y 1820au. Credai Hugh Hughes ym mhotensial pob unigolyn i ddyrchafu ei hun drwy adnabod presenoldeb Duw y tu mewn iddo neu iddi. Rhodd bwysicaf Duw i ddynion a menywod oedd y gallu i resymegu ac i gymryd cyfrifoldeb dros eu tynged eu hunain yn y byd hwn. Dyletswydd foesol, felly, oedd ymdrechu'n wleidyddol tuag at greu cymdeithas a fyddai'n galluogi i ffynnu y rhai a weithredai yn ôl gofynion eu rhesymeg. Y werin ailanedig yn Nuw oedd y rhain, a byddai datgloi eu potensial hwy yn gyfystyr â datgloi potensial y genedl ei hun. Hwynt-hwy oedd y genedl, yn nhyb Hugh Hughes. Daeth rhyddhau potensial y Cymry cyffredin yn genhadaeth wladgarol iddo, yn ogystal â dyletswydd foesol.[2]

Gan droi'r rhesymeg hon o chwith, arferai Hugh Hughes a'i debyg ystyried ffyniant yn eu cyd-ddinasyddion yn arwydd o dduwioldeb. Ym 1823, ysgrifennodd David Davies at ei ewythr, Robert Davies, yn Aberystwyth, gan longyfarch y masnachwr ar y ffaith ei fod yn 'making money very fast'. Nid yn unig ymhyfrydu yn ei gyfoeth yr ydoedd, eithr canmol rhinweddau moesol ei ewythr a amlygwyd gan ei lwyddiant. Diben llythyr David Davies oedd holi ynglŷn â bwriad ei ewythr parthed tair merch ddibriod David Charles, gweinidog y Methodistiaid yng Nghaerfyrddin. Nododd David Davies fod pob un o'r tair merch yn 'very agreeable and I don't know where you could have a better choice and, I believe, truly pious, especially two of them'.[3] Priododd Robert Davies ag Eliza Charles, gan sefydlu llinach o arweinwyr Methodistaidd cefnog.

Magodd Hugh Hughes gysylltiad agos â'r teulu parchus hwn, hefyd. Pedair blynedd yn ddiweddarach, priododd â Sarah, un o'r chwiorydd, ac ymhen amser, daeth i feddwl am ei dad-yng-nghyfraith, David Charles, fel delfryd o Gristion. Peintiodd Hugh Hughes y teulu cyfan, wedi ymgasglu yn eu parlwr yn Stryd y Brenin, Caerfyrddin. Drwy'r llun nid yn unig y mynegodd ei edmygedd personol ohonynt, ond hefyd cyflwynodd y teulu fel ymgorfforiad o rinweddau'r dosbarth canol yr oedd yn rhan ohono. Yr oedd i'r darlun is-destun hefyd. Mab ffarm oedd David Charles a wnaethai arian yn gyflym iawn, fel ei fab-yng-nghyfraith Robert Davies. Codasai David Charles yn uniongyrchol o'r werin wledig i'w gyflwr dyrchafedig yn y dosbarth canol trefol, pwynt o bwys y dychwelaf ato yn y man. Moeswers yw'r darlun hwn, fel y mae sawl un arall o weithiau pwysicaf Hugh Hughes. Yn *Y Gegin Gymreig*, a beintiwyd tua'r un pryd â *Teulu David Charles, Caerfyrddin*, portreadodd Hugh Hughes y werin wledig eu hunain, yn byw bywyd glân gloyw a threfnus yn unol ag egwyddorion Cristnogol (gweler Plât lliw III). Mae cyfansoddiad y darlun yn awgrymu, er enghraifft, y dylai rolau'r dynion a'r merched gael eu gwahanu'n bendant. Serch hynny, er mwyn cyrraedd y cyflwr dymunol hwn, nid oedd rhaid iddynt fyw yn biwritanaidd, yn ôl ystrydeb Evan Lloyd o'r Methodistiaid: gwelwn fachgen yn dawnsio'n egnïol i dôn y ffidil yng nghornel y gegin.

Mae'n rhaid bod darluniau Seisnig cyfoes, megis y rhai o waith George Moreland, a oedd yn boblogaidd iawn ar ffurf ysgythriadau, wedi dylanwadu rhywfaint ar Hugh Hughes. Serch hynny, ni wreiddiwyd ei waith mewn celfyddyd academaidd, ond, yn hytrach, yn y traddodiad o brintiau poblogaidd a ymestynnai'n ôl i'r ail ganrif ar bymtheg. Prentisiwyd Hugh Hughes fel ysgythrwr ar bren yn Lerpwl. Yn ddiweddarach, yn Llundain, mae'n debyg iddo weithio dros y cyhoeddwyr Catnach a Pitts a oedd yn arwain adfywiad yn y *genre*. Wedi'i ysgogi gan ei ddyhead i ddeffro ei gyd-Gymry o'u trwmgwsg, mabwysiadodd Hugh Hughes gonfensiynau storïol y traddodiad hwn ar gyfer ei waith dros gyhoeddwyr Cymraeg. Yn *Yr Hynafion Cymreig*, er enghraifft, a oedd yn seiliedig ar *Cambrian Popular Antiquities* Peter Roberts, darluniodd hen arferion y werin. Mae ysbryd gwladgarol y gyfrol yn sicr yn codi o draddodiad hynafiaethol y ddeunawfed ganrif, traddodiad a fyddai'n gyfarwydd i Evan Lloyd. Serch hynny, cyfansoddwyd rhannau ohoni o dan ddylanwad Anghydffurfiol, os nad Methodistaidd. Llawenhaodd yr awdur wrth ystyried 'llwyddiant yr Efengyl yng Nghymru, yn y ganrif ddiwethaf [a oedd] wedi bod yn foddion i ddiddymu llawer o'r hen Ddefodau a'r Ofergoelion ag oeddynt yn gyffredin', ond eto, pwysleisiodd 'yr angen am i ddarllenyddion ieuanc' wybod amdanynt gan mai hwy oedd y 'prif-foddion i gadw y Cymry yn genedl wahanawl, a'u rhwystro rhag cael eu hollawl lyncu i fynu gan yr amrywiawl ormeswyr a'u blinasant gynt'. Yr oedd y cyfuniad hwn yn nodweddiadol o radicaliaid yr oes.

Ym 1820, mynychodd Hugh Hughes Eisteddfod Daleithiol Powys yn Wrecsam. Dyma'r ail gyfarfod yn y gyfres a drefnwyd gan y cymdeithasau Cymreig newydd a godasai o dan arweiniad yr hen bersoniaid llengar. Dynododd yr eisteddfodau hyn drobwynt diwylliannol. Ar y llwyfan, tra-arglwyddiaethai cynrychiolwyr yr hen drefn foneddigaidd ac eglwysig megis Gwallter Mechain, ond yn y gynulleidfa eisteddai deallusion o fath newydd a'u gwreiddiau'n ddwfn mewn dosbarth cymdeithasol arall. Yr oeddynt, hefyd, o argyhoeddiad crefyddol gwahanol. Er enghraifft, ymhlith y rhai a wyliai ddigwyddiadau'r llwyfan gyda Hugh Hughes yr oedd William Williams, Caledfryn – yntau'n Fethodist bryd hynny – a sawl un arall tebyg iddo. Wrth i'w hunanhyder gynyddu, yr oeddynt yn ehangu eu diddordebau crefyddol i gwmpasu traddodiadau hynafiaethol a llenyddol yr hen arweinwyr. Yn y pair hwn, cymysgwyd y traddodiadau gwahanol a ddeuai at ei gilydd i ddiffinio Cymreictod am ganrif a mwy. Mewn *vignette* nodweddiadol o'r byd newydd a oedd ar fin crisialu, derbyniodd yr arlunydd gwlad o Fethodist, Hugh Hughes, ganmoliaeth gyhoeddus gan Syr Watkin Williams Wynn – mab noddwr celfyddyd uchel Richard Wilson ac ŵyr y Syr Watkin hwnnw a fuasai'n adnabyddus ledled y wlad am erlid y Methodistiaid yn ddidrugaredd.

The Beauties of Cambria, a gyhoeddwyd rhwng 1819 a 1823, oedd y gwaith a gymeradwywyd i'w gyd-fonedd gan Syr Watkin. Ar un olwg, casgliad o olygfeydd yn nhraddodiad yr arlunwyr estron ar daith yng Nghymru oedd hwn; mewn gwirionedd, perthynai i gangen arbennig o'r traddodiad hwnnw. Safai yn llinach *A Tour in Wales* Thomas Pennant (1778, 1781) a *Cambria Depicta* Edward Pugh (1816), cyfrolau yr honodd eu hawduron eu bod yn cyflwyno Cymru i'r byd o'r tu mewn iddi. Agorodd Pennant ei gyfrol gyda'r geiriau cofiadwy 'I now speak of my native country', ac yn ei gyfrol yntau, yr oedd Pugh wedi mynegi ei anfodlonrwydd ag ymdrechion yr estroniaid i gyflwyno portread deallus o Gymru. Yn benodol, mynnodd y byddai ei afael ar y Gymraeg yn gosod ei gyfrol mewn dosbarth gwahanol. Serch hynny, bwriad Pugh oedd ysgrifennu teithlyfr a fyddai'n arwain artistiaid a *connoisseurs* at y golygfeydd harddaf mewn gwlad estron. Ni wyddys union fwriad Hugh Hughes ynglŷn â'i gynulleidfa yntau ar y dechrau ond, yn sicr, ni ddaeth o hyd iddynt ymhlith y Saeson. Yng Nghymru yr oedd dwy ran o dair o'r tanysgrifwyr yn byw ac, yn y 1820au, teg yw casglu bod y rhan fwyaf o'r rhain yn frodorion. O'r gweddill a drigai yn Lloegr, awgryma eu henwau fod dwy ran o dair ohonynt hwythau'n Gymry.

Y mae'r gogwydd cenedlaethol hwn yn nodweddiadol o nawdd Hugh Hughes. Ymhlith y tanysgrifwyr a restrir yn *The Beauties of Cambria* ceir nifer o unigolion megis y ffermwr a Methodist Huw Griffith, Bodwrdda, a noddodd Hugh Hughes yn gyntaf rhwng 1812 a 1814 pan oedd yn bortreadydd teithiol. Awgryma'r ddolen gyswllt hon fod angen gofal wrth ddehongli'r *vignettes* o'r werin a welir wrth y cestyll a'r pontydd yn *The Beauties of Cambria*. Yr oedd Hughes yn adnabod y bobl hyn; yr oedd yn gyfarwydd â'u rhinweddau a'u ffaeleddau, a chyfathrebai â hwy yn eu hiaith eu hunain. Mae sylwadau Hugh Hughes yn ei ddyddiadur ac ysgrifau eraill yn tystio i'r ffaith fod iddynt arwyddocâd dyfnach nag sydd i'r gwerinwyr ystrydebol a ddarluniwyd gan yr arlunydd-ar-daith arferol.

Serch hynny, nid un o'r werin wledig oedd Hugh Hughes erbyn y 1820au. Magwyd ef yn Lerpwl, ac yr oedd wedi byw yn Llundain er 1814. O ganlyniad, cymhleth oedd ei agwedd tuag ati – agwedd a oedd yn adlewyrchiad o'r sefyllfa ddeallusol gyfoes. Weithiau, teimlai'n ddigon agos at y werin i ymhyfrydu ynddi er gwaethaf ei holl ffaeleddau dynol. Dro arall, byddai ei agwedd yn fwy damcaniaethol na dynol, ac wedi ei seilio ar y cyfuniad o Radicaliaeth grefyddol a gwladgarwch rhamantus a fabwysiadodd o dan ddylanwad yr hynafiaethwyr. Byddai Hugh Hughes wrth ei fodd pan ddeuai ar draws unigolyn a gydymffurfiai â'r safonau uchel hyn. Er enghraifft, ger Dolgellau, cyfarfu ag

> a young man preparing for the lathe broom heads. This man in answering the first question proposed to him evinced something of a critical knowledge of his own language, which led my friend into a conversation with him on the subject. Bards were quoted and their works criticised, etc. I stood mute with a perpetual smile on my countenance, so much pleased was I in witnessing so much intelligence in a corner so obscure, in a man so humble, where and in whom I should naturally have expected extreme ignorance . . .

Yn ddiweddarach, mynegodd i'w gyfeillion, 'the pleasure I feel in contemplating and witnessing the exalted character of my meanest countrymen . . .'[4] Serch hynny, siom, a beirniadaeth lem o'r werin, a ddeilliai'n aml o osod llinyn mesur damcaniaethol dros bawb. Mewn tafarn yn Llanfachreth,

> the landlord proves to be a sensible man, and a great antiquarian [but] His niece . . . makes herself disgusting by the foolish practice so prevalent of tying a large handkerchief over her head and ears. A few words from me in reprobation of this practice makes our hostess less cheerful.[5]

Mynychai Hugh Hughes Sasiwn y Bala yn rheolaidd. Ysgythrodd lun o'r cyfarfod sydd yn adlewyrchu, ar y naill law, ei agosrwydd at y werin yn y darlunio cartwnaidd o'i diddanwch, ond ar y llaw arall, ei ddyheadau ar ei chyfer fel dosbarth delfrydol, sylfaen y Gymru newydd. Nododd yn ei ddyddiadur fel a ganlyn:

> I felt highly pleased and delighted here with the appearance and conduct of this multitude of my countrymen, decent in their dresses and clean in their persons, with scarcely an exception civil and quiet, and serious in their behaviour. 'Tis as clear as noonday that this preaching does not only effectually render more strictly moral those who value and believe it; but that it has changed the whole face of our country, by raising, humanising, taming, enlightening and moralising the mass of the population.[6]

Ysgythrodd Hugh Hughes y darlun hwn o'r werin oleuedig a dof ym 1816. Yn yr un flwyddyn cofnododd y Penry Williams ifanc derfysg difrifol ymhlith y werin ddiwydiannol ym Merthyr. Call, felly, fyddai ystyried darlun o werinwyr a beintiwyd gan Hugh Hughes ym 1847, ynghyd â disgrifiad ohonynt a luniwyd ganddo y flwyddyn ganlynol, mewn cyd-destun ehangach hefyd. Y mae *Ffair Foch Llanidloes* yn llawn cariad at y bobl a pharodrwydd i dderbyn arferion ambell unigolyn a oedd yn bell o fod yn *genteel*. Yn ei ysgrif, portreadodd Hugh Hughes y bobl hyn fel dosbarth a gynrychiolai rinweddau'r genedl Gymreig gyfan. Yr oeddynt yn deilwng o 'glod ac anrhydedd mawr . . . am fod ein gwlad mewn gwirionedd lawer iawn moesolach nag un genedl sydd yn amddifad o'r crefydd sydd yn ein mysg ni . . .'[7] Nid oes amheuaeth mai ymateb i gyhoeddi'r Llyfrau Gleision yr oedd yr arlunydd yn y sylwadau hyn, ond fe'u hysgrifennodd hefyd ar ddiwedd degawd o ansefydlogrwydd cymdeithasol a welodd derfysg yng Nghasnewydd a chyrchoedd Beca. Yr oedd Hugh Hughes yn wrthwynebus i bob un o'r terfysgoedd hyn, ond ymdrechodd i esbonio'r ffenomen gan osod y bai ar Saeson afreolus ymhlith y Cymry. Ni fedrai gydnabod elfennau o fewn y werin Gymraeg nad oedd yn cydymffurfio â'i ddelfryd ef:

> In the year 1843, what was called the 'Rebecca' riots commenced in South Wales, and in 1839 the Chartist outrage occurred in Monmouthshire. Both originated with, and were conducted by men, not of the unenfranchised, and *unanglified* Welsh, but chiefly by Englishmen. The working classes of Wales were not the parties principally aggrieved by the *turnpike* impositions; and as to Chartism, the Welsh, unacquainted with the English language, had known nothing of its principles, but had lived entirely beyond the pale of its influence. Dissenters in particular, of every grade, were not only uncontaminated with English infidelity and insubordination, but they were the chief impediments in the way of the success of both the riotous movements alluded to.[8]

Nid amddiffyniad o'r drefn Brydeinig a wnaed gan Saisaddolwr gwasaidd oedd hwn, felly. Yn wir, fe wnaeth Hugh Hughes ei sylwadau mewn ysbryd gwladgarol ac ar ran y werin Gymraeg.

Serch hynny, yr oedd Hugh Hughes a diwygwyr Anghydffurfiol eraill yn prysur ddatblygu delwedd o'r genedl a oedd yn gwbl anaddas i gwmpasu realiti cymhleth y Gymru gyfoes. Yr oeddynt yn awyddus i gysylltu rhinweddau penodol ac unigryw â'r werin Gymraeg, ac i ddyrchafu'r rhinweddau hyn fel hanfod y genedl gyfan.

Rhaid ystyried y gyfres o bortreadau a wnaeth Hugh Hughes rhwng 1812 a 1814 o arweinwyr y Methodistiaid yn y gogledd fel rhan o'r strategaeth hon i greu myth y werin Gymraeg. Delweddau gwladgarol ydynt. Y mae eu ffurf anacademaidd, diymhongar a gonest, yn hollol briodol i'w testun, sef gwerinwyr a oedd – yn ei dyb ef – wedi codi i gyflwr ysbrydol a moesol uchel. Codasant i safle arweinwyr ymhlith y bobl, a hynny heb gefnu ar eu gwreiddiau. Yn arbennig yn ei ysgythriad o *John Evans y Bala* yn 90 oed, ymdrechodd Hugh Hughes i greu delfryd a fyddai'n symboleiddio holl rinweddau Tadau Methodistaidd y ddeunawfed ganrif. Pan yn ifanc gweithiai John Evans fel gwehydd ac wedyn yn y mwynfeydd plwm yn y gogledd-ddwyrain. Symudodd i'r Bala ym 1765 ac erbyn diwedd y ganrif, yn ôl awdur cofiant iddo, 'yr oedd wedi tyfu'n ymgorfforiad megis o draddodiadau Methodistiaeth y gogledd'. Dioddefodd erledigaeth oherwydd ei ffydd, ac yn ei bortread ohono, daliodd Hugh Hughes y cadernid hwnnw a alluogodd John Evans i wrthsefyll cael ei drin yn y fath fodd. O dan yr wyneb trawiadol, gosododd yr arlunydd y geiriau 'Rhodd H. Hughes i ddarllenwyr y Drysorfa', sef i'r genedl Fethodistaidd newydd yr oedd John Evans i fod yn batrwm iddi. Rhoddodd gyfrol agored yn ei law – arwydd o ddoethineb y gwerinwr hunanddysgedig a fedrai gynnal dadl astrus yng ngwasg gofnodol y dydd gyda Thomas Charles, gŵr a addysgwyd yn Rhydychen.

Taflwyd cysgod dros weddill bywyd yr arlunydd gan yr hyn a welai fel dirywiad y gwerthoedd a ymgorfforwyd yn John Evans a'i gyd-weithwyr. Er iddynt gyfeirio byth a beunydd at yr oes aur hon, credai Hugh Hughes fod arweinwyr cenhedlaeth nesaf y Methodistiaid wedi mabwysiadu agweddau hunangyfiawn ac elitaidd a fradychodd egwyddorion y Diwygiad Mawr a'r gymdeithas a esgorasai arno.

Yr oedd portreadu unigolyn megis John Evans a chyfrol grefyddol yn ei law yn arfer cyffredin ledled Ewrop, wrth gwrs. Serch hynny, confensiwn a fabwysiadwyd er mwyn dynodi galwedigaeth ydoedd yn bennaf, ond yng Nghymru, defnyddiwyd y symbol er mwyn awgrymu rhywbeth mwy cymhleth o lawer. Tua chanol y bedwaredd ganrif ar bymtheg, er enghraifft, portreadwyd *Capten John Evans, Aberaeron*, heb symbolau o'i alwedigaeth, megis llong neu sbienddrych. Fe'i portreadwyd, yn hytrach, yn pwyso ar ei Feibl. Eto i gyd, mae'r ddelwedd yn golygu mwy na'i ymlyniad personol at ei grefydd. Cawn ddeall arwyddocâd llawn yr eiconograffeg hwn wrth droi at fraslun cyfoes John Cambrian Rowland o hen wraig yn darllen y Beibl. Un llun mewn cyfres a wnaed ym mro ei febyd, sef cefn gwlad Ceredigion, yw hwn, ac o dan bob un o'r gweddill cofnododd yr arlunydd enw'r eisteddwr neu'r eisteddwraig. Serch hynny, ni chofnododd enw'r hen wraig yn darllen ei Beibl. *Cambria* yw'r teitl syml, ond llawn arwyddocâd, a roddwyd iddi gan John Cambrian Rowland.

Yng ngwaith artistiaid Cymreig hyd y Rhyfel Byd Cyntaf, ceir enghreifftiau niferus o werinwyr â llyfrau crefyddol yn symboleiddio'r genedl gyfan. Ni ddylid deall y dull hwn o gyflwyno Cymreictod fel ymateb amddiffynnol i honiadau'r Llyfrau Gleision. Fe'i gwelir yng ngwaith Hugh Hughes o'r 1820au ymlaen, a cheir hyd i'w wreiddiau yn y cyfuniad o draddodiadau a symboleiddiwyd yn ei gyfarfod â Syr Watkin yn ystod Eisteddfod Daleithiol Powys ym 1820. Y flwyddyn ganlynol, cyhoeddodd Hugh Hughes fil o brintiau o dan y teitl *Doethineb Cenedl y Cymry*. Moeswers nodweddiadol o'i chyfnod ydyw, yn portreadu'r canlyniadau hapus, braf, a ddeuai yn sgîl byw bywyd teuluol trefnus. Serch hynny, cyflwynwyd y neges gyfarwydd ar ffurf anarferol, sef trioedd a gyhoeddwyd yn wreiddiol yn y *Myvyrian Archaiology* ym 1807. Cyfarfu Hugh Hughes â'u hawdur, Iolo Morganwg, am y tro cyntaf ym Merthyr ym mlwyddyn gyhoeddi ei fersiwn yntau, ac erbyn diwedd y degawd, daeth yn gyfaill agos i gyd-weithiwr Iolo, sef William Owen Pughe. Yng nghanol argraffiad Hugh Hughes o'r trioedd, gosodwyd dau ysgythriad: 'Tri pheth ffieiddfrwnt ar wraig – aflendid corph a dodrefn, sengarwch, a dioglydrwydd', medd pennawd o dan y llun cyntaf, ac ynddo, cyflwynodd Hugh Hughes fudredd a blerwch cegin y wraig anoleuedig. Yn yr ail lun,

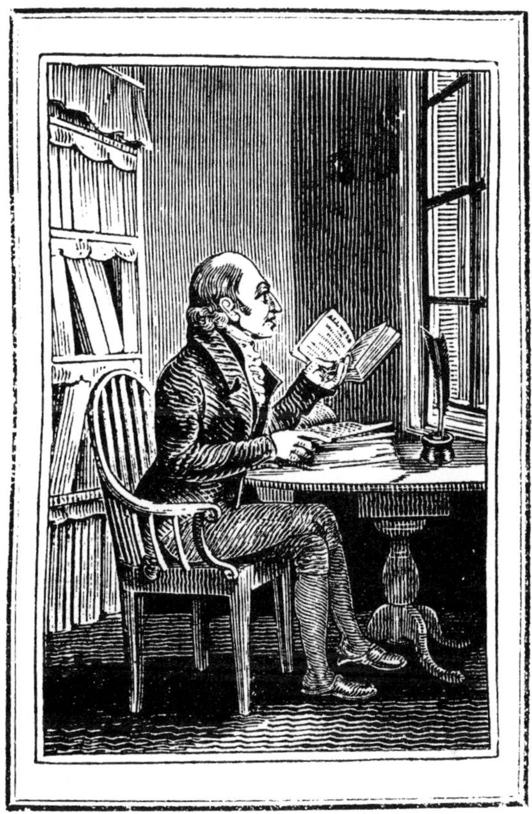

5. Hugh Hughes, ***Allwedd Dduwinyddiaeth*** **(1823); ysgythriad ar bren.**

darluniodd deulu delfrydol, wedi ymgasglu'n drefnus o gwmpas y tân. Yn ganolbwynt i'r cyfan, gwelir cyfrol agored yn llaw y gŵr, ac mae'r neges hynafol, 'Nhw a Ni' yn ymhlyg yn y gwrthgyferbyniad. Cysylltodd Hugh Hughes y rhinweddau a bortreadwyd yn ddiamwys â'r Cymry yn nheitl y print. Dyma ddyrchafu'r llyfr a'r gair yn eiconau penodol Cymreig, er mwyn gwahaniaethu rhwng cenedl y Cymry a'r Saeson.

Ddwy flynedd yn ddiweddarach, manteisiodd Hugh Hughes eto ar yr eiconograffeg hon, ond â phwyslais gwahanol. Mewn ysgythriad a osodwyd gyferbyn â blaenddalen *Allwedd Dduwinyddiaeth* gan

John Davies, cyflwynodd Hugh Hughes ei weledigaeth o'r dyfodol. Nid gwerinwr mewn bwthyn syml, bellach, yw'r eisteddwr, ac yntau'n darllen y cyfeirlyfr newydd hwnnw. Gŵr parchus ydyw yn ei barlwr cyfforddus. Mae'n gwisgo cot ddu ac, ar y bwrdd mahogani sgleiniog o'i flaen, gorwedd Beibl mawr. Dyma werinwr a fabwysiadodd arferion y dref a'r dosbarth canol. Cynnydd oedd dyhead Hugh Hughes i'r bobl gyffredin, ac fel y gwelsom wrth ystyried portread *Teulu David Charles*, golygai cynnydd personol esgyn i ddosbarth uwch – *upward mobility*. Yn yr un flwyddyn â'r ysgythriad hwn, darluniodd Hugh Hughes baragon arall o Gymro, sef John Evans, Caerfyrddin, argraffwr cyfrol *Allwedd Dduwinyddiaeth*. Gosododd Hugh Hughes ef a'i deulu wedi ymgynnull wrth y bwrdd brecwast. Yr oedd John Evans yn Anghydffurfiwr amlwg ac yn arloeswr ymhlith Cymreigyddion y dref, gan ymgorffori'r cyfuniad o draddodiadau a oedd mor nodweddiadol o'r cyfnod. Gwelsom eisoes fel yr oedd Hugh Hughes yn delfrydu David Charles. Os oedd unrhyw wendid yn ei gymeriad ef, yn nhyb yr arlunydd, ei ddiffyg ymwybyddiaeth wleidyddol ydoedd. Fel cyhoeddwr y *Carmarthen Journal*, ni allai neb gyhuddo John Evans o ddiffyg o'r fath. Dyma fodel o Gymro newydd ar gyfer y 1820au.

Ym 1830, darluniodd Hugh Hughes y Cymro newydd hwn ar ffurf symbolaidd, er mai prin y gellir amau bodolaeth elfen hunanbortreadol yn y ddelwedd. Portreadodd feddwl y Cymro newydd wedi'i lenwi â symbolau o'r genedl ailanedig. Sail y symbolaeth oedd ysgythriad a gyhoeddasid ar ddiwedd y ganrif flaenorol, sef *Britannia Directing the Attention of History to Wales*. Ynddo, cynrychiolwyd Cymru gan ei hynafiaethau paganaidd a'i Christnogaeth ddiweddarach, gan ei rhyfeloedd yn erbyn gormeswyr a'i chyflwr heddychlon cyfoes. Ychwanegodd Hughes at y rhain symbolau o wyddoniaeth a chynnydd economaidd a osodai'r Gymru newydd yng nghanol y byd modern. Yn yr eglurhad a gyhoeddwyd o dan y llun, disgrifiwyd y Cymro newydd hwn, a'i galon yn llawn *sentiment* gwladgarol, fel 'plain'. Gosodwyd y gair Saesneg mewn cromfachau ar ôl y Gymraeg 'gwladaidd', er mwyn sicrhau bod pawb yn deall yr hyn a olygwyd. Erys y Cymro delfrydol hwn yn werinol, er mor oleuedig a hyddysg ydyw yn hanes ei wlad a materion cyfoes y dydd.

Serch hynny, nid yw'r syniad o werin bobl lythrennog, ddysgedig a goleuedig yn un sefydlog yn y byd go iawn. Mae'r broses addysgiadol yn newid dyheadau deallusol a materol ac yn ymwahanu'r unigolyn dysgedig o'r dosbarth y magwyd ef neu hi ynddo. Nid oedd modd i'r Cymro dysgedig fod yn wladaidd, yn ôl ystyr confensiynol y gair. Bathodd Iorwerth Peate yr ymadrodd *black coat* i ddisgrifio'r Cymro hwnnw, a chyfrifai ef ei hun yn un ohonynt. Gwelai Peate ei hun fel dyn a dorrwyd oddi wrth ei wreiddiau gan ei addysg brifysgol ac a brofodd dristwch mawr a hiraeth am ei golled. Ganrif yn gynharach, rhagwelasai Hugh Hughes oblygiadau'r broses addysgiadol hon ac ymosododd ar ddysg y colegau o'u herwydd; ond dyn o flaen ei oes ydoedd ac yr oedd ei ymgyrch yn seithug. Ni chanfuwyd yn gyffredinol y colledion a ddeuai yn ei sgîl, ac mewn eiconograffeg Gymreig drwy gydol y bedwaredd ganrif ar bymtheg a hyd ganol yr ugeinfed ganrif, canmolid y werin ar ei newydd wedd – *the folk improved* – heb gyfeirio at y sgîl-effaith anffodus. O fewn y dosbarth hwn daethpwyd o hyd i eiconau'r Gymru Fydd, ac yn yr olaf ac – o bosibl – y mwyaf o'r portreadau hyn, y ffilm *Y Noson Lawen* (1950), darlunnir mab delfrydol addysgiedig mewn gŵn prifysgol fel symbol o gynnydd y bobl gyffredin ac o'r genedl gyfan. Adroddir hanes ei ddyrchafiad o'r werin grefyddol ond llawen, yn union fel y portreadwyd hwy gan Hugh Hughes yn *Y Gegin Gymraeg*, dros ganrif yn gynharach.

Mewn llenyddiaeth, hefyd, ceir y ddwy ffrwd o draddodiad a ddaeth ynghyd, yn symbolaidd, wrth i Syr Watkin ganmol celfyddyd Hugh Hughes ar lwyfan Eisteddfod 1820. Yn ei astudiaeth o'r mudiad Rhamantaidd, awgrymodd Alun Llywelyn-Williams fod modd gwahaniaethu rhwng y ddwy ffrwd hyd yn oed ar uchafbwynt barddoniaeth wladgarol yr ugeinfed ganrif gynnar. Awgrymodd fod gwreiddiau cerddi Eifion Wyn i'w canfod yn y traddodiad clasurol a phendefigaidd a bortreadodd y werin ddiniwed yn byw, megis yn yr oesoedd gynt, mewn Arcadia Cymreig. Ar y llaw arall, yr oedd gwreiddiau Crwys a J. J. Williams hwythau yn nhraddodiad Anghydffurfiol y werin ar ei newydd wedd, a godwyd o'i hanwybodaeth, drwy ras Duw, gan y Diwygiad Mawr. Boed hynny fel y mae, erbyn diwedd y bedwaredd ganrif ar bymtheg, yr oedd dwy ffrwd y traddodiad wedi llifo'n un afon. Daeth y Piwritan a'r pendefig, y werin ddiniwed a'r Anghydffurfwyr goleuedig, at ei gilydd yn un ddelwedd bwerus. Os oedd anghysondeb deallusol yn y cyfuniad, ni pharodd anhawster i O. M. Edwards wrth iddo grisialu'r dehongliad gwerinol o hanes Cymru yn ei ysgrifau.

Er mor Gymreigaidd y dehongliad hwn, dylid cofio i O. M. Edwards ei lunio o dan ddylanwad estron, wrth iddo wrando ar ddarlithiau John Ruskin a darllen gwaith William Morris yn Rhydychen. Drwy'r cysylltiad hwn â'r byd deallusol Seisnig, daeth i ddeall mai'r ddelwedd rymusaf a mwyaf cadarnhaol o Gymru yn y byd y tu allan i'r wlad oedd honno a grëwyd gan dirlunwyr. Denodd darluniau o'r dirwedd brydferth, yr adeiladau hynafol a'r werin ddof, brynwyr lu yn yr Academi Frenhinol yn Llundain bob blwyddyn.

Ym 1899, cyfeiriodd Tom Ellis, cyfaill O. M. Edwards ers dyddiau coleg, at

> the change which has come over Wales in one respect during the last thirty or forty years in the fact that artists – not, I am sorry to say, as a rule Welsh artists, but artists from outside – have from time to time lived and settled down in Wales, in order to interpret the scenery and the life of Wales . . . My feeling in regard to them is one rather of sadness that the interpretation of the beauty of the landscape and of the life of Wales should be left to artists from outside, and that their products should be for a public outside Wales. Their pictures do not pass through the heart or mind of Wales, and this must be so, until we have a . . . national gallery or galleries, where the products of these artists, who have seen the loveliness of Wales, can be exhibited for the wise enjoyment of the Welsh people.[9]

Nid oedd y dwristiaeth artistig a gychwynnodd o ddifrif yn y 1770au wedi peidio yn y ganrif newydd, ond – fel y sylwodd Tom Ellis yn hollol gywir – cafodd ail wynt a newidiodd ei natur yn y 1840au. Arhosodd rhai artistiaid am gyfnodau hwy, gan ddod i adnabod Cymru yn well. David Cox, yn anad neb, oedd yn gyfrifol am y newid hwn. Yr oedd yn gyfoeswr i Hugh Hughes, ac yn wir, torasai'r Cymro ysgythriadau iddo ar gais W. J. Rees ym 1827. Ymwelodd Cox â Chymru mor gynnar â 1805, ond yn y 1840au, daeth yn arfer ganddo aros ym Metws-y-coed bob haf. O ganlyniad i'w safle uchel yn y byd celf Seisnig, dilynodd eraill yn ôl ei draed. Yn briodol iawn, disgrifiwyd y rhain gan gofiannydd Cox fel 'an invading army'.[10] Yr 'Arlunfa Gymreig' oedd Betws-y-coed i Samuel Maurice Jones ac, yn sicr, Dyffryn Conwy oedd y ffynhonnell bwysicaf o ddelweddau Cymreig am hanner canrif a mwy. Serch hynny, nid David Cox ond arlunydd ifanc o Fanceinion, Clarence Whaite, a fu'n ganolog i'r broses o ddatblygu cymuned barhaol o arlunwyr yn yr ardal. Daeth Clarence Whaite i Fetws-y-coed am y tro cyntaf ym 1851 ac, yn ystod yr haf canlynol, cyfarfu â David Cox yno, gan greu dolen gyswllt rhwng arlunwyr yr adfywiad cenedlaethol a hen draddodiad yr arlunwyr-ar-daith. Nododd Clarence Whaite yn ei ddyddiadur: 'D. Cox called to see my drawings – and expressed his delight. He liked my picture for the atmosphere I had got into it . . .' Treuliodd Whaite gyfnodau hir yn Nyffryn Conwy, ac er iddo arlunio mewn lleoedd eraill, arddangosodd lawer mwy o luniau o Gymru nag o'r unman arall. Erbyn tua 1870, yr oedd wedi ymsefydlu ger Conwy, gan briodi merch leol, ac yno y bu am weddill ei oes hir. Ymunodd â'r *Royal Cambrian Academy* yn fuan ar ôl iddi gael ei sefydlu ac etholwyd ef yn llywydd arni ym 1885. Arlunydd llwyddiannus ydoedd a gâi ofyn prisiau da am ei waith. Fe'i hystyriwyd gan y beirniaid yn olynydd teilwng i David Cox. Mor gynnar â 1859, tynnodd John Ruskin sylw at ei *Barley Harvest* a *Snowdon* yn yr Academi Frenhinol, er enghraifft.[11]

Oherwydd safle uchel David Cox, Clarence Whaite a thirlunwyr 'Cymreig' eraill yn Lloegr, dau ddewis yn unig oedd gan ddeallusion cenedlaetholgar megis O. M. Edwards, Tom Ellis (a gyfeiriai at Ruskin fel 'the Master'), a'r beirniad celf Thomas Matthews, Llandybïe. Gallent anwybyddu gweithiau Cymreig yr arlunwyr hyn gan nad oeddynt yn Gymry brodorol, neu hawlio eu gwaith i'r genedl megis amlygiad o'r Gymru lewyrchus newydd. Er eu bod yn estroniaid, nid oedd yn anodd cysylltu delweddau'r arlunwyr hyn â'r delweddau gwledig a gwerinol a frithai farddoniaeth gynhenid Gymraeg y cyfnod. Yr oedd yn amlwg iddynt oll y byddai'n fwy llesol i'r achos cenedlaethol canmol gwaith y Cymry mabwysiedig hyn.

Cryfhawyd hygrededd ymdrechion Tom Ellis, O. M. Edwards a

Thomas Matthews i genedlaetholi'r tirlunwyr Seisnig gan weithgaredd y *Royal Cambrian Academy* mewn materion cenedlaethol. Bu ei llywydd, Clarence Whaite, yn feirniad eisteddfodol yn rheolaidd o 1879 ymlaen, ac ymhlith ei ohebwyr cyson yr oedd T. H. Thomas ac Edwin Seward, ffigyrau amlwg yn yr ymgyrch i greu sefydliad cenedlaethol yng Nghaerdydd. Yn y gogledd, yr oedd yn adnabod Leonard a Harold Hughes yn dda, ac yn bwysicaf oll, Samuel Maurice Jones.

Hawdd amau sylwadau Tom Ellis ynglŷn â diddordeb arlunwyr estron mewn dehongli bywyd Cymru. O dro i dro yn eu tirluniau niferus, cawn gipolwg ar y werin, ond megis addurniadau yn y golygfeydd yn unig, a phur anaml y ceir y bobl hyn yn brif destun. Serch hynny, yng ngwaith Clarence Whaite, gall dehongli'n arwynebol yr anghydbwysedd rhwng pobl a thir fod yn gamarweiniol. Er enghraifft, er gwaethaf pwyslais y teitl ar allanolion natur, a maint cymharol fychan y ffigwr, alegori yw ei lun *Mountain Mist – Sunrise*. Mae'r bugail yn ganolog i'w ystyr. Cadwyd astudiaethau niferus ar gyfer y darlun ac ym mhob un ohonynt gwelir y ffigwr unig yn syllu dros ddibyn creigiog ac i lawr i'r gwaelodion yn chwilio am ddafad golledig. Tynnwyd y lluniau rhagbaratoadol hyn yn ardal Capel Curig, ac yno hefyd, yn ogystal ag yn ardal Trefriw, tynnodd Whaite frasluniau ar gyfer *The Rainbow*. Darlun alegoraidd yw hwn hefyd, a'r grŵp o blant â'r ddafad yn ganolog iddo, er mor fach ydynt o fewn y cynfas anferth. Dengys llyfrau braslunio Clarence Whaite iddo dreulio llawn cymaint o'i amser yn cofnodi'r werin – ac yn arbennig y werin wedi ymgasglu ar gyfer cneifio neu gynaeafu – ag a dreuliodd yn darlunio'r dirwedd ac effeithiau'r tywydd.

Gellid dadlau nad yw darluniau megis y rhain ond yn amlygiad Cymreig o'r sentiment Arcadaidd sydd i'w ganfod ym mhob traddodiad cenedlaethol ledled Ewrop. Serch hynny, gellid gwneud sylwadau tebyg am farddoniaeth Ceiriog, o ran ei chynnwys, ond ofer fyddai dadlau nad oedd ei farddoniaeth ef, oherwydd hynny, o bwys mawr yn natblygiad ein diwylliant cynhenid yng nghanol y bedwaredd ganrif ar bymtheg. Perthynai Clarence Whaite i'r un genhedlaeth â Cheiriog (er i'r arlunydd oroesi hyd 1912), ac yn ei waith ceir elfennau penodol Cymreig hefyd, yn arbennig o ran

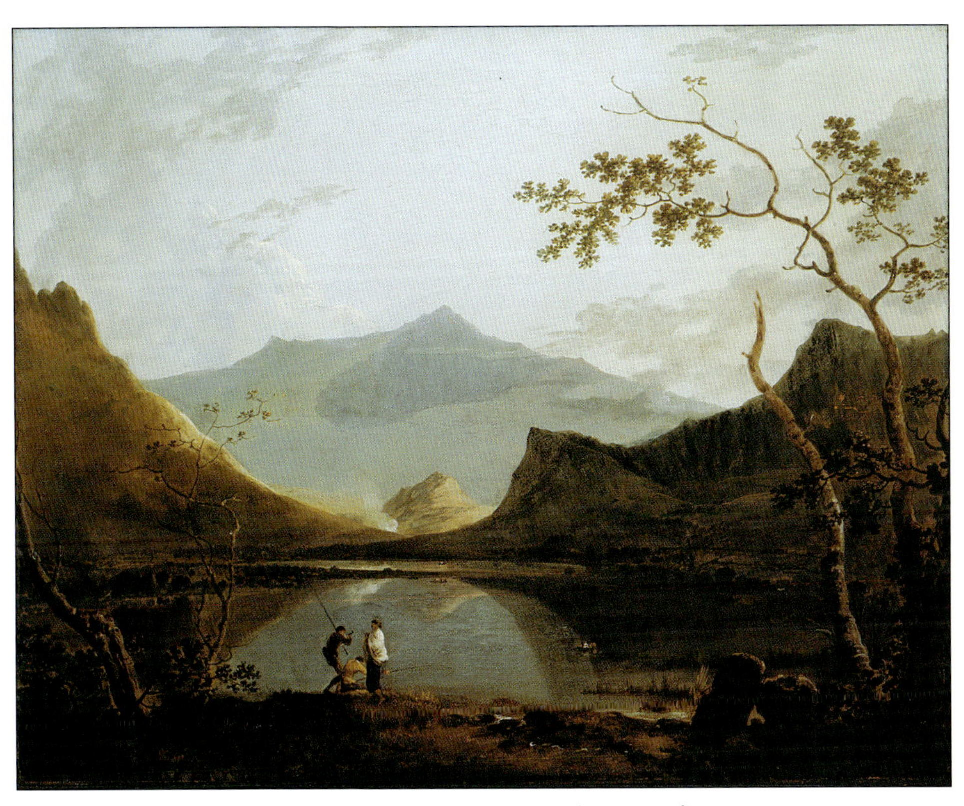

I. Richard Wilson, *Snowdon from Llyn Nantlle* (*c*.1765–7); olew ar gynfas, 101 x 127 cm.

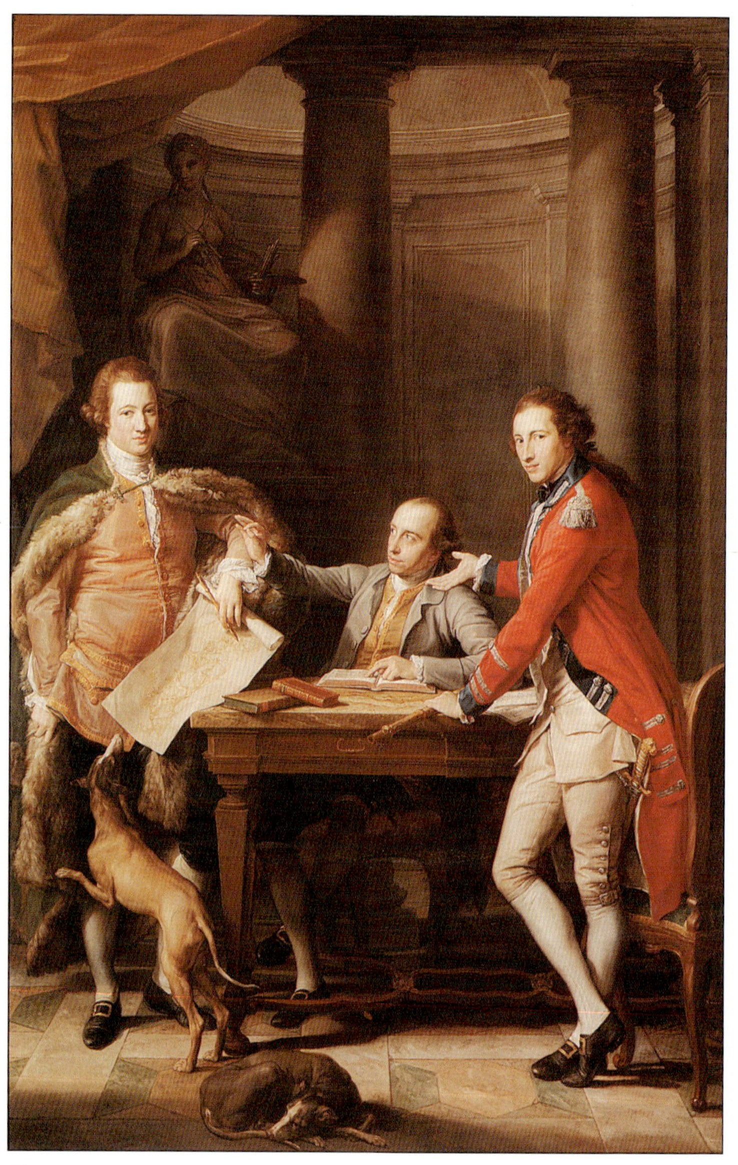

II. Pompeo Batoni, *Sir Watkin Williams Wynn, 4th Baronet, Thomas Apperley and Captain Edward Hamilton* (1768–72); olew ar gynfas, 289 x 196 cm.

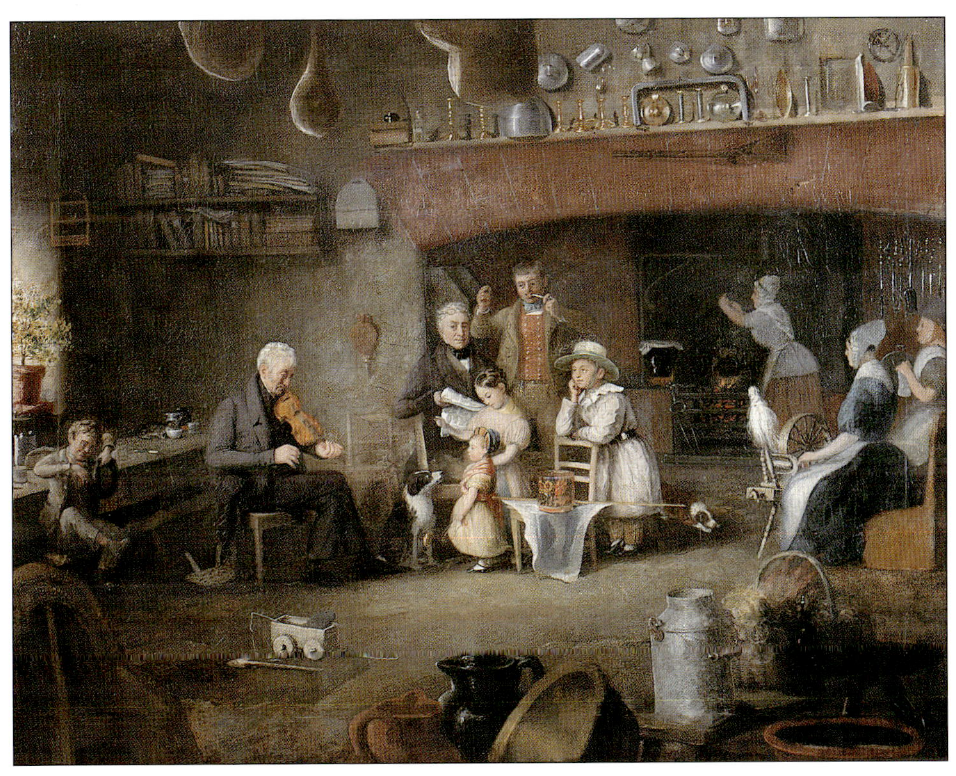

III. Hugh Hughes, *Y Gegin Gymreig* (*c*.1823); olew.

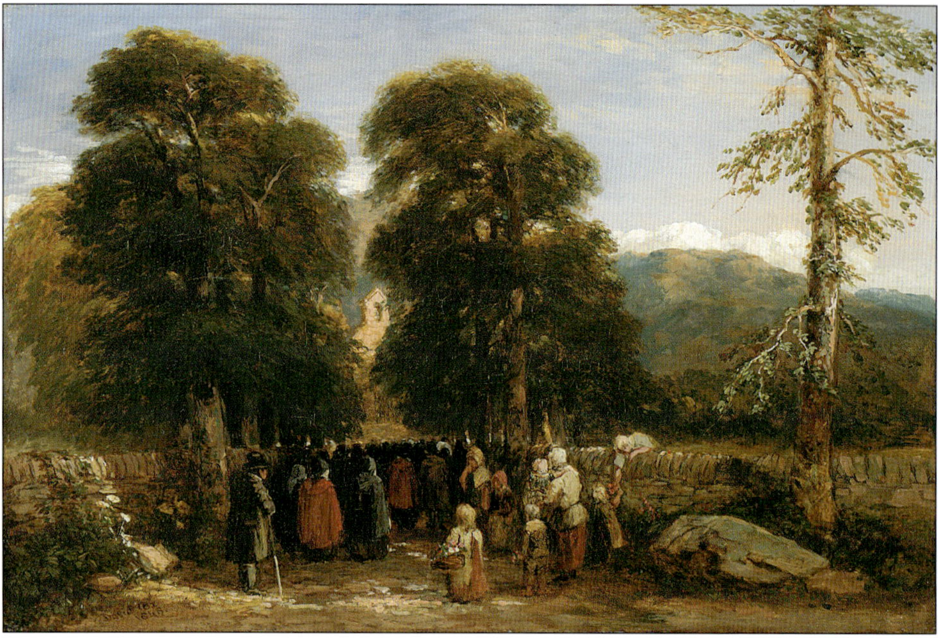

IV. David Cox, *The Welsh Funeral* (1848); olew.

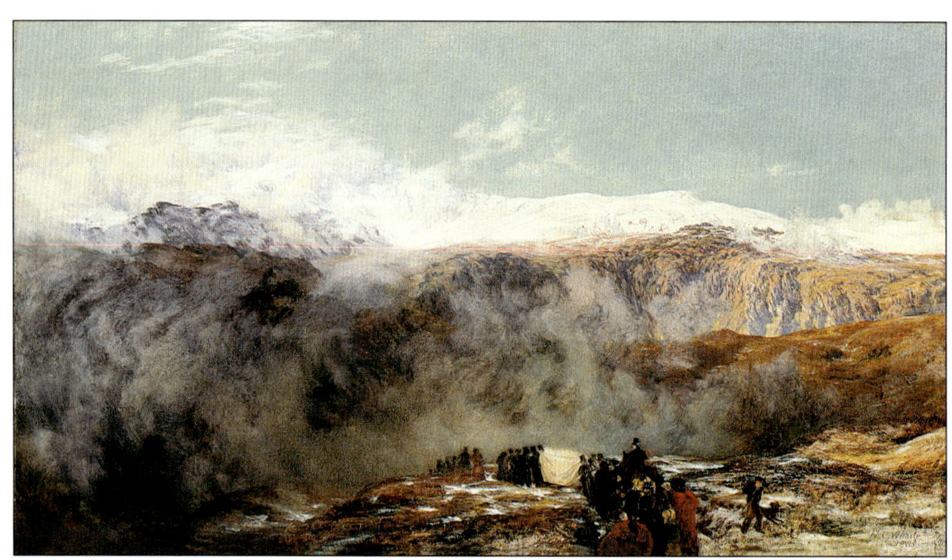

V. Clarence Whaite, *To the Cold Earth* (1865); olew.

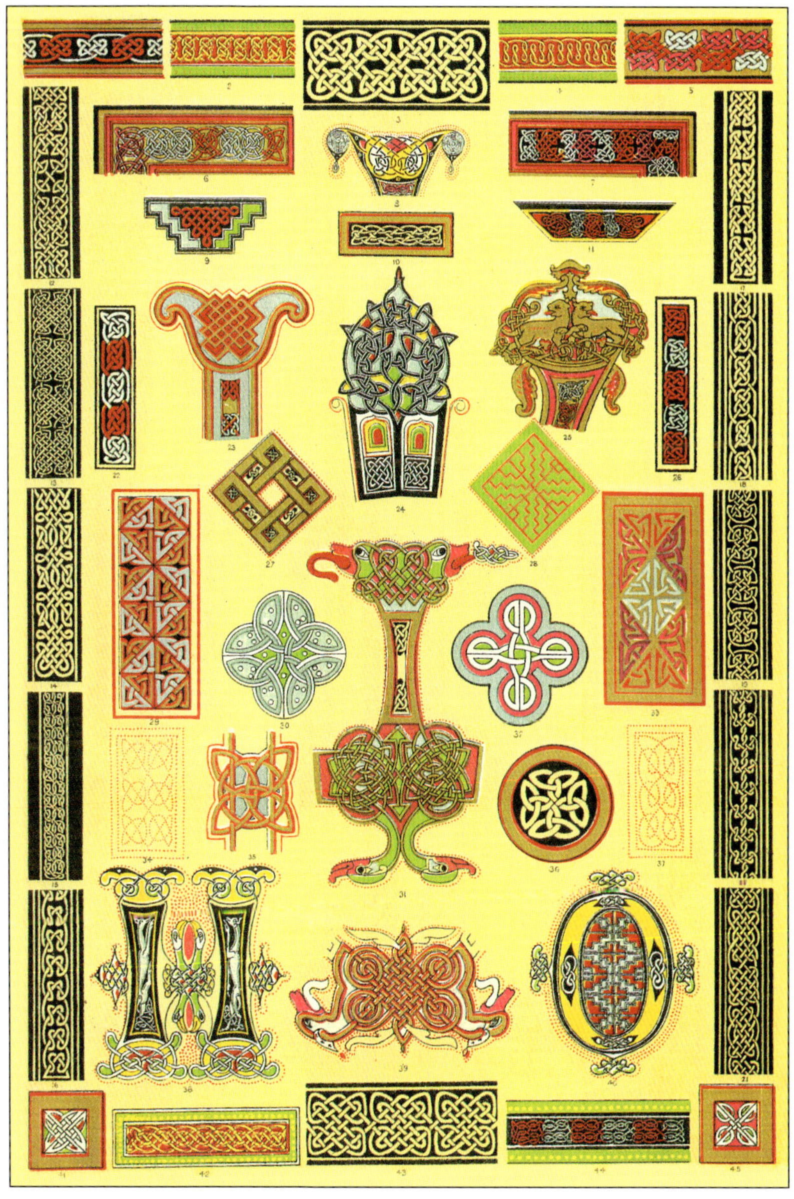

VI. Owen Jones, *The Grammar of Ornament*, llun 64, 'Celtic Ornament'.

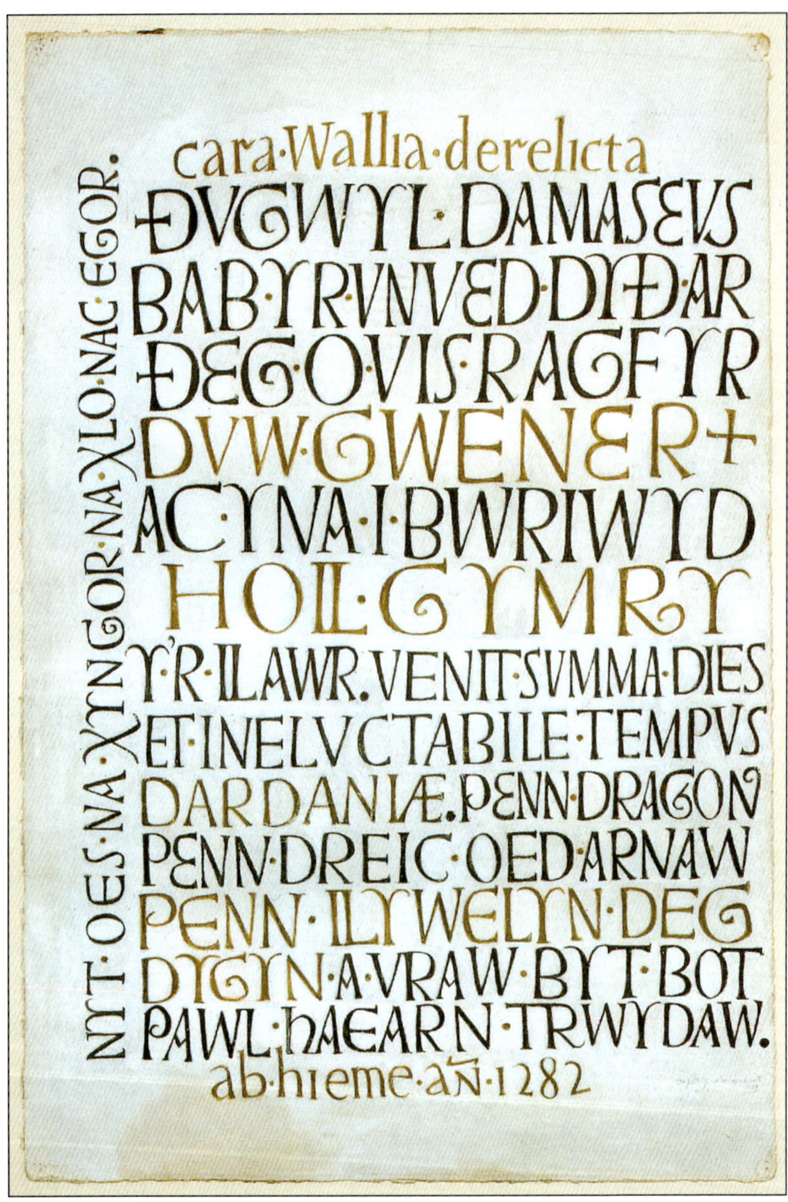

VII. David Jones, *Cara Wallia Derelicta* (1958); dyfrlliw ar bapur trwchus gyda lliw isaf gwyn sinc, 58.5 x 40 cm.

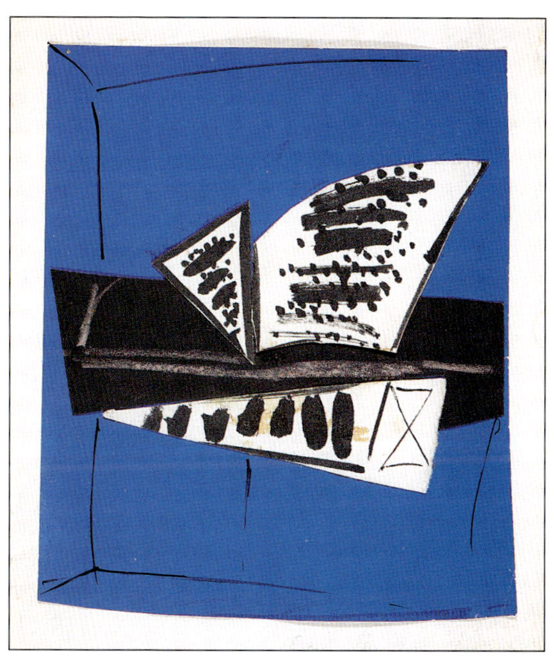

VIII. Ceri Richards, un o gyfres o gardiau yn hysbysebu arddangosfa'r artist ar y thema 'Hammerklavier', wedi'i liwio gan yr artist ei hun (1959).

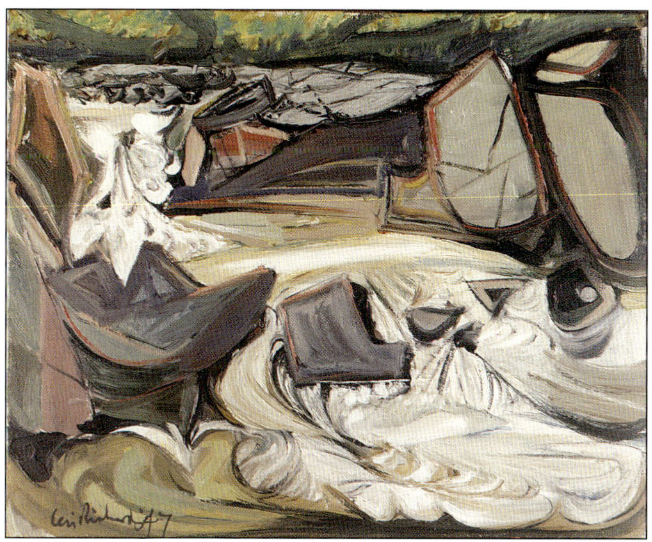

IX. Ceri Richards, *Rhaeadr, Ceredigion* (1947); olew ar gynfas, 40.5 x 51 cm.

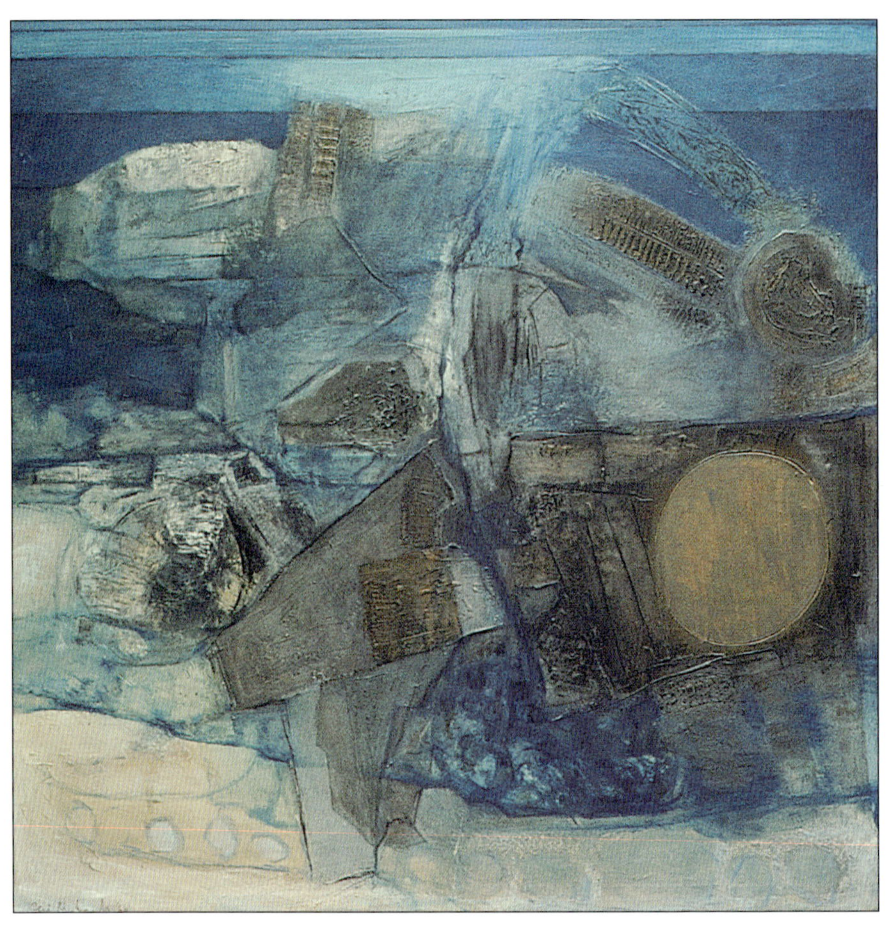

X. Ceri Richards, *La Cathédrale Engloutie* (1960); olew ar gynfas, 180 x 130.5 cm.

cysylltu duwioldeb y werin â'i diniweidrwydd a'i hagosrwydd at natur.

Erbyn canol y bedwaredd ganrif ar bymtheg, ystyriwyd y duwioldeb hwn yn rhinwedd nodweddiadol o'r werin Gymraeg nid gan ddeallusion Cymreig yn unig ond gan y Saeson hefyd. Ym 1865, dair blynedd ar ôl *The Rainbow*, peintiodd Clarence Whaite ddarlun llai o ran maint ond yr un mor ddramatig. Galarwyr yn dilyn arch dros y mynyddoedd i'r fynwent yw testun *To the Cold Earth* (gweler Plât lliw V), ac mae'n debyg ei fod wedi'i seilio ar ddigwyddiad y buasai'r arlunydd yn dyst iddo. Mae ystyr y llun a rôl ganolog y werin yn amlwg, er mor fach y portreadwyd hwy ynddo, a'r llun yn sefyll, yn ddiamwys, yn agos at ffrwd Anghydffurfiol y traddodiad. Fe'i peintiwyd ddeunaw mlynedd ar ôl llun David Cox, *The Welsh Funeral* (gweler Plât lliw IV), a oedd ymhlith y delweddau mwyaf dylanwadol o'r werin Gymraeg a gynhyrchwyd yn y bedwaredd ganrif ar bymtheg. Yr oedd y ddau arlunydd yn Anghydffurfwyr eu hunain, a hyn, yn ôl un o gofianwyr diweddar Cox, oedd i gyfrif am 'the bleak, comfortless respect for the world and its inhabitants who struggle against the rain and storms and come inevitably to the grave' yn y llun.[12] Ni chafodd lun Clarence Whaite yr un llwyddiant â'r *Welsh Funeral*, ond mae beirniadaethau cyfoes ohono yn cadarnhau tuedd y Saeson i uniaethu duwioldeb â'r werin Gymraeg:

> The subject is a Welsh funeral. The grim messenger knocks at the cottage of the lithe and hardy Cambrian mountaineer, as surely though less frequently perhaps, as at the cellar of the pale denizens of the courts and alleys of crowded cities. When a funeral occurs among these primitive people the scattered villagers for miles around assemble to pay their last token of respect to the departed. Mr Whaite has depicted the funeral procession passing over the windings of the snow-clad mountains to the village churchyard. The idea is exceedingly poetical and is well worked out, the mist and snow of the mountain tops being well executed.[13]

Dyma agosrwydd y werin at natur – sef y traddodiad Arcadaidd – wedi'i glymu'n gadarn i'r myth Anghydffurfiol o'i duwioldeb, a hynny mewn ysgrif gan feirniad celf o Sais. Rhoddai beirniaid

Cymreig fwy byth o bwyslais ar foesau'r werin. Hyd yn oed wrth ganmol tirluniau lle nad oedd i'r werin le amlwg, gwnaeth rhai fel Thomas Matthews ddefnydd helaeth o ansoddeiriau yn ymwneud â glendid: 'O llawer paradwysaidd lyn/A olcha draed y creigiau hyn', a'r cyffelyb. I'r diben hwn, dyfynnwyd yn aml o farddoniaeth Eifion Wyn, ac yr oedd Islwyn yn ffefryn hefyd. Yr oedd y bardd hwnnw wedi clymu'r werin, y mynyddoedd a duwioldeb gyda'i gilydd yn dynn yn ei gerdd 'Crefyddolder Cymru':

Yn egwyddorion yr Efengyl gu
Mor hyddysg ydynt ei thrigolion hi!
Y gair *Efengyl* yw y cyntaf bron
A ddysgir iddynt dan fynyddau hon . . .

Cyhoeddwyd ysgrifau beirniadol Thomas Matthews yn helaeth yn y cylchgrawn *Cymru*, gan adlewyrchu tebygrwydd bydolwg yr awdur a'r golygydd. O. M. Edwards piau'r disgrifiad emosiynol hwn o rinweddau'r werin:

> Yn unigedd fy myfyrdod byddaf yn llawenhau wrth feddwl am werin Cymru, ac yn diolch i Dduw am dani, – am ei ffyddlondeb a'i gonestrwydd, am ei hawydd i wneud yr hyn sy'n iawn, am ei chariad at feddwl, am gywirdeb ei barn, am dynerwch ei theimlad a chadernid ei phenderfyniad . . .[14]

Ni ddewisodd O. M. Edwards na cherdd na rhyddiaith i agor ei *Hanes Cymru* ond, yn hytrach, ddarlun o Eryri o waith Samuel Maurice Jones. Gosodwyd y llun yn lle testun ar ben y tudalen cyntaf er mwyn sefydlu naws arbennig y gyfrol, nid er mwyn egluro daearyddiaeth rhan benodol o'r wlad. Trosiad ydyw, a'r mynyddoedd yn cynrychioli enaid y genedl.

Yr oedd Samuel Maurice Jones bum mlynedd yn hŷn nag O. M. Edwards. Ar ôl astudio yn Ysgol Gelf Caernarfon o dan John Cambrian Rowland, aeth i Lundain ym 1870. Yno, mynychodd ddarlithoedd Ruskin yn Oriel Genedlaethol Llundain, a magodd ddigon o hyder i anfon enghreifftiau o'i waith ato i'w beirniadu. Cafodd Samuel Maurice Jones air yn ôl hefyd, er nad oedd ymateb 'y Meistr' i'w luniau yn arbennig o frwd. Ychydig yn gynharach, yr oedd Clarence Whaite wedi cael y fraint o dderbyn beirniadaeth ar ei waith yntau gan y dyn mawr ei hun, yn ei gartref. Ac fel y gwelsom, daeth O. M. Edwards a Tom Ellis o dan ei ddylanwad ychydig yn ddiweddarach.

Serch hynny, er mor bwysig oedd dylanwad Ruskin ar y Cymry ifainc hyn, nid mater o roi syniadau newydd mewn pennau gwag ydoedd ond, yn hytrach, o greu cyd-destun ehangach ar gyfer syniadau a oedd eisoes yn gryf eu dylanwad arnynt. Ymdreiddiodd gwersi Ruskin (a William Morris) i feddyliau a baratowyd gan brofiad uniongyrchol magwraeth wledig a chan ddelweddau o'r dirwedd ac o'r werin a grewyd gan feirdd poblogaidd megis Ceiriog, Mynyddog a Thalhaiarn. Pan aeth Samuel Maurice Jones i Loegr, aeth â delfryd o'r werin Gymraeg, wedi'i ffurfio'n gyflawn, gydag ef. Ym 1872, teithiodd ymlaen i Baris. Yr oedd ymosodiadau byddin Prwsia a gweithgareddau diweddar y *Communards* ym mlaen ei feddwl, er nad oedd yn ymwybodol o'r chwyldro artistig a oedd ar waith yn y ddinas yn nwylo'r Argraffiadwyr. Pan eisteddodd yr artist o Gymro, 19 mlwydd oed, ar ddarn o Gofgolofn Vendôme, yr hyn a lanwai ei feddwl oedd bendithion democratiaeth sefydlog Prydain a rhinweddau gwerinwragedd Cymru, o'u cymharu â merched Paris, amheus eu moesau:

> Maent yn bur hoff o wahanol liwiau a tipyn go *lew* o *baent* ar eu gwynebau. Gwell genyf prydferthwch y FUN O EITHIN FYNYDD A BUGEILES Y WYDDFA a MERCH MEGAN gyda gruddiau wedi ei peintio gan awelon a gwlith y Bryniau – ac arogl Grug ar ei gwisgoedd, ac odlau can Gwlad y Bryniau aur ar ei min.[15]

Cododd y delweddau hyn ym meddwl Samuel Maurice Jones o'r gronfa ddofn ac amrywiol a etifeddodd Cymry llythrennog y cyfnod. Cofiodd gerdd gan Ddafydd ap Gwilym o'r bedwaredd ganrif ar ddeg, ochr yn ochr â baled boblogaidd a gyhoeddwyd yn wreiddiol yng Nghaernarfon ym 1868 ac un o ganeuon Talhaiarn. Beth bynnag a fo am wreiddiau Clasurol delwedd yr Arcadia fynyddig, a'r ffordd y'i trosglwyddwyd yn nwylo eglwyswyr pendefigaidd eu syniadau megis Evan Lloyd, erbyn 1872 yr oedd hon yn rhan o hunanddelwedd y Cymry Anghydffurfiol hefyd. Byddai Samuel

Maurice Jones, Methodist a mab y mans, yn bropagandydd effeithiol drosti hyd ei farw ym 1932. Nid oes amheuaeth am ei ergyd, a fynegwyd yn ei ysgrifau helaeth yn ogystal ag yn ei luniau, fel y dylai'r gynulleidfa uniaethu'r mynyddoedd anllygredig a'u nentydd gloyw â rhinweddau'r werin.

Gan ymestyn y trosiad yn bellach i gynnwys cartrefi'r werin, creodd Samuel Maurice Jones, ar y cyd ag O. M. Edwards, *genre* newydd. Cyhoeddwyd *Cartrefi Cymru* O. M. Edwards gyda darluniau Samuel Maurice Jones ym 1896, er i'r deunydd ymddangos yn wreiddiol yn y cylchgrawn *Cymru* o 1891 ymlaen. Delweddau diymhongar oedd y rhain, yn aml wedi'u seilio ar ffotograffau. Wrth edrych ar y tai, gwelwn rinweddau'r arweinwyr gwerinol a fagwyd ar eu haelwydydd:

> *PERERINION*. Anhawdd edrych ar ambell lecyn heb deimlo fod rhai fu yn preswylio yno yn *Ymddelweddu* ger ein bron fel Jaman [hynny yw, Siaman] o'r byd ysbrydol, ac adgof o'r dyddiau gynt yn chwareu fel engyl gwyn gylch y lle nes gwneyd yr *OLL YN GYSEGREDIG*.
>
> Oni theimlir swyn a chyfaredd yr enw *TREFECCA* a *HEN EGLWYS TALGARTH. MAN GENEDIGAETH CYMRU NEWYDD*.
>
> Lle yr ymwelodd Duw yn ei Ras ac ysbryd a chalon.[16]

Nid trosiad am rinweddau'r gorffennol yn unig oedd y darluniau hyn o gartrefi Cymru, felly: yr oeddynt i'w deall fel sail i ddeffroad cyfoes y genedl. Mewn llyfr lloffion, copïodd Samuel Maurice Jones ran o dystiolaeth Tom Ellis i'r *Royal Commission on Land in Wales*:

> As I traverse districts like this, I feel that every cottage built on a Welsh hillside, and every generation reared within it, contains new possibilities for Wales. For from such have come the leaders of Welsh thought and movements, the makers of our nation . . .

Ar aelwydydd y cartrefi mynyddig hyn, trosglwyddwyd yr etifeddiaeth werinol i'r arweinwyr newydd.

Drwy eu hymrwymiad i'r syniad hwn o'r werin, y daeth llenorion ac artistiaid Cymru at ei gilydd rhwng y 1870au a'r Rhyfel

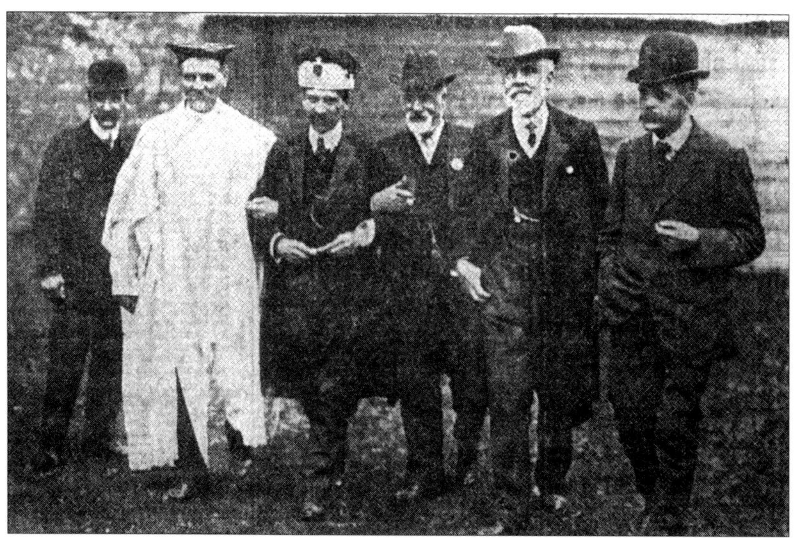

6. Ffotograffydd anhysbys, ***Crwys (y 3ydd o'r chwith) a Samuel Maurice Jones (yr ail o'r dde),*** **Eisteddfod Genedlaethol Bae Colwyn (1910).**

Mawr. Ym 1910, tynnodd ffotograffydd anhysbys lun o Samuel Maurice Jones yng nghwmni Crwys yn croesi maes Eisteddfod Genedlaethol Bae Colwyn. Yr oedd y bardd yn gwisgo'r goron yr oedd newydd ei hennill am ei gerdd 'Ednyfed Fychan'. Y flwyddyn ganlynol, yng Nghaerfyrddin, crynhodd Crwys ei syniad o'r werin yn ei gerdd 'Gwerin Cymru', gan ennill coron arall. Yr oedd 'Gwerin Cymru' yn un o gerddi mwyaf dylanwadol y cyfnod. Yn ei feirniadaeth, proffwydodd J. J. Williams yn gywir: 'Mae'r werin wedi cael ei chân, a chredwn y bydd yn falch ohoni.' Serch hynny, wrth gydnabod dylanwad y gân, rhaid cofio hefyd ddarlun a grëwyd dair blynedd yn gynharach. Ym 1908, cafodd y werin ei darlun, sef *Salem*. Prin y gellir amau bod *Salem* yr un mor ddylanwadol â 'Gwerin Cymru' yn y broses o ffurfio hunanddelwedd y bobl yn ystod yr hanner canrif canlynol. Yn y gerdd, ceir mwy nag un adlais o'r llun:

> Y gwŷr a'r gweision yn eu brethyn braswaith
> A mamau Seion tan eu gwarlen wlân

A'u sidan main am lwynaw'r bendefigaeth,
A welwn heno'n tynnu am Salem lân . . .
(*Cerddi Crwys*, t. 3)

Ni wyddys a oedd *Salem* Curnow Vosper yn hysbys i Grwys erbyn 1911, a rhaid cofio mai ar ôl y Rhyfel Mawr y daeth grym chwedlonol y llun i'w lawn dwf. Tra oedd yn blentyn, mynychodd Crwys Salem tra gwahanol ei olwg i Salem Curnow Vosper, ond hyd yn oed pe bai hynny'n hysbys i'w ddarllenwyr, annhebyg y byddai'r ffaith wedi tanseilio *resonance* yr enw, sydd yn tarddu o enwogrwydd y llun. Drwy ddarllen y gân, cawn well esboniad ar y llun na thrwy'r un feirniadaeth gelfyddydol yn unig ohono, a hynny oherwydd i'r ddau dyfu o'r un gwreiddyn:

Tyred yn nes, a thi a glywi sŵn
Y moliant yn dygyfor uwch y fro,
Emyn eneiniog Pantycelyn yw,
Yn cael ei ganu gan orwyrion brwd
Y sawl a'i canent fwy na chanri'n ôl
Ar lawnt y Bala a Llangeitho fawr . . .
(*Cerddi Crwys*, t. 20)

Fel y gwelsom, bu Hugh Hughes yn bresennol ar 'lawnt y Bala' ganrif union yn gynharach, a dechreuodd foli arwyr y lle yn weledol yn fuan wedyn. Dilynwyd ef gan T. H. Thomas ym 1889, â'i ddarlun o *John Elias yn Pregethu yn Sasiwn y Bala* a baratowyd ar gyfer cyfrol David Davies, *Echoes from the Welsh Hills*, ond a gyhoeddwyd ym 1892 ar ffurf print lliw.

Y mae rhai beirniaid wedi canfod paradocs yn llwyddiant *Salem* ymhlith y Cymry gan fod yr arlunydd, Curnow Vosper, yn Sais. Serch hynny, nid oedd Cymru yn ddieithr iddo. Fel Clarence Whaite, yr oedd wedi priodi â Chymraes, gan ddarlunio Cymru o safle gwahanol i'r arlunydd ar wibdaith drwy'r wlad. Priododd Vosper ddwy flynedd cyn Diwygiad 1904, ffenomen y cafodd brofiad agos ohono, mae'n rhaid. Ymddangosodd *Salem* yn fuan wedyn. Yr oedd hefyd yn adnabod deallusion gwladgarol megis T. H. Thomas a Goscombe John.

Pan ddaeth y casgliad, *Cerddi Crwys*, o'r wasg ym 1920, cyfrannodd

Kelt Edwards lun a fwriedid yn benodol i gyfleu'r syniad o'r werin fel gwarchodwyr yr etifeddiaeth. Cadwodd yn ffyddlon i'r gerdd, gan ddarlunio adfeilion castell, tebyg ei ffurf i Harlech, yn gefndir i gartref gwerinol. Er mor ddiymhongar ei olwg, mae'r bwthyn yn ymddangos yn fyw o hyd, gan fod mwg yn codi o'r simdde. Cysylltir y ddau adeilad gan ffordd sydd yn lledu ar ei thaith tuag atom, o'r gorffennol coll i'r presennol hyderus:

> Llys a chastell nid oes iddi,
> Plas na maenor chwaith yn awr,
> Ond mae'r heniaith yn ymloywi
> Ar wefusau'r werin fawr . . .
>
> (*Cerddi Crwys*, t. 17)

Bu 1911, blwyddyn 'Gwerin Cymru', yn un greadigol dros ben yng Nghymru. Cyhoeddwyd *History of Wales* John Lloyd, er enghraifft, ac ym maes celfyddyd weledol, cyfrannodd Thomas Matthews ei gyfres o ysgrifau arloesol i *Cymru* a greodd iaith feirniadol newydd. Yn yr un flwyddyn, peintiodd Christopher Williams *Deffroad Cymru*, ac yn ei ddadansoddiad o'r alegori mawr hwnnw, gwelodd Thomas Matthews yn glir sut yr oedd yr arlunydd wedi cyfuno dwy ffrwd y traddodiad. Gwelai ysbryd cynnydd Anghydffurfiaeth, sef ffrwd Crwys ac O. M. Edwards, ochr yn ochr â hanesyddoliaeth Ramantus Owen Rhoscomyl a T. Gwynn Jones. 'Ac o, mor fawr Gymru fydd!' gorfoleddai, gan ddyfynnu John Morris-Jones.[17] Coron y flwyddyn i bob un ohonynt oedd yr Arwisgiad. Dyma Loegr yn cydnabod teilyngdod y Cymry deffroëdig, ac yn eu sicrhau nad oedd eu hunanhyder newydd yn ddi-sail. Nid yw'n syndod, felly, i sylwi yn eu delweddaeth hwy fod teyrngarwch yn ogystal â duwioldeb a dysg, erbyn hyn yn nodweddiadol o'r werin Gymraeg. Dros ugain mlynedd yn gynharach, dewisodd T. H. Thomas destun dadlennol i'w ddarlunio ar gyfer blaenddalen *Echoes from the Welsh Hills*:

> It is the Protestant Christianity of the Welsh people, as lived and taught by their religious teachers during the last two centuries and a half, that has preserved them from ignorance, lawlessness and irreligion, and made of them one of the most scripturally enlightened, loyal and religious nations on the face of the earth.

Yng nghyfnod T. H. Thomas, yr oedd diddordeb yn y werin ar gynnydd ymhlith deallusion ac artistiaid ledled Ewrop ac yn yr Unol Daleithiau, gan arwain at newid yn y ffordd o astudio hanes. Yn ddiau, dylid dehongli astudiaethau T. H. Thomas o fywyd y werin o fewn y cyd-destun rhyngwladol hwn, yn ogystal ag yn y cyd-destun Cymreig. Ym 1879, cyfrannodd ddarluniau i'r gyfrol *British Goblins* gan ei gyfaill, yr Americanwr Wirt Sikes. Casglodd hen greiriau o fywyd pob dydd cefn gwlad, gan gydweithio â chyfeillion eraill, gan gynnwys Cadrawd ac, ym Metws-y-coed, yr arlunydd George Harrison. Yr oedd ei weledigaeth Ramantus yntau o'r werin wedi ei arwain mor bell â phriodi merch y gof yn y pentref. Cynhaliwyd arddangosfeydd o'r creiriau neu *byegones* yn rheolaidd o dan aden Adran Gelf a Chrefft yr Eisteddfod Genedlaethol y bu Thomas yn ddylanwad mawr arni. Diolch i gysylltiadau Thomas ag Amgueddfa Caerdydd, daeth ei gasgliad ef, a chasgliadau Harrison a Chadrawd, yn sylfaen i'r Amgueddfa Werin.

Adlewyrchir dylanwad y mudiad gwerin hefyd mewn eisteddfodwr brwd arall, yr arlunydd Carey Morris. Nid oes amheuaeth mai cymelliadau gwladgarol a'i ysgogodd i hybu celf a chrefft yng Nghymru, ac yr oedd yn ddi-os yn ymwybodol o'r rhinweddau nodweddiadol a gysylltid gan y lliaws â gwerin ei genedl. Serch hynny, byddai'n afrealistig ceisio dehongli lluniau o'i eiddo ef, megis *The Welsh Weavers*, 1911, heb gydnabod dylanwad pwysig arlunwyr Newlyn arno. Ar ôl astudio celfyddyd gain yn Ysgol Slade, symudodd i Gernyw i weithio ymhlith grŵp o artistiaid a ymhyfrydai yn y werin bobl yno. Pan ddychwelodd i Lundain, cymerodd stiwdio yn Cheyne Walk, gan ymuno â'r Chelsea Arts Club a chymysgu gyda Goscombe John, Curnow Vosper a Herkomer. Er bod yr arlunydd yn Gymro a'r eisteddwraig yn Gymraes, o ran ystyr ychydig sydd i wahaniaethu ei lun *Llangwm Fisherwoman*, er enghraifft, oddi wrth filoedd o luniau gwerinol eu naws a arddangoswyd ledled Ewrop ac America. Yng Nghymru, gwelwyd lluniau o'r math yn arddangosfeydd Cymdeithas Celf De Cymru a'r Academi Frenhinol Gymreig, ac mae iddynt le o bwys yn ein traddodiad fel amlygiad cynhenid o ffenomen esthetig ehangach. Serch hynny, ni cheir yn y lluniau hyn y werin Gymraeg ar ei ffurf arbennig, fel yr adeiladwyd hi gan y Rhamantwyr cenedlaetholgar.

Yr oedd eu delwedd hwy wedi datblygu'n bellach o lawer, gan ddilyn cysyniad arloesol Hugh Hughes o'r werin ar ei newydd wedd, yn ei chynnydd – *the folk improved*. Wrth i'r ddelwedd gyrraedd man pellaf ei hesblygiad, nad yw'n hawdd ei hadnabod fel delwedd werinol o gwbl. Dyma 'black coats' Iorwerth Peate sydd i'w gweld yn awr ar ffurf cerfluniau efydd ym mhrif strydoedd trefi Cymru.

Ychydig o bobl sydd yn sylwi arnynt erbyn heddiw, a llai byth sydd yn deall eu harwyddocâd. Yn y 1920au, yr oedd pethau'n wahanol. Mewn araith yn dwyn y teitl 'Tair Cof-Golofn' a draddodwyd o flaen cynulleidfa yn y Bala, dehonglodd Samuel Maurice Jones gerfluniau Thomas Charles, Lewis Edwards a Tom Ellis.[18] Dehongliad perffaith sydd ganddo o hanes gwerin Cymru yn ôl y Rhamantwyr gwladgarol. Arweinwyd y Cymry colledig allan o'u Haifft a thuag at wlad yr addewid gan Griffith Jones, Llanddowror. 'Ef oedd Moses ein cenedl', meddai Samuel Maurice Jones, 'ac ef a arweiniodd ein tadau o'r tywyllwch i'r golau. Dyma'r gŵr hynod a arloesodd y ffordd i'r werin ddysgu darllen.' Wedi sefydlu Griffith Jones fel Moses, dyma ddyrchafu Lewis Edwards, 'Doctor mwyn y Bala', yn Ioan Fedyddiwr. Ym 1837, sefydlodd 'Ysgol y proffwydi yn y Bala', a gyfeiriwyd ati gan Jones ar achlysur arall fel 'ysgol yr holl saint'. Gyda Griffith Jones wedi'i wisgo yn nillad Moses, a Lewis Edwards yn cynrychioli Ioan Fedyddiwr, hawdd dyfalu *alter ego* Tom Ellis. 'Saif yn y brif ffordd', meddai Samuel Maurice Jones, gan ddewis ei eiriau yn symbolaidd ofalus, ac ychwanegwn ar gyfer cynulleidfa sydd, erbyn heddiw, yn llai hyddysg yn ei Beibl, 'i Galfaria'.

'Dyna fe,' parhaodd Samuel Maurice Jones, 'ei law i fyny, fel y gwelwyd ef pan yn anerch torf o'i gydwladwyr.' Pwysleisir addysg, wrth gwrs, moddion ei gynnydd: 'Mae y fantell golegol yn blygion dros ei fraich,' meddai.

> Ar waelod y golofn ceir mân ddarluniau mewn *relief* o risiau ei ddyrchafiad. CYNLAS ei hen gartref. Prif Ysgol ABERYSTWYTH, COLEG RHYDYCHEN a DAU DŶ Y SENEDD. Dyna'r cerflun cyntaf yng Nghymru i ddangos egin bywyd.

Nid ffugio delwedd *picturesque* o'r werin yw hon, na chreu eicon o'i

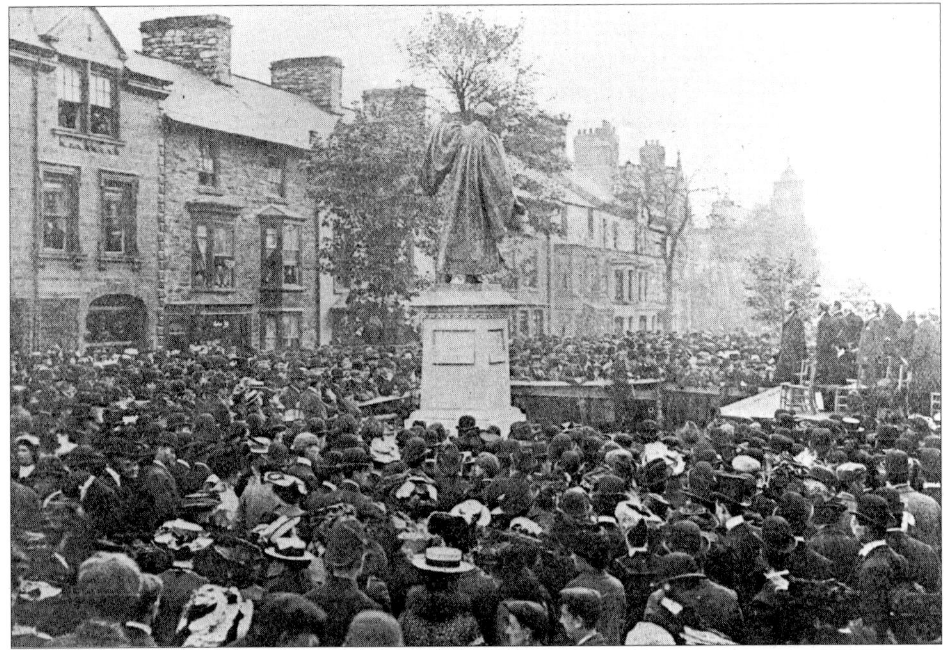

7. **Ffotograffydd anhysbys,** ***Dadorchuddio Cofeb Tom Ellis*** **(1903).**

llafur caled ar ffarm ac mewn ffatri, fel y gwnâi rhai traddodiadau cenedlaethol ar gyfandir Ewrop. Dyma ddelwedd sydd yn unigryw i Gymru, sef y werin yn ei chynnydd, ac addysg yw'r eicon.

Dadorchuddiwyd y cerflun hwn, arwrol ei naws, ar 7 Hydref 1903, a llu o 'black coats' wrth y llyw. Yr oedd y cerflunydd, William Goscombe John, yn adnabod Tom Ellis ers iddo awgrymu codi cofeb yn Llansannan i lenorion y fro. Goscombe John a gafodd y comisiwn hwnnw, ac yntau oedd y dewis naturiol, felly, i bortreadu'r arwr coll. Cafodd gomisiwn ychwanegol i greu medal yn portreadu Tom Ellis ar y naill ochr, a'i gartref, Cynlas, ar y llall. Anodd peidio â chasglu mai O. M. Edwards a fu'n gyfrifol am ddewis y testun, er mwyn i'r cartref mynyddig hwn gynrychioli bob un o'i fath, 'ffynhonellau goreu ein bywyd cenedlaethol', chwedl yntau.[19] Buasai Ifan ab Owen ymhlith y rhai a anfonwyd allan i gnocio ar eu drysau gan godi arian, fesul swllt, er mwyn coffáu'r merthyr.

Gŵyl ddyrchafael y werin i'w lle cysegredig yn uchelfannau chwedloniaeth y genedl oedd honno a gafwyd ar 7 Hydref 1903, felly. Dilynwyd y dyrchafael gan ogoniant yr eglwys gynnar, a goronwyd ym meddyliau llawer gan arwisgo 1911. Ganrif yn gynharach, gwelwyd optimistiaeth gyffelyb ac ysbryd diwygio wrth i'r Methodistiaid ymneilltuo o Eglwys Loegr. Taniwyd ergyd yn erbyn optimistiaeth y mudiad hwnnw, yn grefyddol ac yn genedlaethol, gan feirniadaeth y Llyfrau Gleision ac ychwanegwyd at y difrod gan eiconoclastiaeth fewnol. Yn ystod Eisteddfod Llangollen 1858, tanseiliodd Thomas Stephens nid yn unig chwedl Madog ond, yn symbolaidd, holl Geltiaeth ffansïol Iolo Morganwg, William Owen Pughe a'u rhagflaenwyr. Yn lle honno, cododd astudiaethau 'gwyddonol' o'r ffynonellau o dan arweiniad John Rhŷs. Yn yr un modd, daeth y Rhyfel Mawr i chwalu deffroad y ganrif newydd yn llwyr. Yn ei sgîl, canodd eiconoclastiaeth Caradoc Evans gnul mytholeg y werin anllygredig. Cododd astudiaethau 'gwyddonol' o fywyd gwerin o dan arweiniad Iorwerth Peate ac eraill. Yr oedd Iorwerth Peate, fel John Rhŷs o'i flaen, yn Rhamantydd rhonc, wrth gwrs, o dan ddillad du y dadansoddydd, ond erbyn ei gyfnod ef, yr oedd naws delwedd y werin wedi dechrau newid yn derfynol.

Gwelir adwaith y ffyddloniaid i'r newid hwn yn hanes dadlennol portread Evan Walters o *Caradoc Evans*. Cafodd Oriel Glynn Vivian, Abertawe, gynnig y portread ar fenthyg gan yr arlunydd ym 1931, ond fe'i gwrthodwyd ganddi. Yn ôl y *Herald of Wales*: 'The chairman of the committee declared that he was opposed to Caradoc Evans as a man who had made his living by throwing filth at his own country.' Cafodd gefnogaeth gan aelod arall o'r pwyllgor, Mainwaring Hughes: 'I would not object to Mr Evan Walters' picture if it is correctly labelled – a libel!' meddai, datganiad a gafodd ei eilio gan floedd o 'Traitor!' o'r gadair.[20] Ym 1938, arddangoswyd y portread yng nghyntedd y Grafton Theatre yn Llundain, lle'r oedd drama Caradoc Evans, *Taffy*, yn cael ei pherfformio. Fe'i rhwygwyd â chyllell.

Er gwaethaf ymdrech ddiweddar y ffilm *Noson Lawen* i gynnal yr hen ddelwedd, erbyn canol yr ugeinfed ganrif cysylltwyd y werin fwyfwy â dirywiad a cholled. Yn ffilm Geoff Charles a John Roberts

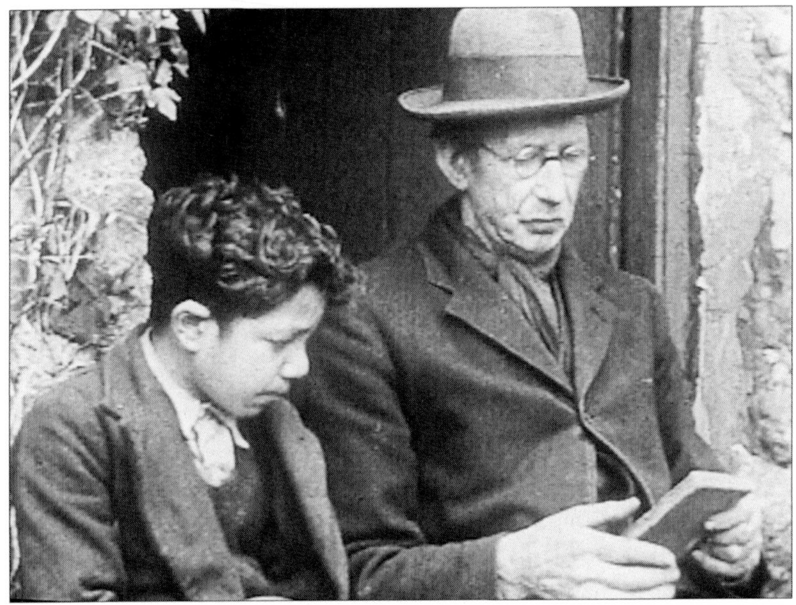

8. Ffrâm allan o ffilm John Roberts Williams a Geoff Charles, *Yr Etifeddiaeth* (1949).

Williams, *Yr Etifeddiaeth*, gwelwyd y Rhamantwyr gwladgarol yn cydnabod tranc y werin Gymraeg. Dewiswyd y bardd Cybi i ymgorffori'r gwerinwr, a bachgen ifanc croenddu, *evacuee* o Lerpwl, i gynrychioli'r genhedlaeth nesaf. Symbol yr etifeddiaeth ei hun, yn ôl yr hen draddodiad, oedd llyfr. Serch hynny, yn hollol wahanol i Gymro Newydd Hugh Hughes yn y 1820au, ym 1949 mae'r gwerinwr sydd yn anwylo'r symbol hwn o gynnydd drwy hunanddysg yn hen a di-raen, a'r gyfrol ei hun yn dreuliedig. Trosglwyddir hi i'r bachgen ifanc gan Gybi, ond mae'r hen ŵr yn derbyn y gyfrol yn ôl ganddo. Boddir y ddelwedd amwys hon yng ngweddill y ffilm gan olygfeydd o ddirywiad a cholli ffydd. Gwelwn Tom Nefyn yn pregethu ar sgwâr Pwllheli, fel atgof pell o lawnt y Bala, ond gwelwn hefyd wersyll gwyliau Butlin, a'r *beauty parade* ger y pwll nofio yn wrthgyferbyniad trawiadol i'r capel, diflas ei olwg, yn y cefndir. Machlud haul hir ac araf yw diweddglo'r ffilm – y werin yn disgyn i ebargofiant llwydaidd, a'r etifeddiaeth ar goll.

Nodiadau

1. 24 Tachwedd 1774. Cyhoeddwyd yr ohebiaeth yn E. Alfred Jones, 'Two Welsh correspondents of John Wilkes', *Y Cymmrodor*, XXIX (1919).

2. Am drafodaeth lawn o waith Hugh Hughes, gweler Peter Lord, *Hugh Hughes, Arlunydd Gwlad* (Llandysul, 1995).

3. LlGC, gohebiaeth deuluol Charles a Davies, 21.

4. LlGC, Llsgr. Cwrtmawr, 130A, 17 Mehefin 1820.

5. Ibid.

6. Ibid., 13 Mehefin 1820.

7. Hugh Hughes, *Y Gynulleidfa* (Caerfyrddin, 1848), t.6.

8. Hugh Hughes, *Pictures for the Million of Wales*, rhif 10 (Caerdydd, 1848).

9. Tom Ellis, 'Domestic and decorative arts in Wales', *Young Wales* (Gorffennaf 1899), t.146.

10. F. G. Roe, *David Cox* (Llundain, 1924), t.58.

11. Am Clarence Whaite a hanes yr Arlunfa Gymreig, gweler Peter Lord, *Clarence Whaite and the Welsh Art World: The Betws-y-coed Artists' Colony 1844–1914* (Aberystwyth, 1998).

12. John Murdock, 'Cox: Doctrine, style and meaning', yn y catalog i'r arddangosfa o waith Cox a gynhaliwyd gan Amgueddfa ac Oriel Birmingham, 1983.

13. *The Courier*, Manceinion, 1 Ebrill 1865.

14. O. M. Edwards, 'Y nodyn lleddf', 1905, yn *Er Mwyn Cymru* (Wrecsam, 1922), t.65.

15. LlGC, Papurau Samuel Maurice Jones, 'Gwibdaith i Paris yn 1872'.

16. LlGC, Papurau Samuel Maurice Jones, 'Tair Cof-Golofn'.

17. John Morris-Jones, 'Cymru fu: Cymru fydd', *Cymru*, III (Awst 1892), tt.53–6.

18. LlGC, Papurau Samuel Maurice Jones, 'Tair Cof-Golofn'.

19. O. M. Edwards, 'Ffyrdd hyfrydwch', 1912, yn *Er Mwyn Cymru*, t.41.

20. *Herald of Wales*, 24 Ionawr 1931.

5

Tri Chyfrwng David Jones[1]

IVOR DAVIES

Cyfoeswr i Saunders Lewis oedd David Jones (1895–1974). Ganwyd y ddau o fewn dwy flynedd i'w gilydd yn y 1890au, ac nid yw'r tebygrwydd rhyngddynt yn gorffen yn y fan yna. Gwirfoddolodd Saunders Lewis i ymladd yn y Rhyfel Mawr; felly hefyd David Jones. Ym 1924 trodd Saunders Lewis yn Babydd; dair blynedd ynghynt cawsai David Jones yntau ei dderbyn i'r Eglwys Babyddol. Teimlai Saunders Lewis atyniad cryf tuag at draddodiad Eglwys Rufain a chlasuriaeth, a'u cysylltiad â hanes Cymru, a dyma yn union deimladau David Jones. A châi Saunders Lewis ei fod yn deall arwyddocâd arysgrifau David Jones i'r dim, gan eu hystyried yn allwedd i ddeall ei holl waith. Yma deuai'r bardd a'r arlunydd ynghyd.[2] Fe gytunodd David Jones â barn ei gyfaill.[3]

Plastrwr o Dreffynnon, Sir y Fflint oedd John Jones, taid David Jones, a hanai o hen deulu amaethyddol o Ysgeifiog, yng nghanol bryniau Clwyd. Aethai ei fab, James Jones (1860–1943) i weithio gydag argraffwyr yn Llundain ym 1883, gan adael y *Flintshire Observer* am y *Christian Herald*. Priododd James ag Alice Ann Bradshaw (1856–1937), merch i saer llongau o Rotherhithe, Surrey, a mab i James ac Alice oedd David.

Dechreuodd arlunio'n ifanc, fel y tystia'r lluniau bach o anifeiliaid a wnaeth ym 1901–2, pan oedd yn chwech neu saith mlwydd oed, ac o 1910 hyd 1914 mynychodd Ysgol Gelf Camberwell, Llundain, fel myfyriwr. Ei uchelgais oedd dylunio hanes Cymru neu beintio anifeiliaid, ond yn 1914 daeth y Rhyfel Mawr a bu'n ymladd ar Ffrynt y Gorllewin fel un o filwyr y Ffiwsilwyr Brenhinol Cymreig. Ar ôl dychwelyd, ailgydiodd yn ei astudiaethau, y tro hwn yn Ysgol Gelf Westminster, dan oruchwyliaeth Walter Bayes a Bernard Meninsky a dan ddylanwad Sickert a ddysgai yno ambell waith.

Ym 1921, y flwyddyn y trodd David Jones at Babyddiaeth, aeth i fyw at Eric Gill a'i deulu yn Ditchling, a dysgodd sut i lungerfio pren er mwyn gwneud printiau ac ysgythriadau pren. Dyma gyfnod euraidd y gelfyddyd hon, rhwng 1920 a 1940, pryd y sefydlwyd y *Society of Wood Engravers* a llawer o weisg, yn eu plith Gwasg Gregynog (1922). Enwau a ddaeth i'r amlwg yn y maes hwn oedd Graham Sutherland, Paul a John Nash, ac Eric Gill, a cheid themâu byd natur a thirwedd ganddynt.

Yna yn Awst 1924 ymadawodd Eric Gill am Gapel-y-ffin, yng nglyn Honddu i'r gogledd o'r Fenni, ac erbyn Nadolig yr un flwyddyn yr oedd David Jones wedi ymuno ag ef. Am y tair blynedd canlynol bu'n peintio tirluniau o amgylch y Capel ac ar Ynys Bŷr lle bu'n lletya ym mynachdy'r Benedictiaid. Er ei fod yn defnyddio pwyntil a dyfrlliw, llinellau cryfion celyd sydd ar ymyl ei ffurfiau, yn union fel y printiau oddi ar bren. Ond eisioes yr oedd teimlad o ryddid yn ei waith, nodwedd amlwg o'i luniau diweddarach.

Fe gymharwyd *Waterfall, Afon Honddu Fach* (1926) gyda'r llinellau o gerdd hir David Jones, *The Anathémata*, sydd yn sôn am y Dyfrwr.[4] Yn ôl yr hanes, yr oedd gan y Dyfrwr, sef Dewi Sant, gell gerllaw Honddu. Ac mae'r gair Dyfrwr yn cysylltu hefyd ag Acwariws.

Ym 1927 ymunodd David Jones â'r *Society of Wood Engravers*, a rhwng 1927 a 1933 bu'n aelod o *The Seven and Five Society*, pryd yr arddangosodd ei luniau gyda gweithiau gan Ben a Winifred Nicholson, Henry Moore, Barbara Hepworth, Christopher Wood a John Piper. Ym 1928 ymwelodd â Lourdes a Salies de Béarn, y wlad a gysylltir â'r *Chanson de Roland*. Y flwyddyn ganlynol arddangoswyd ei waith gydag Eric Gill yn Oriel Goupil, a gwnaeth ysgythriadau ar gyfer cerdd Coleridge, *The Ancient Mariner*, ond canfu fod ei olwg yn dirywio rhyw gymaint a rhoddodd y gorau i wneud ysgythriadau ym 1930. Trodd fwyfwy at ddyfrlliwiau, a rhwng 1930 a 1932 gwnaeth nifer o'r rhain, gan gynnwys *Manawydan's Glass Door* (1931) a beintiodd o fwthyn ei rieni yn Portslade ger Brighton. (Aelwyd ei rieni yn Brockley fu ei gartref tra buont hwy byw.) Felly, golygfa o'r Sianel sydd yn y llun hwn, ond trawsnewidir yr olygfa o'r môr a'r llong drwy'r ffenestr yn ddelwedd o'r drws yn Ail Gainc y Mabinogi. Drws gwydr sydd yma, sydd fel petai yn rhoi golwg i ni ar y traddodiad Cymreig, ond drws na ddylid ei agor.

Diddorol yw sylwi ar gyfrwng peintio David Jones hefyd, neu yn hytrach ei gyfryngau. Peintiodd hunanbortread mewn olew, a alwodd yn *Portrait of a Human Being* (1931), a'i ddull oedd trin y paent olew yn debyg i ddyfrlliw, gan osod un lliw ar ben y llall yn yr un modd. Yr oedd ei ddyfrlliwiau, ar y llaw arall, yn gymysg eu cyfrwng – pensel, sialc a lliw, techneg a ddysgodd flynyddoedd ynghynt gan Hartrick, a defnyddiai'r bensel bron fel lliw ychwanegol, yn hytrach nag fel amlinelliad. Yna ym 1932 dechreuodd ar dechneg arall, sef peintio â brwsh yn unig, gan adael rhai rhannau o'r papur yn hollol wag. Yr oedd y tameidiau o bapur glân yma i fod i gyfleu mynegiant mor huawdl â'r rhai a liwiwyd â phaent. Ac erbyn 1932, pan orffennodd ddrafft cyntaf ei gyfrol *In Parenthesis*, dechreuasai beintio mewn dull llawer ysgafnach a mwy rhugl.

Disgrifiodd awdur *The Waste Land*, T. S. Eliot (1888–1965), *In Parenthesis* fel gwaith o gelfyddyd lenyddol a ddefnyddiai'r iaith (Saesneg) mewn ffordd newydd ac i bwrpas newydd. Fe'i cyhoeddwyd ym 1937 gan wasg Faber & Faber, tŷ cyhoeddi yr oedd gan T. S. Eliot ran amlwg yn ei redeg. Testun *In Parenthesis* yw profiadau un milwr yn rhyfel 1914–18, ond mae'r gwaith hefyd yn ymwneud â thema ryfel, a chawn ynddo fod hanes yr hen Brydain Rufeinig wedi'i weu i mewn iddo, yn ogystal â chwedlau Arthur a'u cysylltiadau ym meddwl yr awdur. Er ei fod yn wahanol i *The Waste Land*, ceir yn y ddau waith esboniadau diddorol ar eiriau mewn nodiadau helaeth i'r testun.

Ar ddechrau'r gyfrol ceir y rhan honno o chwedl *Branwen ferch Llŷr* lle penderfyna Heilyn fab Gwyn agor y drws ar Aber Henfelen, gan achosi i'w gyd-filwyr ddod yn ymwybodol o'u holl golledion. Cyfieithiad Saesneg Charlotte Guest a ddefnyddiodd David Jones.[5]

Gwelai T. S. Eliot hefyd berthynas rhwng arddull David Jones a James Joyce, fel pe bai gan y ddau 'glust Geltaidd' at gerddoriaeth geiriau. Yr oedd tuedd ar y pryd i ysgrifennu barddoniaeth a rhyddiaith gydag ystyron cuddiedig a dirgel. Felly tybir ar yr olwg gyntaf fod gwaith T. S. Eliot yn astrus nes i'r darllenydd ymgyfarwyddo â'i ffordd o ddefnyddio amryw ieithoedd ag ymadroddion dyrys gydag eglurhad yn y nodiadau helaeth. Nid oedd â wnelo hyn ddim â Moderniaeth, neu'r *avant-garde*; ond perthynai i swrrealaeth y cyfnod ac i etifeddiaeth arwyddluniau'r beirdd Symbolaidd ddiwedd y ganrif.

Ar ddechrau pob un o saith rhan *In Parenthesis* ceir llinellau o'r *Gododdin*, wedi eu cyfieithu i'r Saesneg, a rhai yn yr Hen Gymraeg. Yn y modd hwn cysyllta David Jones y Rhyfel Byd Cyntaf â rhyfel cyntaf ein barddoniaeth ni o'r chweched ganrif. Ac o dan deitl y llyfr gosododd 'seinnyessyt e gledyf ym penn mameu', dyfyniad o *Canu Aneirin* (*Y Gododdin*). Yn y llinell hon canai Aneirin am yr un dinistr gwaedlyd, didostur ag a gaed yn rhyfel 1914–18. Ymddiddorai David Jones yn Arthur fel Brython Rhufeinig, ac yn *In Parenthesis* mae'n cyfleu hanes brwydrau'r Brythoniaid wrth iddynt ymladd yn erbyn y Saeson. Enwa'r deuddeg brwydr yr ymladdodd Arthur ynddynt yn ôl yr *Historia Brittonum* a briodolwyd gan rai i Nennius, ac yn ei nodiadau dywed Jones fod yr *Annales Cambriae* yn gosod câd Badon, lle y cludodd Arthur groes ac y bu'r Brythoniaid yn fuddugol, yn y flwyddyn OC 516.[6]

Gwea hefyd hanes y Twrch Trwyth o chwedl *Culhwch ac Olwen* i mewn i'r gwaith, yn ogystal â *Breuddwyd Macsen Wledig*, lle syrthiodd ymerawdwr Rhufain mewn cariad â thywysoges hardd mewn breuddwyd. Ar ôl dod o hyd iddi yng Nghaer Saint (Caernarfon) a'i phriodi, rhaid oedd adeiladu ffyrdd, neu sarnau, drwy'r wlad. Dywedid na fyddai dynion Ynys Prydain yn fodlon gwneud y sarnau ond er mwyn Elen.[7]

Yn y cyfamser, ychydig iawn o luniau a wnâi David Jones. Yn ystod rhyfel 1939–45 bu'n byw yn Llundain ac yno yr ysgrifennodd fersiynau cyntaf *The Kensington Mass*, *The Wall*, *The Dream of Private Clitus*, *The Narrows* ac amryw o adolygiadau a thraethodau – *Religion and the Muses* (1941), *The Myth of Arthur* (1942) ac *Art in Relation to War* (1942–3). Bu cyfnod yr Ail Ryfel Byd yn rhyw fath o ganolbwynt i'w fywyd, adeg pan ddatblygodd y doniau a oedd ganddo, gan ddod at ei gilydd trwy'r gwahanol gyfryngau. Bu'n cynllunio *The Anathémata* ers ei daith i Cairo a Jerwsalem ym 1934, a rhwng ysgrifennu'r gerdd hon yn ysbeidiol drwy'r 1940au a dechrau ar yr arysgrifau, yr oedd y naill gelfyddyd yn cysylltu â'r llall a'r lluniau o flodau mewn cawgiau a ddechreuodd eu tynnu yn y cyfnod hwn hefyd yn perthyn o ran naws, testun ac ymdriniaeth. Ond nid oedd ganddo ddiddordeb mewn marchnata'i grefft na datblygu mewn un maes arbennig, mwy nag oedd gan Eric Gill a arloesodd â gwreiddioldeb mewn sawl maes ond a ddymunai gael ei gofio yn unig fel naddwr cerrig. I David Jones fel Gill, yr unig ffordd a allai weithio oedd yr un a ymgorfforai yr hyn a gredai.

Yn gynnar yn y 1940au dechreuodd ar yr arysgrifau mawrion ac ar y darluniau a oedd yn ymwneud ag Arthur, megis *Guenever* (1940), lle gwelir Gwenhwyfar yn noeth ar leithig, sef gwely Rhufeinig sydd yn edrych yn debyg i allor. O'i hamgylch mae ffigyrau na ellir ond prin eu hadnabod fel milwyr Rhufeinig, a'r cyfan o dan do hen eglwys o'r chweched ganrif. Cymerodd destun Saesneg *Morte d'Arthur* Malory sy'n adrodd am Lawnslot a'r marchogion clwyfedig yn dod at Gwenhwyfar. Darlun o'r un cefndir yw *The Four Queens* (1941), sy'n dangos Lawnslot yn gorwedd ar y llawr a'r pedair brenhines yn sefyll drosto, pob un yn ceisio ennill ei serch. Y tu ôl iddynt ceir cipolwg o'r tu mewn i gapel tebyg i'r un sydd yng Nghapel-y-ffin, a'r pedwar ceffyl ar yr ochr chwith yn dwyn i gof y ceffyl a gerfiwyd ym mryniau sialc Uffington.

Yr un naws epig ag a geir yn *In Parenthesis* a *The Anathémata* sydd yn y darluniau mawrion hyn. Defnyddiodd bwyntil, inc a dyfrlliw i gynnwys manylion fel meddylrithiau sydd ynghudd ymhlith y llinellau ysgafn. Rhaid dod at y lluniau yn yr un ffordd ag y deuir at ei farddoniaeth, sef bod yn barod i chwilio'n ddyfal nes darganfod eu cyfrinachau, a hyd yn oed wedyn nid oes modd cael golwg eang a chyflawn o'r cyfanwaith. Er bod rhai o'r darnau yn symbolau, mae rhai eraill yn hollol ddirgel eu hystyr, sydd yn cymhlethu'r holl gyfansoddiad. Hyd yn oed yn yr arddull a ddefnyddia wrth ddarlunio mae tebygrwydd i lawysgrifen i'w deimlo, gyda'r nodiadau am fanylion wedi'u darlunio yn hytrach na'u hysgrifennu mewn geiriau.

Ym 1952 cyhoeddwyd *The Anathémata* gan Faber & Faber. Os oedd gan *In Parenthesis* ffurf a rhediad a ymdebygai i hanes, yna nid oedd gan *The Anathémata* yr un. Disgrifiai *In Parenthesis* ddigwyddiad bob dydd yn ystod y Rhyfel Mawr, ond gweledigaeth o Brydain trwy weddillion diwylliannau lawer, dros oesoedd maith, a geir yn *The Anathémata* ac, fel yr eglurodd yr awdur yn ei ragymadrodd, nid oes na chynllun na ffurf i'r gerdd. Os oes un o gwbl, yna rhyw ddychwelyd at y dechrau yw hwnnw. Mae iddi themâu a thema, meddai, er ei bod yn crwydro ymhell ac, yn ei eiriau ei hun, fel dadl hir.[8]

Wrth drafod cerddi Aneirin, Gwalchmai, Cynddelw a Hywel ab Owain, cynigiodd Gwyn Williams esboniad diddorol am 'the dispersed nature of the thematic splintering of Welsh poetry'.[9] Nid gwendid mo hyn, meddai, na methiant yn ymgais dybiedig y beirdd i ddilyn confensiwn clasurol, ond dull arbennig o greu, ar yr un patrwm â'r plethiadau Celtaidd sydd heb yr un cynllun canolog iddynt. Yr oedd gan lenorion ac arlunwyr Groeg a Rhufain syniad am ganolbwynt arbennig i'w creadigaethau wrth iddynt lunio cerdd, drama neu lun, ond dadl Gwyn Williams yw nad oes rhaid dilyn y patrwm hwn, er ei fod wedi dylanwadu'n helaeth ar gyfansoddi yn Ewrop a Lloegr. Mae ffordd o feddwl y Celtiaid yr un mor ddilys, ac yn y clymau a'r plethiadau a oroesodd yng Nghymru ac Iwerddon ar faen a memrwn, mae'r hyn sydd yn digwydd yng nghornel y cynllun yr un mor bwysig â'r hyn sydd yn y canol, gan nad oes canol beth bynnag. Ond mae'r un dehongliad yn berthnasol i luniau ac arysgrifau Jones hefyd. Yr oedd yn ymwybodol o'r ffordd yr oedd y Celtiaid yn ymddatod y goddrych er mwyn addurno gweithiau llaw neu ddarnau arian. O hynny ailgyfansoddwyd y darnau o ffigyrau dynol, ceffylau clasurol neu beth bynnag y bônt, gydag egni a grym.

Daw cyhoeddi *The Anathémata* â ni at ei arysgrifau, oherwydd trwy'r 1930au bu David Jones yn paratoi rhai i'w cynnwys yn y gyfrol arfaethedig hon. Ond lluniai rai eraill hefyd, a thua diwedd y 1940au dechreuodd gyfoethogi cefndir yr arysgrifau mawrion yma drwy ddefnyddio dyfrlliw a phwyntil lliw a gwyn sinc, a pheri i'r cynlluniau eu hunain fod yn fwy cymhleth. Deuai'r defnyddiau eu hunain o wahanol destunau, ac amrywiai David Jones yr iaith yn ogystal â ffurf y llythrennau. Defnyddiai eiriau o'r Lladin, o'r Gymraeg, o'r Saesneg, ac weithiau o'r Roeg, a gosodai'r gwahanol fathau o lythrennau yn gyfochrog mewn ffordd a greai undod egnïol drwy'r cwbl. Yn hyn o beth yr oedd yn wahanol i Eric Gill a ddefnyddiai ffurfiau Rhufeinig yn unig yn ei waith llythrennu.

Yn ogystal â bod yn awdur ac yn arlunydd a oedd yn peintio, dylunio, cerflunio a thorlunio pren, datblygodd David Jones yr arysgrif fel cyfrwng annibynnol. Cyhoeddodd Nicolete Gray gasgliad ohonynt[10] ond cyfeddyf hi nad yw hi wedi dadansoddi dychymyg David Jones na'i ddelweddaeth,[11] ac nid oes llyfr yn bod ar hyn o bryd sydd yn rhoi syniad o banorama eang ei waith, er mwyn inni gymharu ei farddoniaeth a'i arysgrifau â'i luniau. Mae cysondeb a chydweddiad yn rhedeg drwy ei holl waith, fel petai wedi ysgrifennu'r darluniau, peintio'r arysgrifau a chynnwys lluniau yn ei destunau epig.

Er iddo fod gydag Eric Gill am flynyddoedd, nid ganddo ef y dysgodd ffurfiau ei lythrennau.[12] Datblygodd y rhain yn ddiweddarach yn ei yrfa gan ddechrau fel cyfarchion anffurfiol yn y 1940au, ond erbyn y 1960au aeddfedodd yr arddull a dyluniodd David Jones fwy o ddarnau Cymraeg. *Pwy yw r Gwr*[13] yw ei arysgrif fwyaf a'r bwysicaf yn ei olwg ef. Daw'r rhan gyntaf o waith Gruffudd Gryg, bardd o'r bedwaredd ganrif ar ddeg. Cynllun ar gyfer murlun mewn cwfent oedd yr arysgrif, ond fe wrthododd y lleianod ei derbyn yn y diwedd. Ni all y testun fel argraffwaith mewn llyfr fynegi rym cyfansoddiad a lliwiau ei lythrennau heb sôn am sain ac ystyr y geiriau:

Pwy yw r gwr piau r goron

Quis est vir qui habet coronam

Duw wyn a i frath dan ei fron

Deus candidus vulneratus sub pectore

Hostiam + puram. Hostiam + sanctam

Aberth pur Aberth glan

Hostam + immaculatam

Aberth difrychevlyd

Lluniodd lythrennau arbennig i'r geiriau, y rhai Cymraeg yn enwedig, yn *Pwy yw r Gwr* ac yng nghyfansoddiad *Beird Byt Barnant*,[14] ac mae ynddynt elfen Geltaidd yn hytrach na'r dull clasurol cynharach.

Mynega'r llythrennau symudiad, gyda rhai yn orlawn o linellau ac eraill yn agored a distaw. Mae'r arysgrifau felly yn farddonol ond yn haniaethol hefyd, fel lluniau. (Fy nghyfieithiad i sydd mewn bachau petryal.)

Beird byt barnant [beirdd y byd a farnant]
the bards of world assess
Wyr o gallon [wŷr o ddewrder]
the men of valour: but
Super sellam ivdicis
Non sedebvnt [ni eisteddant yn sedd y barnwr]
Sed creaturam ævi
confirmabunt [eithr y maent hwy yn cynnal y byd]
Et deprecatio illo[-]
rum in operatione artis [a dilyn eu crefft yw eu gweddi]
and without these: non ædificatvr civitas [ni adeiledir dinas]

Mae *Cara Wallia Derelicta*[15] (gweler Plât lliw VII) yn cynhyrfu teimladau hyd yn oed y rhai di-hid sydd yn methu â deall y neges. Oherwydd ansicrwydd brau y llythrennau sydd yn ymgasglu at ei gilydd ac yn ymwasgu mewn rhythmau dyrys ac aflonydd mae naws gynhyrfus yn y drefn.

cara Wallia derelicta
[annwyl Walia wedi ei gadael]
Đvgwyl Damaseus
Bab yr vnved dyð ar
ðeg o vis Ragfyr
Dvw Gwener +
[Gŵyl Damaseus Bab yr unfed dydd ar ddeg o fis Rhagfyr dydd Gwener]
Ac yna i bwriwyd
holl Gymry
y'r llawr.
[Ac yna fe fwriwyd Cymru i gyd i'r llawr]

Venit summa dies
et ineluctabile tempus
Dardaniæ
[Y mae ein diwrnod olaf, amser anocheladwy, Gaer Droea, wedi dod].
Penn dragon
penn dreic oed arnaw
[Pen arweinydd, pen draig oedd arno]
Penn Llywelyn deg
dygyn a vraw byt
[Pen Llywelyn deg egnïol, mae'n rhoi ergyd i'r byd]
bot
pawl haearn trwydaw.
[bod polyn o haearn trwyddo]
Ab hieme añ 1282
[Ers gaeaf y flwyddyn 1282]
Nyt oes na xyngor na xlo nac egor.
[Nid oes na chyngor na chlo nac agoriad].

Hybodd Nicolete Gray ei ddiddordeb ef mewn arysgrifau trwy roi iddo lyfr ar baleograffeg a ysgrifennwyd ganddi ac a gyhoeddwyd ym 1948. Yn ei llyfr diweddarach amdano, *The Painted Inscriptions of David Jones* (1981), awgrymodd beth oedd ffynhonnell rhai o ffurfiau ei lythrennau. Yn ogystal ag arddull Rufeinig Trajan, atgynhyrchwyd yn y gyfrol dudalen o Efengyl Chad o'r wythfed ganrif sydd bellach yn Eglwys Gadeiriol Caerlwytgoed (Lichfield); llawysgrifau o'r nawfed ganrif; llyfr efengyl o Fafaria o'r unfed ganrif ar ddeg; ac arysgrifau ar garreg o'r flwyddyn 979 ym Museo Circo, Ferona. Mae'r maen olaf hwn yn debyg i rai a welwyd yng Nghymru, a nododd David Jones ei ddiddordeb mewn cerrig arysgrifedig yn Amgueddfa ac Oriel Genedlaethol Caerdydd.[16]

Ym 1948 dyluniodd David Jones *The Lord of Venedocia* gyda'r llofnod 'Dafydd ab Jago me fecit Calan Mai 1948' arno. Yn un o'r nodiadau a gynhwyswyd yn *The Anathémata* ceir hanes Cunedda Wledig yn dod i lawr o'r Hen Ogledd i ryddhau Gwynedd o afael y Gwyddyl, a'r wybodaeth sydd yn yr *Historia Brittonum* am

Badarn Beisrudd ei daid, ei feibion niferus a'i ŵyr, Maelgwn. Yn ôl yr enwau a roddodd i rai o'i feibion, mae lle i gredu bod Cunedda yn Gristion, ac yn ôl pob tebyg daliai swydd uchel dan y Rhufeiniaid, sef Dux Britanniarum. Teyrnasodd ei deulu yng Ngwynedd am naw can mlynedd. Yn y llun *The Lord of Venedocia* gwelwn Arglwydd Gwynedd mewn rhyfelwisg Rufeinig, yn gwisgo toga wedi ei dal yn ei lle gan ffibwla Celtaidd. Am ei wddf mae torch aur Geltaidd, ac ar ei faneg saif hebog. Yn y cefndir gwelir maen hir a symbol Cristnogol arno. Testun Cristnogol sydd i'r llun *Y Cyfarchiad i Fair* (*c*.1963), ond bron na theimlwn ein bod ym mryniau Cymru wrth weld y clwydi plethedig a ddarlunnir ynddo, elfen a oedd yn hoff iawn gan David Jones.

Yma eto yn y cefndir mae maen hir a symbol Cristnogol y llythrennau Groegaidd *chi-rho* arno. Saif colomen ar ben y maen ac mae dwy afr wen yn agos iddo. Fel petaem yn symud yn ôl mewn amser mae tŷ to-gwellt, a thu ôl iddo, hen dŷ crwn cyn-Geltaidd o'r fath a gafwyd ar hyd ymylon gorllewinol Ewrop o'r Alban i Galisia. Yn yr awyr hedfana tair garan.

Llun enwocaf David Jones, mae'n debyg, a'r un prydferthaf o bosibl, yw *Trystan ac Essyllt* (*c*.1962). Yn ôl y chwedl yr oedd Trystan wedi yfed y ddiod a fwriadwyd ar gyfer y Brenin Marc o Gernyw a'i wraig newydd, Esyllt, ac o ganlyniad syrthiodd Trystan mewn cariad â hi. Yn y llun gwelwn Esyllt fel rhyw fod lledrithiol yn ei gwisg flodeuog, a'i gwallt golau yn amgylchynu wyneb trist Trystan. Cawn yma bron holl elfennau meddwl David Jones – y môr, y llong a'i holl fanylion, y foneddiges a'i chariad ar fordaith llawn peryglon. Y tu ôl i fanerig y llong gwelwn y cytser Ursus Major (yr Arth Fawr), ymysg sêr llachar eraill, yn disgleirio wrth i'r llong gludo'r cariadon ar y daith o Iwerddon i Gernyw ar ddydd Santes Brid.

Fel ŵyr i Ebenezer Bradshaw, tad ei fam, gwneuthurwr mastiau a blociau, drwy gydol ei fywyd teimlodd David Jones atyniad at y môr a llongau,[17] a buont yn ysbrydoliaeth iddo, ond yr oedd ei luniau barddonol wedi eu seilio ar wybodaeth fanwl a chywir gyda chywirdeb llongwr neu saer llongau. Ei gyfaill Michael Richey, llongwr a llywiwr, oedd ffynhonnell ei wybodaeth am y môr. Mae'r argraffiad o *The Rime of the Ancient Mariner* gan Coleridge,[18] a

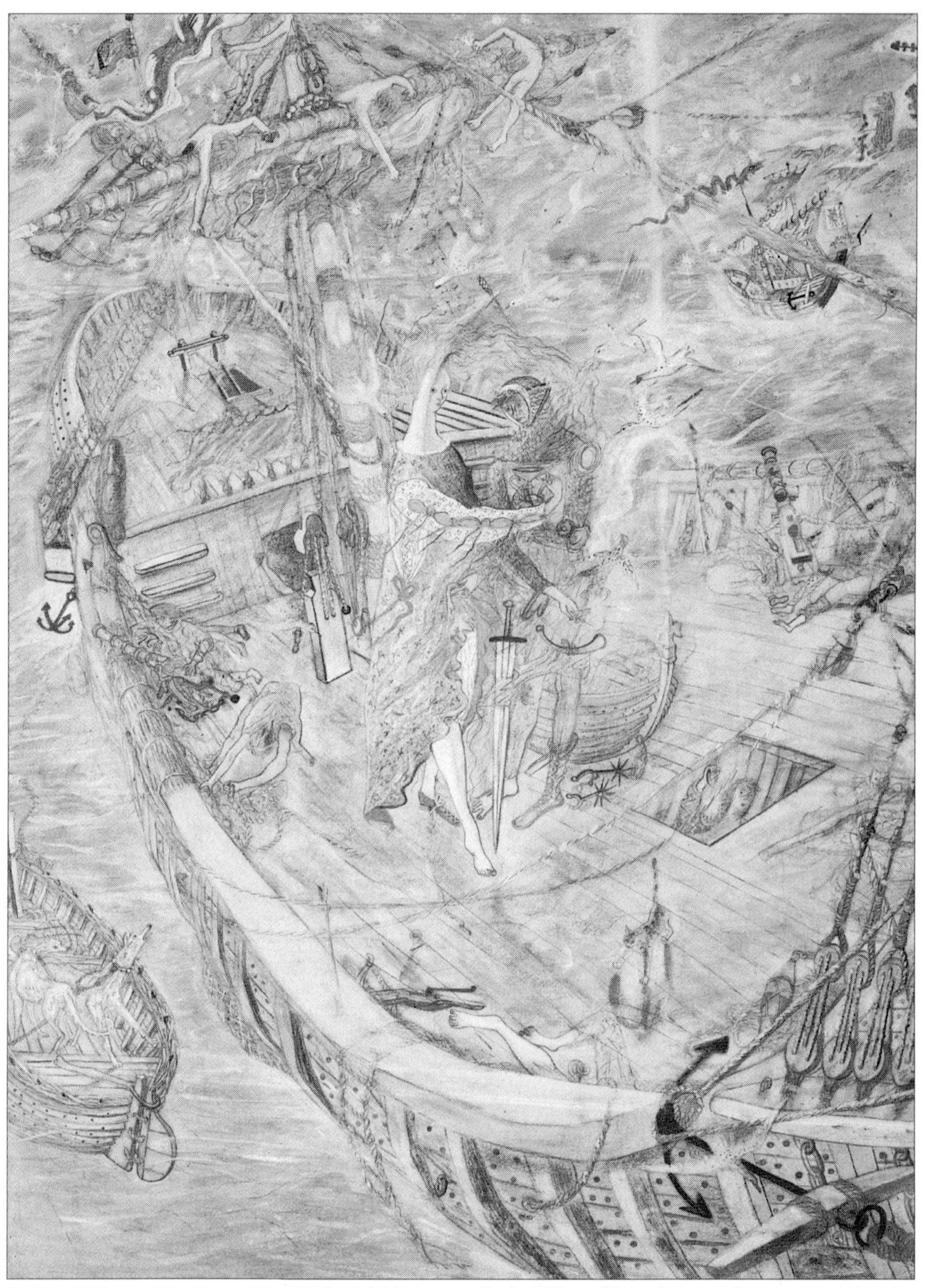

9. David Jones, *Trystan ac Essyllt* (*c*.1960–3); pwyntil, dyfrlliw a lliw afloyw ar bapur, 77 x 57 cm (heb ei orffen).

gafodd ei ddarlunio gan Jones, yn debyg i'r llun plentyn o long nwyddau *The Severin* a beintiwyd gan Jones pan oedd yn ddeuddeg oed. Amlygir diddordeb Jones yn y maes hwn yn yr amrywiaeth o lyfrau am longau a oedd yn ei feddiant, er enghraifft *How to Draw Sail and Sea* (1945) gan Michał Leszczyński a llawlyfrau technegol megis *The Romance of Navigation* (18[93]) gan Henry Frith. Gwnaeth David Jones ddarluniau o long a rhannau llong yn llyfr Geoffrey Swinford Clowes, *Sailing Ships. Their History and Development* (1932) a gwelir felly fod ganddo gefndir i astudiaeth ragarweiniol ar gyfer *Trystan ac Essyllt*. Gwnaeth astudiaeth ar gyfer y gwaith tua 1960.[19] Mae'r braslun syml hwn yn dangos bron chwith Essyllt a'i llaw yn ogystal â llaw Trystan yn dal cwpan. Gwelir ffurf fenywaidd arall yn ymgrymu a'i gwallt wedi ei daenu ar draws cleddyf Trystan.

Os cafodd David Jones ei ddylanwadu gan ei dad-cu, Ebenezer Bradshaw, ac er iddo gael ei fagu yn Sais uniaith yn Lloegr, eto i gyd clywodd lawer am Gymru gan ei dad. Cawsai ei dad ei annog yn bendant iawn gan ei rieni ef, Cymraeg eu hiaith, i siarad Saesneg yn unig, a hynny hyd yn oed ar yr aelwyd gartref, yn unol â barn gyffredinol yr oes fod y Gymraeg yn rhwystr yn natblygiad gwareiddiad.[20] Cofiai David Jones ymweld â'i daid oedrannus yn Llandrillo-yn-Rhos tua dechrau'r ganrif, a gwnaeth yr ymweliad hwn a rhai diweddarach argraff ddofn arno, yn gymysg â'r chwedlau Cymreig a glywodd pan oedd yn blentyn. O ganlyniad, gwnaeth ymdrech gydwybodol i ymchwilio i gefndir a thraddodiad y Cymry, gan ymddiddori mewn hen hanes a'r chwedlau Arthuraidd yn arbennig. Ac, yn ei ysgrif 'George Borrow and Wales', dengys ddealltwriaeth glir o sefyllfa iaith a diwylliant Cymru: 'Beautiful as Arfon is it is not so fine to think of her only as a beauty-park'.[21]

Wrth sôn am sefyllfa'r iaith Gymraeg mae'n cydnabod bod yr iaith erbyn y 1950au cynnar bellach yn rhan o'r cwricwlwm addysg, ac yn gyfrwng dysgu mewn rhai ardaloedd, ond

> the reader must *not* suppose that this official patronage has secured the future of that language. The latest (1953) statistics warrant no such view. Moreover there are elements inherent in the contemporary civilizational pattern that more endanger the habitual use of Welsh than did the indifferences and the governmental disapproval of the past.[22]

Mynegir y gofid hwn am gyflwr Cymru yn yr arysgrif *Cara Wallia Derelicta* (1959). Teimlai ei golled ei hun i'r byw – ni fedrai siarad Cymraeg ac ni fedrai alw ei hun yn Gymro cyflawn ac nid oedd ganddo wreiddiau: 'It so happens that because of my father being wholly a Welshman from Gwynedd-is-Gonwy, I belong, in part at least, to the Welsh nation; my mother was English with some Italian blood.'[23] Cwynodd ei fod wedi cael ei amddifadu o'i dreftadaeth: 'it is impossible to explain the sense of frustration – genuine bitterness, grief is not a strong enough word'. Gwnaeth iawn am hyn, mewn ffordd, drwy gyfeirio a chanolbwyntio'i egni creadigol tuag at ail-greu awyrgylch Cymreig yn ei ddarluniau, gan ddewis testunau Cymreig yn aml. Yn wir, gwnaeth ymdrech mor ymwybodol yn y cyfeiriad hwn gyda'i ddarluniau Arthuraidd fel i'r naws dreiddio i'w luniau eraill a bron na cheir rhyw deimlad o Gymreigrwydd yn y lluniau o flodau a wnaeth ym 1949 a 1950, er enghraifft *Flora in Calix-Light* (1950) a *Mehefin* (1950). Mae'r rhain ymhlith ei luniau gorau, wedi eu trin mewn ffordd lai hunanymwybodol, a chystal â'r gorau o'i waith epig. Efallai bu'n rhaid iddo fynd trwy'r broses o greu gweithiau cymhleth eu ffurf a'i syniadaeth cyn iddo fedru rhagori yn y rhai syml. Ond yn aml deuai'r symboliaeth i'w feddwl ar ôl iddo eu gorffen yn hytrach na chyn eu dechrau. Er hynny, mae'r gwaith Arthuraidd manwl yn fwy gwreiddiol a llai defodol nag unrhyw waith cyffelyb yn nhraddodiad Ewrop. Mae mwy o antur a menter ynddynt, ac nid oedd ofn o gwbl na fyddent yn cael eu derbyn i draddodiad artistig Lloegr ac Ewrop. Wrth edrych dros yrfa'r artist arbennig hwn a cheisio ei gloriannu, rhaid gofyn a oes gan y Cymry hynny sydd yn hollol ymwybodol eu bod yn rhan o'u hetifeddiaeth hwy eu hunain, ragorfraint dros David Jones? Neu a ydyw'r hiraeth am gael perthyn a'r ymdeimlad dwys o golled, fel a brofodd ef, yn esgor ar fwy o gymhelliad i greu, ac ar yr ysbryd artistig egnïol hwnnw sydd yn gwbl allweddol i gelfyddyd?

Nodiadau

1. Cyhoeddwyd fersiwn cynharach o'r ysgrif hon, 'David Jones – Arlunydd a Bardd' yn *Barn*, 318/19 (Gorffennaf–Awst, 1989), tt.72–6.

2. 'Poet and painter join to state, to proclaim the mystery, the annunciation, the charged sign that words sometimes carry like an aura around them, just like the human body.' Saunders Lewis, Rhagair i gatalog arddangosfa David Jones, yn Aberystwyth, Caerdydd (Amgueddfa Genedlaethol Cymru), Abertawe, Caeredin a Llundain (Oriel Tate), Pwyllgor Cymreig Cyngor Celfyddydau Prydain Fawr, 1954–5.

3. Llythyr gan David Jones at Nicolete Gray, 4 Ebrill 1961; gw. Nicolete Gray, *The Painted Inscriptions of David Jones* (Llundain, 1981), t.103.

4. He by whom the welling *fontes*
are from his paradise-font mandated
to make virid Gwenfrewi's glen, Dyfrdwy
to crystal his ferned Hodni dell
dewy for the Dyfrwr
by this preclear and innocent creature.

David Jones, *The Anathémata* (Llundain, 1952), t.235; cymharer Paul Hills, catalog arddangosfa David Jones, Oriel Tate, 1981 (Llundain, 1981), t.83.

5. '"Evil betide me, if I do not open the door to know if that is true which is said concerning it." So he opened the door and looked towards Cornwall and Aber Henvelen. And when they had looked, they were as conscious of all the evils they had ever sustained . . .' Lady C. E. Guest (cyf.), *The Mabinogion* (3 cyfrol, Llundain, 1849), tt.127–8. ('"Meuyl ar uy maryf i," heb ef, "onyt agoraf y drws, e wybot ay gwir a dywedir am hynny." Agori y drws a wnaeth, ac edrych ar Gernyw, ac ar Aber Henuelen. A phan edrychwys, yd oed yn gyn hyspysset ganthunt y gyniuer collet a gollyssynt eiryoet.' Ifor Williams (gol.), *Pedeir Keinc y Mabinogi* (Caerdydd, 1930), t.47.)

6. In ostium fluminis.
At the four actions in regione Linnuis
by the black waters.
At Bassas in the shallows.
At Cat Coit Celidon.
At Guinnion redoubt, where he carried the Image.
In urbe Legionis.
By the vallum Antonini, at the place of boundaries, at the
toiling estuary and strong flow called Tribruit.
By Agned mountain.
On Badon hill, where he bore the Tree.
I am the Loricated Legions.

David Jones, *In Parenthesis* (Llundain, 1937), t.80.

7. . . . the paved army-paths are hers that grid the island which is
her dower.
Elen Lluyddawc she is – more she is than
Helen Argive.

Ibid., t.81.

8. Rather as in a longish conversation between two friends, where one thing leads to another; but should a third party hear fragments of it, he might not know how the talk had passed from the cultivation of cabbages to Melchizedek, king of Salem. Though indeed might guess.

Which means, I fear, that you won't make much sense of one bit unless you read the lot.

David Jones, *The Anathémata* (Llundain, 1952), t.33.

9. Gwyn Williams, *The Burning Tree* (Llundain, 1956) t.15. Gw. hefyd Louis Bonnerot, 'David Jones and the notion of fragments', *Agenda* 11.4–12.1 (1973–4), t.81: 'details are brought together . . . interlacing in the manner of the designs of the Book of Kells'.

10. Nicolete Gray, *The Painted Inscriptions of David Jones* (Llundain, 1981).

11. Nicolete Gray, *The Paintings of David Jones* (Llundain, 1989).

12. Gray, *The Painted Inscriptions of David Jones*, t.14.

13. *Pwy yw r gwr* (1956), llythrennau duon a gwyrddion ar gefndir gwyn sinc, dyfrlliw trwchus ar bapur, 59 x 77 cm, Llyfrgell Genedlaethol Cymru, Aberystwyth.

14. *Beird Byt Barnant* (1958), dyfrlliw trwchus ar bapur; du a gwyrdd ar gefndir gwyn sinc, 59 x 38.8 cm, Llyfrgell Genedlaethol Cymru. Daw'r llinellau cyntaf o'r *Gododdin*, a'r gweddill o *Ecclesiasticus* 38.

15. *Cara Wallia Derelicta* (1959), dyfrlliw trwchus ar bapur trwm; 'llythrennau duon a gwyrddion ar gefndir gwyn sinc, 58.5 x 40 cm, Llyfrgell Genedlaethol Cymru. Daw'r rhan gyntaf o *Brenhinoedd y Saeson* a'r ail o Farwnad Llewelyn ap Gruffudd gan Gruffudd ab yr Ynad Goch; daw'r Lladin o Fyrsil, *Aeneid* II, ll.324–5.

16. 'But I have been affected by certain inscriptions on memorial stones . . . A Latin inscription of King Cadfan of about 620. There are various examples of this sort which I've seen – some casts of stone in Cardiff Museum and in various photographs. I'm speaking only of being affected by the feeling of them. I don't suppose they differ much from sub-sub-Roman inscriptions from the peripheries of the world elsewhere but for me they are dear because of their Welsh associations.' Llythyr at Nicolete Gray, 4 Ebrill 1961, gw. Nicolete Gray, *The Painted Inscriptions*, t.107.

17. Merlin James, catalog arddangosfa yn Amgueddfa ac Oriel Genedlaethol Caerdydd: *David Jones 1895–1974. A Map of the Artist's Mind* (Llundain, 1995).

18. *The Rime of the Ancient Mariner*, arluniad o farddoniaeth Samuel Taylor Coleridge, a gyhoeddwyd gan Douglas Cleverdon (Bryste, 1929).

19. Astudiaeth gan David Jones yn archif Oriel Tate, Llundain.

20. David Jones, *Epoch and Artist* (Llundain, 1959) t.71. Cyflwynwyd y gyfrol hon i Saunders Lewis.

21. Ibid., t.81.

22. Ibid., t.71.

23. Ibid., t.16.

Llyfryddiaeth

David Jones (gol. Anthony Hyne), *A Fusilier at the Front* (Pen-y Bont ar Ogwr, 1995).

Nicolete Gray, *The Painted Inscriptions of David Jones* (Llundain, 1981).

Nicolete Gray, *The Paintings of David Jones* (Llundain, 1989).

Huw Ceiriog Jones, *The Library of David Jones. A Catalogue* (Aberystwyth, 1995).

Jonathan Miles, *Background to David Jones* (Caerdydd, 1990).

Samuel Rees, *David Jones: an Annotated Guide to Research* (New York, 1977).

Robyn Tomos, 'David Pwy?', *Golwg*, cyf. 8, rhif 26 (Hydref, 1995), tt.18–19.

Catalogau Arddangosfeydd

David Jones, rhagymadrodd gan Paul Hills (Oriel Tate, Llundain, 1981).

David Jones: paintings, drawings, inscriptions, prints (South Bank Centre, Llundain, 1989).

Merlin James, *David Jones, 1895–1974. A Map of the Artist's Mind*, arddangosfa Amgueddfa ac Oriel Genedlaethol Caerdydd (Llundain, 1995).

6
Ceri Richards

MEGAN MORGAN JONES

Yng Nghymru mae traddodiad cryf o geisio addysg, a hanes hir i'r frwydr am addysg. Ar ôl yr Ail Ryfel Byd cafodd plant a anwyd yn y 1930au fwy o gyfle na'u rhieni i gael addysg dda. Hyd at yr amser hwnnw, nid oedd braidd neb o gefn gwlad neu'r ardaloedd glofaol wedi cael addysg ym maes celf.

Wrth ystyried pa mor galed y bu hi ar ddechrau'r ugeinfed ganrif i blant y werin a phlant gweithwyr diwydiannol gael addysg mewn ysgol ramadeg, heb sôn am goleg, ac wrth ystyried hefyd nad oedd traddodiad yng Nghymru o bobl ifainc yn dilyn cwrs mewn celfyddyd, yr oedd yn fesur o dalent a brwdfrydedd Ceri Richards ei fod wedi troedio'r llwybr a wnaeth.

O fewn cwmpas pum milltir i'r ysgol gelf yn Abertawe daeth pum arlunydd o safon uchel i'r golwg yn y ganrif hon, sef Wil Evans (1888–1957), Evan Walters (1893–1951), Ceri Richards (1903–71), Alfred Janes (1913–99) a William Price, Ysgolhaig Rhufain (1917–73).

Er bod hyfforddiant lled dda i'w gael yn y colegau celf yng Nghymru yr oedd y syniadau'n lled gul, ac yr oedd yn anodd symud ymlaen a datblygu. Gall addysg fod yn addas i un genhedlaeth, ond gan fod amcanion y byd yn datblygu a newid, mae angen addasu cyson ar gyfer cenhedlaeth newydd – rhaid cael newid o fewn addysg i adlewyrchu newid parhaol yn y diwylliant. Rhaid hefyd i'r myfyrwyr edrych yn feirniadol ar yr addysg a dderbyniant. Am resymau tebyg, ac oherwydd iddo ennill lle yn yr Academi Frenhinol, gadawodd Ceri Richards Gymru a mynd i Lundain i astudio. Ond yn nes ymlaen cafodd Cymru fanteisio ar ffrwyth ei brofiadau oherwydd yr enw da a enillodd iddo'i hun ac yn fwy uniongyrchol pan ddaeth i ddarlithio yng Ngholeg Celf Caerdydd.

Mae'r rhestr hirfaith o orielau a chasgliadau sy'n cynnwys gwaith Ceri Richards yn drawiadol iawn, ac felly hefyd mae dylanwad arlunwyr pwysicaf yr oes a ddaeth trwyddo ef i ddylanwadu ar eraill. Ymhlith myfyrwyr y 1950au yr oedd tueddiad i ddiystyru cyfraniad Ceri Richards i fyd celf, efallai oherwydd eu bod yn dilyn yn rhy fuan ar ei ôl. Yn aml bydd rhaid aros am gyfnod cyn y gellir pwyso a mesur cyfraniad arbennig arlunydd i'w faes.

Mae arlunydd sydd yn anfodlon cyfyngu ei hun i'r dull cynrychioladol ac yn dymuno mynegi ei fywyd mewnol, yn eiddigeddus o'r modd mae cerddoriaeth yn llwyddo i wneud hynny. O ganlyniad, bydd ef neu hi'n chwennych cynghanedd wrth ddarlunio, neu'n dyheu am ffurf wyddonol, haniaethol, am ailadrodd nodiadau o liw mewn symudiad cynhyrfus. Mae lliwiau yn debyg i allweddell gyda'r arlunydd yn cynrychioli'r llaw sydd yn chwarae arni. Bu syniadau o'r math hwn, wedi eu seilio ar ysgrifau'r arlunydd o Rwsia, Wassily Kandinsky, yn ddylanwad cryf ar waith Ceri Richards, a oedd yn ymwybodol iawn nid yn unig o batrymau lliw a llun mewn natur, ac o batrymau a chynghanedd mewn cerddoriaeth, ond hefyd o'i etifeddiaeth Geltaidd gyfoethog.

Ganwyd Ceri Giraldus Richards ym 1903 yn Nyfnant ger Abertawe, yr hynaf o dri phlentyn Thomas Coslett a Sarah Richards. Yr oedd gwreiddiau ei rieni yn siroedd Caerfyrddin a Cheredigion, a mynegodd ei gariad tuag at yr ardaloedd hynny mewn darluniau fel y rhai a wnaeth o Afon Teifi ac, yn nes ymlaen yn ei fywyd, yn ei ddefnydd o wyrdd llachar fel symbol o dir ffrwythlon siroedd gorllewin Cymru.

Cymraeg oedd ei famiaith ac yr oedd ei fywyd teuluol hapus, ger Bro Gŵyr a'r môr, yn hanfodol i'w ddatblygiad. Yr oedd cerddoriaeth a drama hefyd yn ganolog ym mywyd y teulu. Rholiwr yng ngwaith tun Tre-gŵyr oedd Tom Richards, ond y tu allan i'w waith yr oedd yn arweinydd ar dri chôr yn y pentref, yn actio mewn dramâu ac yn hyddysg mewn llenyddiaeth Gymraeg. Pan yn fachgen, bu Ceri'n helpu peintio cefnlenni ar gyfer dramâu ac operetau

Capel Ebenezer lle'r addolai'r teulu, ond ar wahân i'w waith darlunio ei hun, cerddoriaeth a roddai'r boddhad mwyaf iddo, a daeth yn bianydd ac organydd medrus.

Yn ei ieuenctid, wrth iddo grwydro glan môr Bro Gŵyr a'r rhostiroedd prydferth gerllaw, gan wylio'r dynion wrth eu llafur yn y gwaith tun enfawr, cyferbyniai nerth, tywyllwch a diwydrwydd y gwaith caled â rhyddid awelon a goleuni natur fel y newidia'r tymhorau yn eu cylch dibaid.

Mae'n rhaid bod y trais a'r gwastraff a grëwyd gan ddyn yn y Rhyfel Byd Cyntaf hefyd wedi dylanwadu arno ef yn ystod ei ieuenctid. O'r dynion ifainc a anwyd ddegawd o flaen Ceri Richards, cafodd nifer fawr eu lladd neu eu hanafu yn y brwydro yn Ffrainc. Bywyd yn egino, yn tyfu a blodeuo er mwyn gwywo a marw a ddaeth i fod yn un o destunau pwysicaf gwaith Ceri Richards ar hyd ei oes, yn y darluniau, peintiadau a maen-argraffiadau a gynhyrchodd a'r ffurfiau a welir ynddynt.

Wedi gadael Ysgol Ganolraddol Tre-gŵyr ym 1919, aeth Ceri i weithio fel prentis gyda chwmni o drydanwyr am ddeg mis, nes i'r gwaith hwnnw ddod i ben yn dilyn streic gan y gweithwyr, ac ym 1920 dechreuodd fel myfyriwr yn ysgol gelf Abertawe, lle y bu tan 1924, pan aeth i'r Coleg Celf Brenhinol yn Llundain. Yn ystod y flwyddyn flaenorol, tra oedd mewn ysgol haf yng Ngregynog, gwelsai enghreifftiau o waith arlunwyr Ewropeaidd yng nghasgliad Margaret a Gwendoline Davies, a gwnaeth Daumier a Manet argraff ddofn arno. Yn y coleg yn Llundain dechreuodd amgyffred teimladau am liw a llinell o waith Picasso, Matisse, Max Ernst ac eraill ac amlygwyd y dylanwadau hyn yn ddiweddarach yn ei waith grymus a llifeiriol ei hun.

Ym 1929 priododd Ceri Richards â Frances Clayton, cyd-fyfyriwr yn y Coleg Brenhinol. Bu Frances yn gweithio fel cynllunydd crochenwaith yn Burslem ger Stoke-on-Trent cyn iddi ennill ysgoloriaeth i'r Coleg Brenhinol. Parhaodd Frances Richards i ddilyn ei gyrfa ei hun fel artist ar hyd ei hoes, ac yr oedd ei brwdfrydedd, ei barn a'i chefnogaeth i Ceri yn bwysig yn natblygiad ei yrfa a'i weledigaeth ef. Yn y blynyddoedd cynnar, bu'r ddau yn gweithio fel athrawon mewn ysgolion celf, ac enillai Ceri ychydig o arian ychwanegol fel organydd mewn eglwys.

Ganwyd dwy ferch iddynt, Rachel ym 1932 a Rhiannon ym 1945, a bu'r ddwy'n destun llawer o ddarluniau gan Ceri. Yr oedd cerddoriaeth, llenyddiaeth a chelf yn gyffredinol yn rhan o'u bywyd teuluol a chafodd y cwbl eu gweu i mewn i gyfansoddiad ei beintiadau. Yr oedd gwaith Ceri Richards yn hollol ganolog i'w fywyd a daeth elfennau bywiog i'w waith trwy ei ddiddordebau personol a'i feddwl dwys a dynnai ar wreiddiau ei etifeddiaeth Geltaidd, gan arwain at ddatguddiad cyffrous o ran ffurf a lliw.

Ar ôl iddo briodi, ymgartrefodd Ceri Richards yn Llundain a dyna fu canolbwynt ei waith, ond ni fynnai ymddihatru'n llwyr o'i wreiddiau yng Nghymru, a chadwodd ei gysylltiad â Dyfnant a Bro Gŵyr yn fyw trwy gydol ei oes.

Yr oedd cyfnod y 1920au yn un siomedig i'r celfyddydau ym Mhrydain. Yr oedd cyflafan y Rhyfel Byd Cyntaf wedi anrheithio cenhedlaeth gyfan o dalent ac addewid. Ar ôl y rhyfel, tra oedd rhai artistiaid o blaid ailsefydlu trefn gonfensiynol neu glasurol, yr oedd eraill yn eu plith yn gwrthwynebu'r sefydliad. Yn yr hinsawdd hon trodd yr arlunwyr ifainc eu golygon tuag at Ewrop am ddysgeidiaeth ac ysbrydoliaeth, gan lyncu'n awchus syniadau a fyddai'n amlygu eu hunain mewn gweithiau helaeth, cyfoethog a grymus yn ystod y degawd nesaf.

Y symudiad Ciwbyddol a haniaethol, fel y'i gwelir yng ngwaith Picasso a Braque, oedd y dylanwad mawr ar artistiaid o Brydain yn ystod y blynyddoedd cyntaf wedi'r rhyfel ond parhaodd y cynnwrf mewn syniadau am gelfyddyd nes bod y dylanwadau Ewropeaidd hynny yn lleihau yn y 1930au, pryd y daeth llawer o artistiaid nodedig i fynegi'r gweledol mewn modd mwy syml a phur. Hawliai pren, carreg a metel ddull mwy eglur a wnâi ddefnydd o linellau, plygiadau a ffurf geometrig mewn cydbwysedd perffaith.

Dylanwad cryf arall oedd swrrealaeth; teimlai llawer o arlunwyr mai'r ffordd ymlaen oedd drwy ailystyried ac ailffurfio gwrthrych llun heb ymwrthod yn llwyr â realaeth. Ar wahân i David Bomberg, mae'n debyg nad oedd llawer o arlunwyr y cyfnod yn dilyn dull mynegiadol arlunwyr megis Munch, Kokoschka, Beckmann ac eraill.

Meddai Ceri Richards ar ddawn arbennig i ddarlunio ac, ar y sylfaen gadarn hon, llwyddodd i ddatblygu ei syniadau Ciwbaidd am aildrefnu ffurfiau a rhannau o ffurfiau mewn gofod mwy bas a grëwyd ar wyneb y darlun. Hefyd yr oedd o ddiddordeb mawr iddo fod posibilrwydd defnyddio ffurf a lliw er mwyn eu hunain mewn nodiant, rhythmau a chynghanedd, gan sicrhau i'w beintiadau yr un rhyddid mynegiadol ag i gerddoriaeth. Gan fod i gerddoriaeth ran mor ganolog ym mywyd Ceri, dathlai'r agwedd hon o'i fywyd teuluol mewn lliwiau disglair a ffurfiau nerthol. Mynegodd ei fywyd hapus a diogel yn ei gartref mewn cyfres o ddarluniau yn dangos ystafelloedd y tŷ, lle daliwyd golau a chysgodion mewn patrymau a ddawnsiai o ran ffurf a lliw.

Fe'i hysbrydolwyd gan bedair thema yn ymwneud â cherddoriaeth. Bu'n ailweithio'r testunau hyn droeon mewn gwahanol gyfryngau: golygfeydd o ystafell gyda phiano ac offerynnau eraill; darluniau a gynhyrchwyd dan ysbrydoliaeth cerddoriaeth Debussy, gan gynnwys y gyfres rymus *La Cathédrale Engloutie* (gweler Plât lliw X), a chyfres arall yn talu teyrnged i Beethoven.

Bu Ceri'n cydweithio'n ddiweddarach gyda'r cyfansoddwyr Benjamin Britten ac Imogen Holst i gynhyrchu llyfr hardd ar hanes cerddoriaeth.[1] Cynlluniodd waith *collage* llawn claerder a chymesuredd, a seiniau cerddoriaeth yn eu symudiad ar draws y ddalen. Agwedd arall ar gydberthynas cerddoriaeth â'i waith oedd ei gomisiwn i ddylunio addurniadau a gwisgoedd ar gyfer cynhyrchiad gan yr English Opera Group o *Ruth* gan Lennox Berkeley yn Theatr La Scala ym 1956, a'r gwisgoedd a mygydau ar gyfer yr opera *Noye's Fludde* gan Benjamin Britten ym 1958. Ym 1954, fe gynlluniodd gefnlen ar gyfer y darlleniad coffa o waith Dylan Thomas yn Theatr y Globe yn Llundain.

Yn ystod y 1920au cynhyrchodd Ceri Richards waith deongliadol i'r 'Ceffyl Hud', un o chwedlau'r *Fil Noswaith ac Un*, ar gyfer cwmni cyhoeddi Gollancz, a dechreuodd weithio fel arlunydd masnachol i gwmni cyhoeddi arall, sef Cymdeithas Gwasg Llundain (*London Press Association*) yn ogystal. Ni theimlai fod y gwaith hwn yn cyfyngu arno fel y gallai ddigwydd yn achos arlunwyr llai medrus. Yr oedd yn dal i droi at ddylanwadau Ewropeaidd, yn enwedig syniadau'r grwpiau ym Mharis. Gwelir hyn yn y portreadau o'i wraig, Frances, ac o'i chwaer, Esther, ac mewn gweithiau eraill o'r cyfnod hwn. Mae'r darlun olew, *Ffiguryn Du a Gwyn* (1930) yn dangos dylanwad Modigliani yn y cyfansoddiad a chydberthynas y graddliwiau. Arweiniwyd ef gan ei ddealltwriaeth a'i egni i arbrofi a mentro o dan ddylanwad y penllanw o syniadau a ddeuai o Ewrop yn y cyfnod hwnnw. Cynhyrchodd nifer fawr o ddarluniau ar gyfer cyfansoddiadau cerfluniol, wedi eu gwneud o bren noeth wedi ei beintio. Mae *Ffurfiau Benywaidd*, *Y Cerflunydd* a *Dyn a Phib*, pob un o 1936, yn enghreifftiau o'r gyfres hon.

O 1930 ymlaen gwawriodd cyfnod cyffrous yn y byd celf ym Mhrydain. Wedi i Ceri Richards a'i deulu ymgartrefu yn Sgwâr Sant Pedr, Hammersmith, yr oedd yn hawdd iddynt ymweld ag arddangosfeydd a chyngherddau yn Llundain, a mwynhaodd Ceri gwmni arlunwyr, beirdd a cherddorion. Dyma'r adeg y cafodd swrrealaeth ddylanwad parhaol ar ei ymdriniaeth o destunau, gan ryddhau ei ddychymyg ymhellach. Defnyddiai ddelweddau o'r isymwybod, gyda phurdeb eu ffurf yn dangos ei fedrusrwydd a'i allu i ganfod a chofnodi testunau. Y lliwiai a ddefnyddiai oedd du, llwyd a lliwiau hufen a phridd, er mwyn canolbwyntio ar acen a ffurf. Caniatâi ei dechneg o ddarlunio cyflym ryddid mynegiant iddo, ac o ganlyniad daeth ei waith yn llawn delweddau annisgwyl o glymau troellog, cydblethiadau cymhleth a ffurfiau benywaidd; gellir gweld y rhain fel rhagflas o'r gwaith diweddarach a fyddai'n ymwneud mewn ffordd mor deimladwy â grym natur.

Trwy gydol y 1930au bu gwerthwyr ffrwythau Llundain – y 'costermongers' – yn enwedig y menywod, yn destun canolog i Ceri Richards. Defnyddiodd y pwnc i fynegi teimladau amrywiol, gan ddehongli hetiau pluog y menywod fel ffurfiau blodeuog, tanllyd: patrymau'r botymau perlaidd yn eu cylchoedd consentrig, llinellau igam-ogam yn dwyn i gof gelf yr hen fyd Celtaidd. Yn y lluniau hyn o'r menywod ceir adlais o ryw hen fyd, y fam ddaear a dawnsiau oesol.

Yn ei waith arbrofol gyda phren, metel a phapur yr oedd Ceri o flaen ei amser, a phan ddychwelodd yn ddiweddarach at ei waith ffigurol mewn darluniau unigol yr oedd eto ar flaen y gad, gan mai yn y 1970au y daeth symudiad mawr i'r cyfeiriad hwnnw. Parhaodd i greu'r math hwn o waith bywiog drwy'r 1930au.

Teimlwyd effeithiau dirwasgiad y 1930au gan bobl ym mhob rhan o'r gymdeithas ac ym 1935 derbyniodd Ceri gomisiwn i gynllunio *collage* ar gyfer y llong deithio SS *Orion*, o eiddo cwmni'r Orient. Fel y gwnâi yn achos pob comisiwn a dderbyniodd, cynlluniodd Ceri y murlun yn ôl ei safonau uchel arbennig ei hun. Ni chynhyrchodd erioed ddarlun ar delerau neb arall.

Ym 1935 lansiwyd y cylchgrawn chwarterol *Axis*, gyda'r nod o adrodd ar weithgareddau yn y celfyddydau a'u hadolygu. Yn y cyfnodolyn hwn atgynhyrchwyd lluniau o waith Picasso, Mondrian, Kandinsky, Gonzalez, Arp, Miró, Giacometti a Calder o blith arlunwyr Ewropeaidd, ac o Brydain waith Henry Moore, Barbara Hepworth, Ben Nicholson, Paul Nash, Roland Penrose a dau arlunydd ifanc, sef John Piper a Ceri Richards. O dan nawdd *Axis* y cynhaliwyd yn Llundain ym 1936 yr arddangosfa gyntaf ym Mhrydain o beintiadau, cerfluniau ac adeiladwaith haniaethol. Dangoswyd gwaith Ceri Richards ac artistiaid eraill o Brydain megis Paul Nash, Edward Burra, Graham Sutherland, y cerflunydd Henry Moore ac eraill, ynghyd â gwaith gan Miró, Magritte, Tanguy, Dalí, de Chirico a Picasso.

Wrth edrych ar ddetholiad o waith Ceri Richards, yn aml cawn yr argraff ei fod wedi arbrofi ag un dull ar ôl y llall. Mewn gwirionedd, cyflawnodd gyfuniad o'r dulliau Ciwbyddol, swrrealaidd a haniaethol gan wneud cyfraniad pwysig i'r mudiad celf fodern.

Ond chwalwyd breuddwydion gan yr Ail Ryfel Byd. Newidiwyd cyfeiriad gweledigaeth pob arlunydd er i'r mwyafrif geisio adeiladu ar ddatblygiadau'r 1930au. Bu'r colegau celf, gan gynnwys Coleg Chelsea lle'r oedd Ceri'n athro, ynghau trwy gydol y rhyfel. Am gyfnod byr, ansefydlog, aeth Ceri Richards a'i deulu i Suffolk i fyw, ond wedyn penderfynodd symud ac ymgartrefu yng Nghaerdydd, lle y bu'n athro peintio yn y Coleg Celf yno. Ymgymerodd hefyd â dyletswyddau gwyliwr tân gwirfoddol a gwelodd ddinas Caerdydd yn llosgi un noson mewn cyrch awyr gan yr Almaenwyr.

Cafodd gomisiwn gan y Gwasanaeth Gwybodaeth ar gyfer cyfres o ddarluniau yn ymwneud â'r gwaith rhyfel. Gwnaeth nifer o astudiaethau o'r gweithwyr yn y gwaith tun yn Nhre-gŵyr, lle y bu ei dad yn gweithio ar hyd ei oes. Cyfansoddodd ddarluniau cryfion o ddynion wrth eu gwaith yn nhywyllwch y felin a thynnodd ddarluniau nerthol o ddociau Abertawe a Chaerdydd. Teimlai Ceri fod y darluniau hyn yn rhy ddogfennol, ond amlygir ynddynt ei fedrusrwydd a'i gydymdeimlad â'r gwrthrych.

Ym 1940 peintiodd Ceri Richards y llun *Blagur*, gan ddefnyddio cylchoedd consentrig a phatrymau troellog mewn clystyrau tyn, caled. Defnyddiodd goch amrwd a gwyrdd tywyll fel symbolau o waed a marwolaeth. Disgrifiad gan awyrennwr o'r Eidal, yr Iarll Ciano, o fomiau'n taro'u targed fel blodau'n agor a ysbrydolodd y darlun hwn.[2]

Ym 1944 symudodd Swyddfa'r Cyngor Prydeinig yng Nghaerdydd i adeilad mwy yn Stryd Caroline, lle'r oedd Llywodraeth Brenhinol Norwy ar alltud hefyd, a'u swyddfeydd dan yr unto. Comisiynwyd Ceri gan y llywodraeth alltud i beintio murlun yno ar y testun *Norwy*, ac fe gwblhawyd y gwaith erbyn Awst 1944. Yn ystod y 1980au bu rhaid symud y murluniau a'u storio, ac eithrio un 6 x 5 tr. a welir o hyd yn Neuadd y Sir, Heol Ystumllwynarth, Abertawe.[3]

Eto yn y 1940au, wedi darllen barddoniaeth Dylan Thomas, dechreuodd Ceri weithio ar nifer o ddarluniau a ysbrydolwyd gan eiriau'r bardd hwnnw, 'The force that through the green fuse drives the flower . . .' Yng nghanol cyflafan y rhyfel cafodd yr arlunydd hyd i awyrgylch addas er mwyn mynegi'n weledol y geiriau 'The force that drives the water through the rock, drives my red blood . . .' Bu rhediad geiriau'r bardd yn gyfrifol am ffrwd o ddarluniau sydd yn gyforiog o ddelweddau cyfoethog, er enghraifft *Cylch Natur* (1944), a welir yn Oriel Tate yn Llundain.

Oherwydd bod Ceri'n byw yng Nghaerdydd tan ddiwedd y rhyfel, bu'n ymweld yn fynych â gorllewin Cymru, gan ailgydio yn y cysylltiadau gweledol â bro ei febyd. Mae *Creigiau, Arfordir Cymru* (1942) a *Rhaeadr, Ceredigion* (1947; gweler Plât lliw IX) ill dau yng nghasgliad yr Amgueddfa ac Oriel Genedlaethol Caerdydd, yn tystio i ddylanwad cryf natur, y creigiau a gerfluniwyd gan y tywydd, rhuthr afonydd yn rhedeg tua'r môr, tyfiant a marwolaeth, a marwoldeb dyn.

Wedi'r rhyfel, aeth Ceri a'r teulu yn ôl i Lundain i fyw mewn tŷ ar Gomin Wandsworth, lle y dechreuodd weithio ar gyfres hir o ddarluniau ar y testun *Ystafell gyda phiano* neu *Ystafell gyda phelydrau'r haul yn tywynnu i mewn*, fel petai arno eisiau testun tawel, diogel ar ôl blinder a thristwch y rhyfel. Testun arall y trodd ato'n gyson oedd *Cipio'r Sabinesau* ar ôl llun gan Rubens. Gweithiodd drosodd a throsodd ar yr un pwnc, gan wneud cannoedd o ddarluniau llawn nerth a symudiad. *Hela'r Llew* gan Delacroix oedd testun arall a ddehonglai Ceri yn fanwl yn y cyfnod hwn. Mae enghreifftiau o'r ddau destun hyn i'w gweld yn Amgueddfa ac Oriel Genedlaethol Caerdydd ac yn Oriel Glynn Vivian, Abertawe. Gwelir yr un lliwiau a ddefnyddiai yr adeg hon yn ailymddangos mewn lithograffau ym 1970–1.

Er bod Ceri Richards wedi arbrofi gyda phrintiau ers ei ddyddiau fel myfyriwr a hefyd tra oedd yn athro yn y Slade, Chelsea, a'r Coleg Brenhinol, ar ôl y rhyfel daeth lithograffau'n gyfrwng pwysicach iddo. Rhwng 1947 a 1951 cynhyrchodd ddyluniadau ar y testunau canlynol: merch wrth y piano, dwy fenyw, piano mewn ystafell, y Sabinesau. Gwnaeth hefyd nifer o ddeongliadau newydd o'r gwerthwyr ffrwythau'n dawnsio, y rhannau tywyll a golau yn awgrymu'r goleuni'n disgleirio ar y botymau perl a symudiadau'r ddawns ei hun. Glas yw'r prif liw yn y darlun *Merch gyda phiano* (1949), gyda gwyn a phridd-felyn ocr yn brigo mewn crychion bach, y piano fel bwa pigfain o liw pridd-felyn ocr a'r allweddell ddu a gwyn yn faen clo i'r cyfanwaith. Mae'r cyfan yn atsain o nodau yn esgyn a disgyn fel petasem mewn eglwys fawr.

Am weddill ei oes parhaodd Ceri Richards i greu lithograffau ochr yn ochr â chynhyrchu ffrwd o ddarluniau a pheintiadau, gan barhau i ddarganfod a mynegi syniadau newydd.

Ym 1950 gwahoddwyd Ceri i gyfrannu darlun i Arddangosfa Cyngor y Celfyddydau, *60 darlun ar gyfer 1951*. Anfonodd ei ddarlun mawr *Sgwâr Trafalgar* sydd bellach yn Oriel Tate. Daliodd yn y llun hwn fywiogrwydd a phrysurdeb y sgwâr, ynghyd â chyffro'r colomennod, ffynhonnau disglair ac ymwelwyr hapus, mewn lliw, llinellau a phatrwm ysblennydd, y cwbl wedi ei gyfleu yn sionc a hardd. Mae *Golau'r haul mewn ystafell* (1952) yn defnyddio'r un trefniant o linellau, lliw a phatrwm, ac yn awgrymu'r teimlad o wagle y tu mewn i ystafell neu sgwâr. Darlun bach arall sy'n cyfleu'r ymdeimlad o belydrau'r haul a disgyrchiant yw'r cynllun gyda chylch a wnaeth ar gyfer clawr y gyfrol *Judgement Day* (1960) gan y bardd R. S. Thomas. Cedwir hwn heddiw yng nghasgliad Amgueddfa ac Oriel Genedlaethol Caerdydd.

Darlun arall o'r flwyddyn 1952, sydd fel petai'n amgylchynu gwagle mawr, yw *Afal Du Brogwyr*. Cylch o fewn petryal ymylon y canfas yw'r llun hwn, a grëwyd fel teyrnged i Dylan Thomas, ac a seiliwyd, meddir, ar chwedl Gymreig. Mae'r gwaith yn symffoni o ffurf a lliw, goleuni mewn tywyllwch, hadau bywyd y tu mewn i'r groth, y blaned a'r môr, cynhyrchwyr bywyd – dathliad o brosesau parhaol, tragwyddol y Cread. Defnyddiwyd y darlun inc o *Afal Du Brogwyr* gan Richard Burns i esbonio 'I dreamed my genesis . . .' yn ei lyfr, *Ceri Richards. Drawings to Poems by Dylan Thomas.*[4] Tynnodd Ceri y darluniau hyn mewn copïau o *Collected Poems* Dylan Thomas, oriau yn unig cyn i'r bardd farw ym mis Tachwedd 1953.[5]

Yn gynharach yn y flwyddyn honno bu Ceri'n wael iawn a bu rhaid iddo dderbyn dwy driniaeth lawfeddygol. Bu'n anymwybodol a bu bron â marw. Yn sgîl y profiad hwn dechreuodd ddefnyddio'n fynych yn ei waith ffurf person anymwybodol neu farw. Mae *Dychweliad y Claf* (1953) yn un o'r rhai cyntaf mewn cyfres sy'n parhau'r un themâu â 'Do not go gentle into that good night . . .' (1956), *Ffurf noeth, glas yn cysgu* (1957) a *Diorseddiad* (1958) – yr olaf yn ddarlun o'r Crist wedi ei dynnu i lawr o'r groes, ac a gomisiynwyd ar gyfer Eglwys y Santes Fair, Abertawe, eglwys a ailadeiladwyd wedi dinistr y rhyfel. Yn y darlun hwn, corff llipa, trist y dyn ifanc, ym more ei oes, sydd â'r lle blaenllaw yn y cyfansoddiad, ac yn y cefndir mae'r saer a'i gwdyn o hoelion yn cerdded i ffwrdd. Dyn teimladwy oedd Ceri Richards ac mae ei ymwybyddiaeth o sancteiddrwydd bywyd yn amlwg yn nifer o'i weithiau comisiwn ar gyfer eglwysi, yn enwedig Eglwys Crist y Brenin, sef Eglwys Gadeiriol Babyddol Lerpwl, ac Eglwysi Cadeiriol Derby a Chaerfuddai, a choleg St Edmund Hall, Rhydychen.

Ond y tu hwnt i farwolaeth a bywyd brau, mae gan y rhan fwyaf o arlunwyr y ddawn i ddirnad elfen anfarwol sydd yn parhau o'r gorffennol ac yn troi tuag at oleuni a thyfiant yn y dyfodol. Gellid cysylltu'r ymwybyddiaeth hon ag un o'r testunau mwyaf gafaelgar yng ngyrfa ffrwythlon Ceri Richards, sef *La Cathédrale Engloutie* (gweler Plât lliw X), y dechreuodd weithio arno yn y 1950au.

Fe'i hysbrydolwyd gan yr hen chwedlau Celtaidd am diroedd a ddiflannodd dan donnau'r môr, hanes boddi eglwys gadeiriol Ys ar arfordir Llydaw, a Chantre'r Gwaelod ym Mae Ceredigion, a gwnaeth Ceri gannoedd o ddarluniau, peintiadau a lithograffau ar y thema hon, dan y teitl *La Cathédrale Engloutie*. Cymerodd Ceri'r teitl hwn o breliwd o'r un enw gan Debussy – darn cerddorol sy'n adlewyrchu chwedl am wlad Ys wedi ei boddi gan y môr, ond y clywir adlais ohoni yn codi o'r eigion, yn ôl y chwedl, ar adegau o dawelwch dwfn, gyda sŵn y clychau'n canu trwy'r dyfroedd. Daeth y testun hwn yn un canolog yng ngwaith Ceri o 1959 ymlaen ac mae'n cynrychioli ei ymchwil mwyaf estynedig i fydoedd cymesur sain a'r gweledol, cerddoriaeth a chelf. Mae rhai o ddarluniau cyfres *La Cathédrale Engloutie* (1959–60) yn bortreadau cryf o wagle a mawredd, wedi eu cydbwyso'n hardd mewn pren, papur a chlychau bach metel. Mae'r ffurfiau yn y gyfres hon yn rhoi awgrym o gerddoriaeth yn treiddio drwy'r hen eglwys, wedi ei chario gan donnau gwyrdd y dŵr, pob nodyn wedi ei fritho â goleuni, pob cord yn disgleirio mewn glesni a thywyllwch, y cyfan wedi ei reoli gan dynfa'r lleuad yn yr eigion.

Mae'r darluniau a chyfansoddiadau cyfres *La Cathédrale Engloutie* yn cyflawni'r orchest fwyaf; ynddynt dychwelodd Ceri Richards ar anterth ei yrfa at ffynhonnell Geltaidd ei gelfyddyd, a mynegodd ynddynt weledigaeth unigryw, lle deuai natur, cerddoriaeth a chelf yn un.

Ym 1958 penodwyd Ceri Richards yn un o ymddiriedolwyr Oriel Tate. Yn yr un flwyddyn hefyd sefydlwyd Gwasg Stiwdio Curwen.[6] Gweithiodd Ceri yng ngweithdy argraffwyr-arlunwyr y cwmni hwn i greu cyfres o argraffiadau ar un pwnc, yn debyg i'r ffordd y cyfansoddir cerddoriaeth mewn cyfres gydag amrywiaethau ar yr un thema. Y gyfres gyntaf a greodd yn Stiwdio Curwen oedd y gyfres *Suite Hammerklavier gydag amrywiaethau*, a ysbrydolwyd gan gerddoriaeth Debussy ac a gyhoeddwyd ym 1959 gan Oriel Sant

Siôr. Parhaodd *La Cathédrale Engloutie* i fod yn destun pwysig iddo ac fe gynhyrchodd yn ogystal lawer o lithograffau ar agweddau ar gerddoriaeth teimladwy Debussy.

Aeth ymlaen i ymchwilio testunau o waith Dylan Thomas eto. Cynhyrchodd *Deuddeg lithograff i chwe darn o farddoniaeth gan Dylan Thomas* ym 1965, dehongliad cryf a chymhleth o weledigaeth yr arlunydd o ddyn a natur. Gweithiai geiriau Dylan Thomas, yn union fel cerddoriaeth Debussy, fel catalydd yn peri i syniadau lifo o'i feddwl. Datblygodd yr arlunydd ei thema o gwmpas arwyddion a symbolau o eni, goroesi a marw. Mae plisgyn hedyn a chroth, dail a drain, gwraidd a chainc, blaguryn a blodyn yn ffrwydro ar draws y cynllun mewn ffurf sy'n gyforiog o nerth cyntefig. Yr oedd gan Ceri Richards weledigaeth o'r greadigaeth a oedd yn llawen a dwys ar yr un pryd.

Cyfrannodd y lithograffau at ddatblygiad mynegiant anturus a syml yn ei beintiadau hefyd. Gellir ystyried ei waith mewn adeiladaeth gerfiedig fel rhagbrawf, yn tueddu i'r un cyfeiriad, tra oedd darluniau'r 1960au wedi eu mynegi mewn amlinelliad cryf a lliwiau clir. Lliwiau'r haf ar dir, môr ac awyr sydd i'w gweld mewn nifer o ddarluniau o'r degawd olaf hwn. Yr oedd fel petai ei gariad at Gymru a'i berthynas agos â Bro Gŵyr yn tyfu'n gymesur â'i orchest â'i enwogrwydd yn y byd.

Yr oedd y teulu'n berchen ar fwthyn ym Mhennard, Bro Gŵyr, gerllaw cartref y bardd o Abertawe, Vernon Watkins, ac yno y treulient bob haf. Darluniau'n dwyn yr enwau *Jardin sous la pluie, 1967, Haf, 1968, Cynhaeaf, 1969, Y Tymhorau, 1964–1969* oedd ffrwythau'r cyfnod hwn, mynegiadau telynegol, mewn lliw a llinell, o harddwch dwys natur sy'n cyfleu byrhoedledd hafddydd a'r tymhorau'n troi yn eu cylch diderfyn.

Pan fu farw Vernon Watkins ym 1967 cynlluniodd Ceri Richards nifer o beintiadau a lithograffau yn deyrnged i'w gyfaill. Thema drist am fywyd yn darfod sydd i *Cerddoriaeth Lliwiau – Blodau Gwynion*, ond mae hefyd yn dathlu llawenydd a gorchest y bywyd hwnnw. Mae ffurfiau'r blodau gwynion yn arnofio mewn gofod wedi'i fframio mewn lliwiau glas cynnil ac amrywiol; gwelir llinell ledrithiol alarch yn gorwedd mewn maes priddlyd, ac mae troeon melyn cryf yn denu'r llygad i'r pellter y tu hwnt i ffiniau'r canfas.

Mae'r darluniau o'r cyfnod hwn yn arbennig oherwydd y modd maent yn dangos cylchdro'r tymhorau, y frwydr barhaol tuag at amser ymryddhau a blodeuo. Mae'r cyfansoddiadau hyn, a gwblhawyd ar ddiwedd y 1960au, yn fwy llyfn na'r rhai cynt, ond mae'r defnydd o liw yn creu dwysedd awyrol er mwyn awgrymu pellteroedd maith, fel petai'r arlunydd wedi teithio tipyn drwy fywyd, ac wedi ymroi'n llwyr i loywi ei weledigaeth, ac yn awr yn gweld ymhellach gyda'i lygad mwy goleuedig.

Trefnwyd arddangosfa fawr ôl-syllol o waith Ceri Richards yn Oriel Whitechapel, Llundain, ym 1960, ac yn ystod y flwyddyn honno cyflwynwyd iddo'r CBE. Ym 1961 anrhydeddwyd ef eto, pan gafodd ei ethol yn Gymrawd Anrhydeddus yn y Coleg Celf Brenhinol, ac yng Nghymru derbyniodd radd D.Litt. gan y Brifysgol ac ennill y Fedal Aur am Gelfyddyd Gain yn yr Eisteddfod Genedlaethol. Cynhaliwyd arddangosfa o'i waith yn y Biennale, Fenis, ym 1962, a derbyniodd Wobr Einandi am ei beintiadau. Ym 1968 enillodd y Fedal Aur i'r peintiwr gorau o dramor yn yr Arddangosfa Ryngwladol o Gelf Gyfoes yn Delhi. Arddangoswyd ei waith ar hyd a lled Prydain ac Ewrop yn ei ddydd, ac yn y 1960au dangoswyd ei waith yn Barcelona, Delfft a Brwsel, heb sôn am nifer o orielau gorau Llundain. Bu farw Ceri Richards yn Llundain ar 9 Tachwedd 1971. Claddwyd ei lwch yn y fynwent ar y bryn yn ymyl Capel Ebenezer, Dyfnant.

Cynhaliasai ei arddangosfa un-dyn gyntaf yn Oriel Glynn Vivian, Abertawe, ym 1930–1, ac yn briodol iawn, ym 1978 agorwyd Ystafell Ceri Richards yn yr un oriel. Yn yr ystafell hon cedwir nid yn unig enghreifftiau arbennig o'i waith, ond hefyd îsl o'i eiddo yn dangos ôl ei ddefnyddio. Ym 1984 agorwyd Oriel Ceri Richards er cof amdano yng Nghanolfan Taliesin yng Ngholeg y Brifysgol, Abertawe.

Mae cyfraniad Ceri Richards i gelf yng Nghymru yn yr ugeinfed ganrif yn un gwerthfawr iawn. Yr oedd ei fywyd a'i weithgaredd wedi rhychwantu hanner y ganrif ac mae llawer o arlunwyr heddiw wedi eu dylanwadu gan ei feddylfryd agored a'i ffyrdd o ailweithio a defnyddio gwahanol gyfryngau â theimlad a dealltwriaeth.

Gellir dehongli gwaith celf fel ffordd o chwilio am y gwirionedd. Ni fu pall ar ymdrechion Ceri Richards i ymchwilio i wirioneddau mawr bywyd a natur. Yr oedd dylanwadau ei etifeddiaeth Gymreig, y gerddoriaeth a garai, golygfeydd Bro Gŵyr a gorllewin Cymru, llif yr afonydd clir yn uno â churiad di-baid y môr a'r creigiau hynafol a gerfiwyd gyda threigl amser, bob amser yn bresennol yn ei waith. Mewn sgwrs gyda Moelwyn Merchant dywedodd Ceri Richards fod darn o waith celf fel pair sy'n cynnwys y gorffennol, y presennol a'r dyfodol, ac fe ddehonglwn ninnau yr holl elfennau hyn yn ôl ein teimladau'n hunain.

Nodiadau

1. Imogen Holst a Benjamin Britten, *The Story of Music* (Llundain, 1958).

2. Gweler *Ceri Richards*, catalog arddangosfa Oriel Tate, 1981 (Llundain, 1981), t.17. Yr oedd Galeazzo Ciano, Conte Cortellazzo, (1903–44) yn fab-yng-nghyfraith i Mussolini. Defnyddiodd y trosiad hwn wrth ddisgrifio'r cyrchoedd awyr ar Abyssinia y cymerodd ran ynddynt. Fe'i dienyddiwyd am deyrnfradwriaeth ym 1944. Cyhoeddwyd cyfieithiad Saesneg o'i ddyddiaduron, 1939–43, ym 1947, ac mae'n bosibl mai yno y gwelodd Ceri Richards y disgrifiad.

3. *Ceri Richards – Y murluniau Llychlynaidd* (Caerdydd: Y Cyngor Prydeinig, 1984).

4. Richard Burns, *Ceri Richards. Drawings to Poems by Dylan* Thomas (Llundain, 1981).

5. Gweler hefyd Ceridwen Lloyd-Morgan, 'Ceri Richards: Sketches for Dylan Thomas', *Cylchgrawn Llyfrgell Genedlaethol Cymru*, XXIX (1996), tt.347–54.

6. Sefydlwyd Stiwdio Curwen gan Timothy Simon. Hwn oedd y gweithdy proffesiynol cyntaf ar gyfer argraffwyr-arlunwyr yn Llundain. Bu'n allweddol i ddatblygiad Ceri Richards fel lithograffydd. Gweler *Ceri Richards Graphics*, catalog arddangosfa, Amgueddfa Genedlaethol Cymru (Caerdydd, 1979), t.6.

Llyfryddiaeth

John Ormond, *Arddangosfa Goffa Ceri Richards* (Caerdydd, 1973).

British Art and the Modern Movement, 1930–1940, catalog arddangosfa yn Amgueddfa Genedlaethol Cymru, Caerdydd, 1962, gyda rhagymadrodd gan Alan Bowness (Caerdydd, 1962).

Ceri Richards, catalog yr arddangosfa agoriadol, Oriel Ceri Richards, Canolfan Taliesin, Coleg y Brifysgol, Abertawe (Abertawe, 1984).

Mel Gooding, *Ceri Richards. Graphics*, catalog arddangosfa, Amgueddfa Genedlaethol Cymru (Caerdydd, 1979).

Mel Gooding, *Ceri Richards*, catalog arddangosfa Oriel Tate (Llundain, 1981).

Roberto Sanesi, *Ceri Richards. Rilievi, disegni e dipinti 1931–40* (Milano, 1973).

David Thompson, *Ceri Richards* (Llundain, 1963).

7

Josef Herman a'i Gyfoeswyr: Chwilio am Arwyddion Arlunwyr Canol Ewrop yng Nghymru oddi ar 1940

ROBYN TOMOS

> Bu rhywbeth rhyfedd a chyffrous yn digwydd yng Nghymru yn ystod y chwarter canrif diwethaf, ac wele ef yn awr wedi aeddfedu i'w ddatguddio'i hunan yn galonnog eglur yn yr arddangosfa sy ger ein bron. Y mae yng Nghymru bellach nifer o wŷr a merched a chanddynt bethau pwysig i'w dweud mewn lluniau paent.[1]

Dyna sylwadau'r llenor a'r gwleidydd Saunders Lewis yn ei ragair 'Peintwyr Cymreig Heddiw' i gatalog arddangosfa *Thirty Welsh Painters of Today* a drefnwyd gan Bwyllgor Cymru, Cyngor Celfyddydau Prydain Fawr – fel yr oedd yn cael ei alw bryd hynny – ym 1955.

> Nid hwyrach y bydd gofyn i rywun sgrifennu hanes y mudiad hwn maes o law. Yn yr hanes hwnnw byddai lle, er enghraifft, i ysgol y diweddar Grant Murray yn Abertawe; sôn hefyd am beintwyr alltud, ffoaduriaid o ganolbarth Ewrop, a ddaeth i fyw yng nghymoedd Deau Cymru a chasglu disgyblion a dilynwyr o'u cwmpas o blith y brodorion.[2]

Os ydyw 'Cymru'r ugeinfed ganrif . . . yn gyfoethocach ei bywyd ysbrydol oherwydd dyfod inni farddoniaeth onest brws y peintiwr',[3] chwedl Saunders eto, dyma ddechrau pwyso a mesur cyfraniad a dylanwad y peintwyr alltud hynny a gafodd loches ac ysbrydoliaeth yng Nghymru.

Yn sgîl erlidigaeth y Natsïaid yn y 1930au, fe ddaeth nifer o artistiaid o Ddwyrain Ewrop draw i wledydd Prydain – rhai am eu bod o dras Iddewig ac eraill oherwydd eu bod yn gwrthwynebu'r Ffasgwyr. O'r rhai a ddaeth i Gymru, hwyrach mai'r Pwyliad o Warsaw, Josef Herman yw'r enwocaf – fe ymgartrefodd hwnnw yn Ystradgynlais am gyfnod. Fe ddaeth yr Heinz Koppel ifanc i Ddowlais – Almaenwr o dras Iddewig oedd hwnnw – a'r arlunydd Catholig a gwrth-Natsi, Friedrich Könekamp i ymsefydlu ar lethrau Carn Ingli uwchben Trefdraeth, Sir Benfro. Yn ogystal, yr oedd gan Almaenwr Iddewig arall o artist, Fred Uhlman, gysylltiad â Phen-rhyndeudraeth a thra bu Martin Bloch yn ymweld ag Eryri fe fu George Mayer-Marton yn chwilio am ysbrydoliaeth yng Ngwent. Ar wahân i'r ffaith eu bod i gyd yn ffoaduriaid, yr hyn sy'n gyff-redin rhyngddynt hefyd yw iddynt ddod â syniadau Mynegiad-aeth (*Expressionism*) Dwyrain Ewrop i Gymru.

Yn y cyswllt hwn y mae Mynegiadaeth yn golygu celfyddyd lle y bydd syniadau traddodiadol ynghylch naturiolaeth yn cael eu rhoi o'r neilltu a'r artist yn ffafrio ystumio a chwyddo lliw a llun er mwyn mynegi ei emosiwn yn llawn. Fel rheol, mae'r term yn cyfeirio at duedd oedd yn tra-arglwyddiaethu ar gelfyddyd yr Almaen rhwng 1905 a 1930.[4]

Nid cyd-ddigwyddiad yw enw teitl hyn o lith – Josef Herman a'i gyfoeswyr. Mae i'r artist hwn o Warsaw stori greulon, fawr a esgor-odd ar gelfyddyd bwysig, ddaionus.

Fe anwyd Josef Herman yn fab i grydd yn geto'r Iddewon yn Warsaw ym 1911. Yr oedd ei rieni'n dlawd ac yn anllythrennog ond nid amharodd hynny ar ddysg Herman na'i awch am wybodaeth chwaith. Os ei hoff awduron oedd Dostoiefsci, Walt Whitman, Tolstoi a Balzac, mae'n werth darllen y disgrifiad telynegol o'i blentyndod yn ei hunangofiant *Related Twilights*. Ynddi mae'r Joe bach yn blentyn llawn chwilfrydedd ac mae'n creu darlun o gym-dogaeth fywiog, fyrlymus yr Iddewon ym machlud ymerodraeth Tsar Rwsia.[5]

Pan oedd yn dair ar ddeg oed dechreuodd y bachgen weithio trwy wneud rhyw fân swyddi fan hyn, fan draw. Ond daeth tro ar fyd yn ddiweddarach wrth iddo fynd yn brentis mewn argraffdy – yr oedd hynny'n dipyn o beth gan fod argraffwyr yn cael eu talu'n dda. Yn ei lyfr, mae'n sôn sut yr oedd yr hen lawiau yn mynnu bod gosod teip yn gelfyddyd esthetig.

Yr oedd ei gyflogwr Felix Yacubovitch yn awyddus i'w brentis ddysgu am y tueddiadau a'r chwaeth ddiweddaraf ym myd y celfyddydau graffeg, a thrwy ddarllen y cyfnodolion a'r cylchgronau priodol, dechreuodd Herman ymddiddori mewn celfyddyd gain. Dechreuodd bori trwy'r maniffestos celfyddydol ac ymweld ag arddangosfeydd, a dysgodd am Giwbaeth, Lluniadaeth (*Constructivism*) a Dyfodolaeth (*Futurism*). Yr oedd wrth ei fodd â'r hyn yr oedd y Dyfodolwyr a'r Suprematyddion (*Suprematists*) yn eu gwneud â gwaith llythrennu, ac un o'r sloganau a greodd yr argraff fwyaf arno oedd eiddo'r Suprematyddion o Rwsia: 'Mae cadair yn harddach na'r Mona Lisa.' Yr oedd yr Herman ifanc wrth ei fodd â thinc herfeiddiol y gosodiad.

Dan adain mentor arall, gŵr o'r enw Oscar Stern, fe gafodd ei gyflwyno i gyfarfodydd wythnosol ysgrifenwyr, artistiaid ac actorion y ddinas. Sylweddolodd Stern fod diddordeb Herman mewn graffeg a llythrennu'n dechrau pylu ond ei fod yn awchu am weld peintiadau. 'Hwyrach dy fod di'n beintiwr naturiol', oedd ei eiriau caredig yntau wrth yr artist ifanc.

Yr wythnos y daeth ei brentisiaeth i ben, dyma ei yrfa fel argraffydd yn cael ei thanseilio. Fel rhan o'r ddefod ddod-i-oed, cuddiodd ei gyd-weithwyr ddarnau o deip yn ei frechdanau a llyncodd Herman y plwm gwenwynig. Yr oedd bellach yn aelod cyflawn o'r frawdoliaeth a phawb yn chwerthin ac yn ei longyfarch am gael blas ar y teip, ond oriau'n ddiweddarach yr oedd yr argraffydd ifanc yn swp sâl ac aethpwyd ag ef i'r ysbyty. Oherwydd y gwenwyno difrifol yr oedd wedi ei ddioddef, fe gafodd gyngor meddygol i beidio byth â gweithio â phlwm eto.

Dyma Herman felly yn troi ei olygon at yrfa yn y celfyddydau cain. Ym 1930 fe gafodd le yn Ysgol Gelf a Chynllun, Warsaw ac, er iddo adael y sefydliad ddeunaw mis yn ddiweddarach, ym 1932 fe gynhaliodd ei arddangosfa gyntaf yn siop y fframiwr Korteba. Parhaodd Herman i beintio ym mwrlwm bywyd deallusol Warsaw gan yrru darlun i'r salon flynyddol a hwnnw weithiau'n cael ei dderbyn, dro arall yn cael ei wrthod.

Un o'r pethau a flinai Herman, tra oedd yn fyfyriwr yn Ysgol

Gelf Warsaw, oedd ymlyniad ei gyd-fyfyrwyr at syniadau Pierre Bonnard (1867–1947) a'r Ôl-argraffiadwyr (*Post-Impressionists*). Er gwaetha'i syniadau ynglŷn â chynghanedd lliw ac amrywiadau tôn, nid oedd yn cyd-weld â thestunau eu gwaith. Yr oeddynt yn hoff o bynciau pob dydd – portreadau'r teulu, tirluniau, anifeiliaid a phlant. Nid oedd y fath ddeunydd yn berthnasol i brofiad Herman a, hwyrach, yn wrthun iddo gan ei fod yn tueddu i gydymdeimlo â gwleidyddiaeth y chwith.

Yr oedd Herman yn uniaethu'n fwy â'r artist, Edvard Munch (1863–1944). Fel y gŵr hwnnw o Norwy, nid oedd ganddo ddim diddordeb mewn peintio dynion yn darllen neu wragedd yn gweu, ond yn hytrach yr oedd yn awyddus i ddarlunio pobl oedd yn anadlu, teimlo, dioddef a charu. Yr oedd am greu peintiadau fydd-ai'n ysgwyd pobl.[6]

Dyma'r artist ifanc yn canfod yr union rinweddau yr oedd yn chwilio amdanynt ymhlith trigolion maestrefi diwydiannol Warsaw. Wedi gadael yr Ysgol Gelf fe barhaodd i ddilyn yr un thema ac ym 1936 dyma ffurfio grŵp 'The Phrygian Bonnet' gyda'i ffrind Zygmunt Bobowski ac artistiaid eraill a rannai'r un consýrn a'r un ymrwymiad i bortreadu'r dosbarth gweithiol.

Er bod yr hinsawdd wleidyddol wedi sefydlogi a'r wladwriaeth Bwylaidd yn caniatâu i bobl ffurfio'r fath garfanau, yr oedd ei famwlad wedi bod dan reolaeth rhyw unbennaeth filwrol neu'i gilydd erioed. Ac yn ôl Herman, yr oedd y wladwriaeth yn gweithredu polisïau gwrth-Semitaidd un ai'n dawel fach neu'n hollol agored. Tra oedd llawer o ysgrifenwyr ac artistiaid, i wahanol raddau, yn radicaliaid, yr oeddynt fel un yn erbyn Ffasgaeth.

Yn eu tro, yr oedd yr heddlu yn eu hystyried i gyd yn Gomiwnyddion neu'n Folsieficiaid. Er nad oedd Herman yn aelod o unrhyw blaid wleidyddol, gyfreithlon neu anghyfreithlon, fe gafodd yntau ei arestio. Nid oedd gan yr heddlu yr amynedd i hollti blew, meddai. Pan sefydlwyd y gwersylloedd cadw cyntaf yng ngwlad Pwyl ym 1936, yn dilyn esiampl y Natsïaid, yr oedd ffrindiau Herman ymhlith eu carcharorion cyntaf. Dyma ddechrau ar gyfnod o guddio rhag yr awdurdodau. Y flwyddyn honno, fel cynifer o'i gyfeillion, ni chysgodd yr artist fwy nag un noson dan yr unto.

Yng nghysgod erchyllterau'r Natsïaid, tueddwn i anghofio mor wrth-Iddewig oedd y gymdeithas Bwylaidd bryd hynny. Yn ei hunangofiant, mae Herman yn disgrifio sut y bu i filwyr y wladwriaeth newydd achosi'r fath fraw. Tra oedd pawb yn dathlu annibyniaeth ym 1918, yr oedd dinasyddion Iddewig gwlad Pwyl yn cael eu herlid ac yn sôn am y pogromau ers talwm. Diléit mawr milwyr y Cadfridog Haller, yn eu lifrai gleision, oedd blingo'r Iddewon uniongred – hynny yw, fel y digwyddodd i dad-cu Josef Herman, byddai'r 'Hallersticks' yn rhwygo'u barfau oddi ar eu hwynebau.

Erbyn diwedd y 1930au, yr oedd amgylchiadau'r Iddewon yng ngwlad Pwyl yn mynd o ddrwg i waeth. Yr oedd propaganda gwrth-Semitaidd yn rhemp, a bod yn Iddew yn gyfystyr â chynllwyn bancio rhyngwladol neu Folsieficiaeth neu, yn aml iawn, y ddau beth yn yr un gwynt. Yn y strydoedd yr oedd myfyrwyr cenedlaetholgar yn cario cyllyll a ffyn ac yn ymosod ar siopau'r Iddewon gan weiddi am anfon pob Iddew i Fadagascar.

Yn yr hinsawdd hon, penderfynodd Josef Herman mai digon oedd digon a mynnu trwydded deithio ffug. Un noson dywyll yn hydref 1938, aeth ei rieni, ynghyd â'r peintiwr Zygmunt Bobowski a'r hanesydd celf Joseph Sandles i'w hebrwng i'r trên am wlad Belg a ffarwelio ag ef. A dyna'r tro olaf iddo weld ei rieni'n fyw a hwyrach ei ffrindiau hefyd.

Ond pam dewis ffoi i wlad Belg? I arlunwyr cyfoes gwlad Pwyl, fel i'r rhan fwyaf o artistiaid Ewrop, Paris oedd y mecca. Ond nid oedd Bonnard a'r Ôl-argraffiadwyr yn denu Herman. Er ei fod yn mynnu nad penderfyniad o flaen llaw oedd mynd i Frwsel a mater o ddilyn ei reddf oedd y cyfan, yr oedd y peintwyr Fflemaidd yn ddylanwad arno ac yr oedd Breughel a'r hen feistri yn galw. Oni fu Peter Breughel yr hynaf (1525–69) yn portreadu bywyd pob dydd?

Wedi i ffrind gyfarfod ag ef yn y Gare du Nord a rhoi trefn ar ei lety, y flaenoriaeth nesaf oedd mynd i weld orielau celf Brwsel. Ar wahân i waith James Ensor (1860–1949), nid oedd yn gyfarwydd ag enwau artistiaid cyfoes gwlad Belg – Albert Servaes (1883–1966), Frits Van den Berghe (1883–1939) a Constant Permeke (1877–1952). Ond yn y Museé des Beaux Arts fe ddaeth o hyd i waith y Fflemiaid modern a chreodd gwaith y rhain dipyn o argraff arno.

Fel un â thipyn o ddawn meithrin cysylltiadau, yn fuan fe

lwyddodd i gynnal arddangosfa fach o'i waith mewn caffi artistig yn y ddinas. Yn agoriad y sioe cafodd Herman ei gyflwyno i'r artist Arnold Stern a'i gyfaill, Constant Permeke (1886–1952). Bu'r Pwyliad a Permeke yn trafod y byd a'i bethau nes i'r haul fachlud ac wedi hynny fe fu cyfeillgarwch a syniadau'r 'gwladwr' o wlad Belg yn ddylanwad mawr arno.

Yr oedd Mynegiadwyr gwlad Belg yn wahanol i Fynegiadwyr yr Almaen yn y modd yr oeddynt yn defnyddio lliw, a'r testunau a ddewisent eu peintio. Cawsant eu hysbrydoli gan Gyntefigiaid Fflandrys. Yr oedd Permeke yn peintio ffermwyr a physgotwyr – efallai iddo weld ynddynt wyleidd-dra a chytgord rhwng dyn a'i amgylchfyd. Tueddai i ddefnyddio lliwiau tywyll gyda rhannau bach o liwiau disglair cynnes. Ni fanylai lawer wrth dynnu lluniau ffigyrau ac fel rheol mae'r dwylo'n fawr – mae rhai yn awgrymu bod hyn er mwyn pwysleisio bod y bobl hyn yn gweithio gyda'u dwylo. Yr oedd y pwnc a'r arddull yn plesio Josef Herman a bu'r gwaith a gyflawnodd yng ngwlad Belg yn ddilyniant o'r hyn a ddechreuasai yn Warsaw.

Ond ym 1939 fe ddaeth chwalfa arall pan ymosododd y Natsïaid ar wlad Pwyl. Wrth i'r Ail Ryfel Byd ledu, bu'n rhaid i Herman ffoi eto. Wedi sawl antur, cafodd ei hun ym mhorthladd La Rochelle yn Ffrainc, yn chwilio am long er mwyn dianc arni, a dyma ffawd yn ymyrryd ym mywyd yr artist unwaith eto. Yn ôl Herman, yr oedd yn gwisgo cot ledr a beret du ar y pryd. Yn sydyn dyma ddau o blismyn milwrol byddin gwlad Pwyl yn gafael ynddo ac yn ei dywys at griw o ddynion eraill oedd yn gwisgo cotiau lledr a berets du – gwŷr y Llu Awyr Pwylaidd. Bu'n rhaid iddo ddringo i'r un llong â hwy ac ymhen deng niwrnod glaniodd ym Mhrydain.

Erbyn haf 1940 yr oedd Josef Herman wedi ymgartrefu yn Glasgow. Yr oedd wedi gwirfoloddi i ymuno â'r Fyddin Brydeinig ac yr oedd yn aros am yr alwad i fynd i ryfela neu i fynd i weithio ym myd diwydiant. Yn y cyfamser yr oedd rhaid llenwi oriau'r dydd rywsut. Y diwrnod cyntaf yn y ddinas fe fentrodd i lyfrgell gyhoeddus y Gorbals. Dychmygwch yr olygfa: Herman wedi ei amgylchynu gan bentwr o lyfrau a newyddiadurwr â'i drwyn am stori yn busnesa. Wedi cyfarch y dieithryn yn Saesneg a sylweddoli nad oedd yn deall, fe drodd at y Ffrangeg. A dyma'r Pwyliad yn adrodd ei hanes ac yn esbonio mai artist oedd ef. Wedi sôn am y Clwb Celf lleol, penderfynodd y newyddiadurwr roi cyfeiriad yr Athro Benno Schotz iddo. Ar ei ddiwrnod cyntaf yn Glasgow felly, aeth Herman i chwilio am gartre'r ysgolhaig a cherflunydd hwnnw. Yno, er mawr llawenydd iddo, clywodd fod ffoadur arall o wlad Pwyl yn y ddinas – ei hen ffrind Jankel Adler (1895–1949).

Er bod Adler 17 mlynedd yn hŷn na Herman yr oedd y ddau yn dipyn o ffrindiau. Ganwyd ef yn Tuszyn yng ngwlad Pwyl, ond wedi iddo wasanaethu ym Myddin Rwsia adeg y Rhyfel Byd Cyntaf, fe aethai i fyw yn Berlin. Yn ddiweddarach fe astudiodd gelf yn yr Akademie der Kunst yn Düsseldorf, lle y bu'n ddarlithydd hefyd. Symudai yng nghylchoedd Paul Klee a Max Ernst a chafodd lawer o'i beintiadau eu dinistrio gan y Natsïaid. Fe symudodd i fyw yn Ffrainc a dianc i wledydd Prydain. Listiodd yn y 'Free Polish Army' a chael ei symud i Glasgow, ond ym 1943 fe aeth i fyw yn Llundain.

Meddai Herman:

> Just as Jankel's mind was a world's library, so his mode of painting was built upon the traditions of many countries and many peoples. In this lay his sophistication. Whether the source was some ornamental design from a Jewish ritualistic object, or colours from Coptic materials, decorative shapes from Persian pottery or medieval manuscripts, he assimilated and made use of everything that stimulated his taste and on which he could improvise.[7]

Os oedd syniadau Adler yn ddylanwad ar waith Herman, hwyrach y dylem ei ystyried hefyd yn enghraifft o ddylanwad anuniongyrchol celfyddyd Dwyrain Ewrop ar artistiaid Cymru.

Fodd bynnag, ni chafodd Herman ei amddifadu o'r cyffro deallusol yn Glasgow rhwng 1940 a 1943, diolch i gyfeillgarwch Benno Schotz a Jankel Adler. Yn ystod y cyfnod hwn, ym 1942, fe briododd â'i wraig gyntaf, Catriona MacLeod. Ond serch hynny nid oedd hwn yn gyfnod hapus yn ei fywyd – chwalodd ei fyd pan glywodd fod ei deulu wedi cael eu difa yn yr Holocost.

Mewn cyfweliad yn y *Jewish Chronicle* ym 1966, dyfynnir y geiriau hyn ganddo: 'In 1942 I learnt that my whole family were exterminated in one day. I do not care to talk about it; I hate self-pity. The most tragic thing I see as being part of being human.'[8]

Nid oes dim chwerwder: nid yw trasiedi yr Iddewon yn wahanol i erlidigaeth unrhyw hiliau eraill, dim ond yn hirach, meddai dro arall. Fe gafodd gysur drwy'r dyddiau du a'r galar drwy ddarlunio golygfeydd o'r geto a welodd pan oedd yn fachgen.

> I was obsessed for a long while, during my first years in England, with images of the Polish-Jewish world which was being so ruthessly destroyed by the Nazis. I knew it was a doomed world, one that would never survive the disaster that had overtaken it, and I was drawn to depict all that I could remember of it, as faithfully as a chronicler, though always in colours and scenes that expressed my own nostalgia for a vanishing past and a deep sense of sympathy for the millions of Jews who remained in Eastern Europe and were systematically starved, humiliated and exterminated.[9]

Trwy ei gysylltiadau, ym 1943 cafodd Josef Herman wahoddiad gan Alex Reid i gynnal arddangosfa ar y cyd ag un L. S. Lowry yn y Lefevre Gallery, Llundain. Felly, ddau neu dri mis cyn i'r sioe agor, dyma'r artist yn hel ei bac a gadael yr Alban. Yn Llundain, daeth Herman ar draws cymdeithas fywiog o artistiaid Iddewig. Yr oedd hen gymuned Iddewig yr East End wedi cael ei hatgyfnerthu gan y ffoaduriaid o Ddwyrain Ewrop ac yr oedd cymorth sefydliad fel y Ben Uri Art Society wrth law. Cymdeithas oedd hon a sefyd lwyd ym 1915 er mwyn hybu bywyd diwylliannol Eingl-Iddewig ym myd y celfyddydau gweledol, cerddoriaeth, llenyddiaeth a drama. Yr oedd yn sefydliad canolog i'r gymuned Iddewig. A hwythau wedi allfudo, yr oedd ei haelodau'n awchu am brofiadau diwylliannol ehangach na'r hyn a brofasant yn yr hen wlad.

Bellach, gyda Hitler a'r Natsiaïd yn teyrnasu yn yr Almaen, erbyn y 1930au yr oedd ffrwd o artistiaid Iddewig yn ffoi i wledydd Prydain a sawl un yn cyfranogi o waith cymdeithas Ben Uri. Hefyd, cafodd clwb Ohel ei sefydlu yn Gower Street yn fuan wedi i'r ffoaduriaid cyntaf ddechrau cyrraedd Llundain, a bu hyn eto'n gyrchfan boblogaidd ymhlith deallusion fel Josef Herman a'i debyg. Yn Llundain fe gyfarfu y Pwyliad o Iddew ag artistiaid fel David

Bomberg, Ludwig Meidner a Martin Bloch ond eto nid oedd Herman mewn cyflwr i beintio. Meddai:

> The nostalgia for my childhood years had burnt itself out and nothing had taken its place, except a vague feeling of big forms and a cry within me for a belief in man's serenity.[10]
>
> Conversations with friends, with painters Adler and Martin Bloch, led nowhere in particular, nor did visits to exhibitions and museums. As the weeks went on, my spiritual emptiness increased.[11]

Ystyriodd fynd yn ôl i'r Alban a draw i'r Ucheldiroedd a'r Ynysoedd – cawsai dipyn o hwyl ar ddarlunio pysgotwyr Stornoway ar Ynys Lewis ac yr oedd naws y golau'n denu. Ond soniodd ffrind o newyddiadurwr am gymoedd de Cymru, gyda'r fath frwdfrydedd nes i Herman benderfynu fynd i weld y lle drosto ei hun. Dyna pryd trodd gwyliau pythefnos yn ymweliad un mlynedd ar ddeg.

Fe aeth yn gyntaf i Aberhonddu, lle y cyfarfu â saer coed a oedd yn gweithio yn y pyllau glo – gŵr o'r enw Dai Alexander Williams a oedd yn ysgrifennu straeon byrion yn ei amser hamdden. Yr oedd hwnnw wedi cael ei siarsio gan y cyfaill o newyddiadurwr yn Llundain i gyfarfod â'r Pwyliad. Dyma'r glöwr yn gwahodd Herman a'i wraig i ddod i aros gydag ef yn Ystradgynlais a bwrlwm byw y pentref glofaol hwnnw a lenwodd y gwacter ym mywyd creadigol Josef Herman.

Fe ddisgrifiodd ei argraffiadau o'r pentref yn y *Welsh Review* ym Mehefin 1946:

> The mining village differs from others I know first of all in its colour . . . Violet roofs at the foot of green hills. Pyramids of black tips surrounded by cloudlike trees the colour of a dark bottle.
>
> When the sun appears and gilds the air, the streets, otherwise uniform grey, become copper brown. This usually happens in the evenings, for the days are mostly behind a screen of slow rains, cold and blue like steel dust; the kind of rains which never promise to stop, and awake in you a feeling as hopeless as do many roads on a lost track . . . only at the beginning did they awake in me a feeling of impatient anger. Afterwards I discovered to my surprise that the rains here are more than a part of the general atmosphere. It is they that weave the strange tapestry of mood in which life here finds its order.[12]

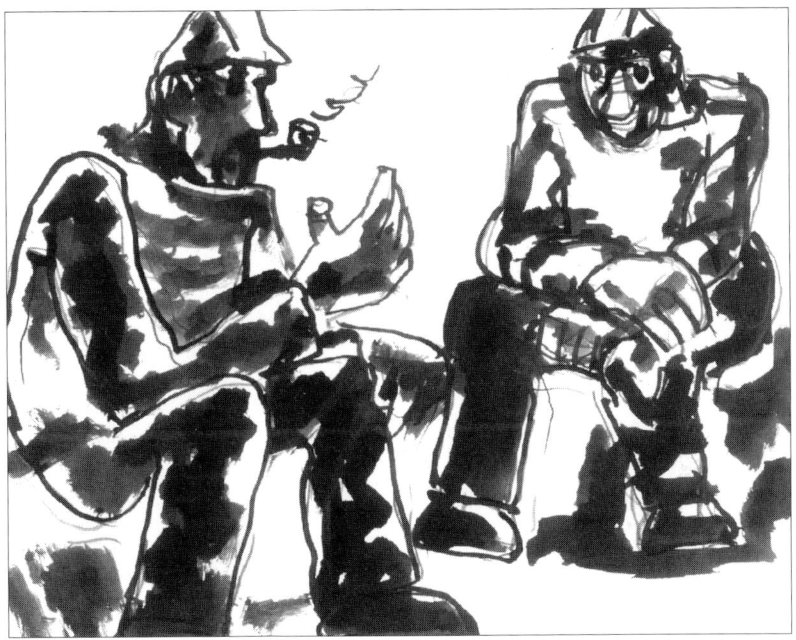

10. Josef Herman, *Miners Smoking* (dim dyddiad).

Mae'n sôn yn delynegol am ddynoliaeth fywiog, gynnes Ystradgynlais. Sylwer hefyd ar ei gyfeiriadau at liwiau:

> While the air becomes oily, the roofs and roads glossy, the river fuller and noisier, men bite their pipes, and finding cover in the entrance of the shops, enjoy as always, a talk for talk's sake . . .
>
> On the square of the village blue and red buses appear and disappear.
>
> A little colourful cart with the standing figure of the milk-man inside, in the twittering noise of the rain are the tapping steps of the tiny brown pony.
>
> A woman walking over the bridge at the end of the street, the wind blowing against her; the white shawl rises from her shoulders and spreads like two huge wings.
>
> A brown bus with miners returning from work.

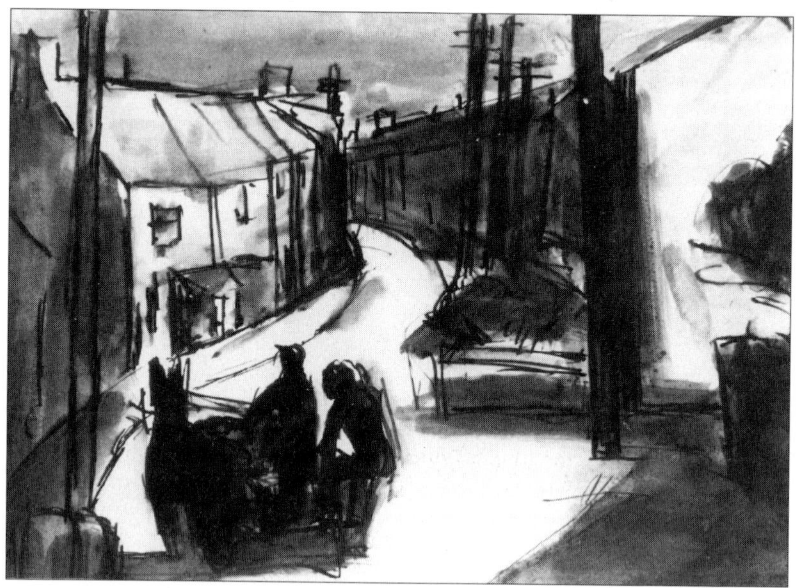

11. Josef Herman, ***Village Street with Cart,*** **yn** ***A Welsh Mining Village*** **(1956).**

> Single short silhouettes with logs of wood under their arms or groups of two or three fill up the square . . .
> 'Shwmai Wyn!' Shwmai Sid!' 'Shwmai, shwmai!'[13]

Er gwaetha'r glaw yn Ystradgynlais Anghydffurfiol, radical, Cymraeg ei hiaith, cafodd Josef Herman swcwr ac ysbrydoliaeth o'r newydd. Yn y pentref glofaol hwn yng Nghwm Tawe fe ddaeth o hyd i'r pwnc a fyddai'n cynnal ei ddiddordeb am weddill ei oes – y coliar.

> There was hardly a soul to be seen . . . unexpectedly, as though from nowhere, a group of miners stepped onto the bridge. For a split second their heads appeared against the full body of the sun, as against a yellow disc – the whole image was not unlike an icon depicting the saints with their haloes. With the light around them, the silhouettes of the miners were almost black . . . The magnificence of this scene overwhelmed me . . . It became the source of my work for years to come.[14]

Mae defnydd yr artist o'r gair 'icon' yng nghyd-destun y glowyr yn arwyddocaol. Trwy law Josef Herman fe ddaeth glowyr yr Ystrad i gynrychioli urddas y gweithiwr a llafur yn gyffredinol.

Wedi cyfnod yn rhannu cartref Dai Alexander, symudodd Herman i'r Pen-y-bont Inn lle y defnyddiodd un o'r ystafelloedd yn y llofft fel stiwdio. Nes ymlaen fe addasodd yr hen ffatri bop gerllaw yn stiwdio a chartref.

> Roeddwn i'n bwriadu aros am bythefnos ond fe arhosais i am un mlynedd ar ddeg. Roedd hi'n gyfnod o greisis yn fy mywyd i ac fe wnaeth y lle yma gynnig cyfle newydd i mi. Roedd popeth yn fy ysbrydoli i . . . mam a'i phlentyn mewn siôl yn cerdded y strydoedd, y polion telegraff â'r cŵn . . . holl swm a sylwedd y lle . . . ond y glöwr yn enwedig . . . Pianos da, llyfrgelloedd da ond dim un darlun ar y wal! . . . Ymhen pythefnos fe ges i'r llys-enw yma Joe Bach – roeddwn i wrth fy modd.[15]

Yn ôl ei hunangofiant, fodd bynnag, fe gafodd ei freintio â'r enw dros nos ond, heb ramantu'n ormodol, yr un yw'r sentiment a'r arwydd o groeso ac agosatrwydd. Hwyrach bod agwedd Herman – sef bod artistiaid yn debyg i bawb arall a dim ond yr hyn a wnânt sy'n wahanol – yn cyfrif am y derbyniad gwresog hefyd.[16]

Tra oedd yn Ystradgynlais cofnododd Herman y dirwedd ynghyd â bywyd y glowyr wrth eu gwaith dan ddaear, ar ben pwll ac yn hamddena gyda'u teuluoedd. Ym 1992, yr oedd yn synnu cymaint yr oedd wedi ymwneud â ffurf y glöwr dros y blynyddoedd ac yntau heb lawn werthfawrogi cymwynas y coliars a arferai ddod i'w stiwdio i fodelu iddo. Dim ond wrth edrych yn ôl y sylweddolai mor annymunol oedd yr orchwyl o orfod parhau i wisgo dillad gwaith ar ôl gorffen y sifft am y dydd. Mae ganddo gof o wneud astudiaeth o un glöwr ifanc yn arbennig. Daeth Mike ato yn rheolaidd am ryw fis er mwyn i Herman gael ei beintio, ac fel rheol ni holai fyth ynglŷn â'r hyn a oedd ar y gweill ond un dydd dyma fe'n gofyn am gael gweld y darlun. 'Ar y cychwyn, fe ddechreuodd chwerthin,' meddai Herman, 'ond yna fe aeth yn reit ddifrifol a dweud: 'Dwi'n gweld bod gyda chi ddiddordeb ymhob glöwr sydd ynddo' i. Dyna baentiad na fydda'i byth yn ei adael o'm dwylo.'[17]

Nid oedd pawb, fodd bynnag, yn edmygu ei waith a chafwyd llythyron beirniadol yn y wasg leol yn disgrifio'i waith fel 'daubings'. Tra oedd un yn eu cyhuddo o fod yn 'ugly, debased, undefined and degenerate', 'monstrosities' oedd disgrifiad un arall. 'The miners and their women look like bloated, misshapen, prehistoric beings emerging from the primeval swamps of the Carboniferous age . . . ghastly travesties of the present day miner and his women-folk,' meddai hwnnw.[18]

Mewn llythyr at Augustus John ym 1950, yr oedd un o noddwyr artistiaid Cymru, Mrs Winifred Coombe Tennant, yn cwyno bod Herman wedi cael ei gomisiynu i greu gwaith at arddangosfa mwynau Gŵyl Prydain yn Llundain:

> I heard news this morning that makes me indignant. The Festival of Britain has commissioned work – one picture from 3 'Welsh Artists' out of a number whose names came before the selection committee. They have chosen 1) Ceri Richards! 2) Merlyn Evans (. . . his work represents men and the visible world in terms of ironmongery!) 3) A *Pole* now living at Ystradgynlais, Hermann or some such name! And these three cranks are to go out to the world as representatives of Art in Wales.[19]

Mewn llythyr arall at Augustus John y flwyddyn ganlynol yn cwyno bod Arddangosfa Goffa Evan Walters wedi cael ei gohirio tan wanwyn 1952, mae Coombe Tennant yn mynnu:

> I do not dispute David Bell's judgement on Evan Walters' work but I cannot follow him in his admiration for Josef Herman's work which I find heavy and dull and he himself a poor draughtsman. Nor do I care for Ceri Richards' extravagances – this may be a sign of Anno Domini in me![20]

Trwy gydol yr amser y bu'n byw a gweithio yn Ystradgynlais bu Herman yn prysur greu enw i'w hun yn Llundain, yn bennaf trwy ddangos ei waith yn Oriel Roland, Browse a Delbanco, ac mae'n werth nodi iddo hefyd gynnal arddangosfa ar y cyd gyda Martin Bloch yn y Ben Uri Gallery ym 1949.

Yn ogystal, galwai myfyrwyr ac artistiaid y cylch heibio'r stiwdio yn Ystradgynlais. Fe fu o gymorth i sawl un gan gynnwys glöwr o

Flaendulais o'r enw Cyril Ifold, a'r Sgotyn George Fairley a aeth ymlaen i fod yn ddarlithydd mewn Celfyddyd Gain yn Ysgol Gelf Abertawe. Ond yr artist sy'n cael ei gysylltu fwyaf ag enw Josef Herman yw Will Roberts o Gastell-nedd. Hwyrach y bu cysgod y Pwyliad yn felltith iddo yn y pen draw.

'Pan fydd dieithryn yn dod gyda llygaid newydd, mae'n gweld y pethau amlwg hynny nad yw'r brodorion yn sylwi arnyn nhw,' meddai Will Roberts. Am ddeuddeg mis, fe âi Will Roberts draw i Ystradgynlais yn rheolaidd er mwyn cael gweithio ochr yn ochr â Josef Herman yn ei stiwdio uwchben tafarn Pen-y-bont.

> Fe ddysgais i bopeth yno – mwy na fy nhair blynedd yn yr ysgol gelf. Nid paentiwr cyffredin mohono ond dyn â meddwl . . . Ar y pryd roedd artistiaid Cymru yn tueddu i edrych tua'r cyfandir ac yn ddall i'w cynefin eu hunain. Roedd Josef Herman fel chwa o awyr iach.[21]

Mae'r geiriau yn nodweddiadol o wyleidd-dra Will Roberts. Tra bo'r beirniaid yn rhy barod i sôn am ddylanwad Herman ar yr artist o Gastell-nedd, hwyrach bod yr Athro Alistair Crawford yn taro'r hoelen ar ei phen pan ddywed mai 'gwir ddylanwad Herman oedd rhoi hyder: rhoi hyder mewn bod yn arlunydd mewn cymdeithas a diwylliant a oedd gan amlaf yn wrthwynebus . . . fe roes Herman yr hyder iddo [Will Roberts] i fynegi ei hun'.[22]

I rywun a oedd wedi bod yn gweithio mewn unigedd, y gwir ddylanwad oedd y digwyddiad neu'r sefyllfa o gyfarfod â dyn fel Herman. (Pan ymwelodd Martin Bloch â'r Pwyliad yn Ystradgynlais, gweithiodd Will Roberts yng nghwmni hwnnw hefyd.) Yn ogystal, mae Will Roberts ei hun yn mynnu ei fod yn gyfarwydd ag egwyddorion Mynegiadaeth. Fe arferai ymweld ag orielau celf Lloegr wrth symud o wersyll i wersyll adeg ei gyfnod yn y Llu Awyr yn ystod yr Ail Ryfel Byd. Mae Phillip Barlow yn mynnu:

> Will Roberts found in Herman's art the means to approach a world that was his own. He found a tradition in which to base himself – the Central European tradition of expressionist realism strengthened through contact (both through Herman, and, later directly) with the realism of Permeke and *his* forebears.[23]

A sôn am ddylanwadau, yn ôl y llith a gyfrannodd Alistair Crawford i gatalog ar gyfer arddangosfa o waith Will Roberts a drefnwyd gan Oriel Mostyn, Llandudno, ym 1993: 'Byddai disgrifiad o Permeke, er enghraifft, yr un mor gymwys i Herman,' meddai gan gyfeirio at ddyfyniad o'r gyfrol *Flemish Expressionism* (1980) gan Lydia Shoonbaert: 'ei ffigurau anferthol, llinellol, y ffordd greulon sydd ganddo wrth ddarlunio tir a môr a'r defnydd o liwiau tywyll, priddaidd'.[24]

Os oedd gan Herman ei hanes lliwgar, felly hefyd Will Roberts, er hwyrach y dylem ofalu rhag gorddweud straeon artistiaid a gochel rhag y rhamant a'r stori dda. Ond a fyddai pethau wedi bod yn wahanol i Will Roberts oni bai am gyngor Dewi Emrys? Yr oedd y prifardd yn gyfaill i'w dad, y gweithiwr rheilffordd, ac arferai letya gyda'r teulu pan ymwelai â Chastell-nedd. Pan welodd luniau dyfrlliw y Will Roberts ifanc, fe fynnodd y dylai'r crwt barhau i beintio. Tybed a fyddai'r beirniaid celf wedi bod yn fwy hael petai Will Roberts wedi rhoi'r gorau i drwsio watsus a gwerthu clociau er mwyn cysegru ei oriau gwaith yn gyfan gwbl i gelfyddyd?

Mae Will Roberts yn dychwelyd dro ar ôl tro, i fferm Tŷ'n y Waun ar y Cimla uwchben Castell-nedd. Dyma'r lle y daeth o hyd iddo ar hap un prynhawn Iau pan oedd y siop lle y gweithiai ar gau. Yr oedd newydd achub ei ferch fach Siân rhag cael ei bwrw i lawr gan gar ac wedi mynd am dro i'r gweundir uwchben y dref er mwyn lleddfu rhywfaint ar ei feddwl.

> Fe gefais i fy hunan yn pwyso ar y glwyd yn Nhŷ'n y Waun yn syllu ar fuwch. Roedd ei phwrs yn drwm iawn. Fe ddaeth merch y ffarmwr i ymuno â mi gyda phlentyn o'r un oedran â Siân. Dechreuon ni drafod y fuwch arbennig hon ac fe dynnais i fraslun ohoni. O hynny ymlaen mae'n rhaid fy mod i wedi ymweld â Thŷ'n y Waun ddwywaith, deirgwaith yr wythnos i dynnu lluniau.
>
> Fe ddes i adnabod yr hen ŵr yno mor dda . . . yn y beudy gyda'r hwyr . . . amser godro . . . fe fydden ni'n trafod hwn a'r llall a thrwy'r amser fe fyddwn i'n tynnu brasluniau ohono. Wnaeth e erioed ofyn i mi gael eu gweld nhw chwaith, felly roeddwn i'n gallu gwneud fel roeddwn i 'eisiau – roedd yn fendigedig.[25]

Do, fe arbrofodd gyda thirluniau diwydiannol y Cymoedd ond golygfeydd cefn gwlad a aeth â'i fryd:

> Dyna i gyd y mae dyn am ei wneud yw tynnu lluniau o fodelau byw ac roedd y ffurfiau yma i gyd, yr holl onglau, yr ymylon caled a'r ymylon meddal – roedd y cyfan yno. Ac wrth gwrs roedd y tirlun yn gefndir.
>
> Fe fyddai'r dynion yno mewn pob math o sefyllfaoedd – yn palu yn y caeau neu'n hofio, yn codi tatws neu yn y beudy'n godro. Y fuwch yw'r creadur delfrydol i mi i'w ddarlunio – mae'n siâp hyfryd, rydych chi mor ymwybodol o'r esgyrn, maint a phwysau'r corff ac mae ganddi wyneb hyfryd hefyd.[26]

Fe drodd Will Roberts ffarmwr Tŷ'n y Waun a'i debyg yn eiconau. Ond nid urddas llafur yn unig sy'n cael ei gyfleu yma ond y ffordd y mae dyn a'i gynefin yn un, a dyn a'r elfennau'n un. Mae rhyw elfen ysbrydol, barddonol i waith Will Roberts. Fel Eglwyswr fe greodd gyfres o Safleoedd y Groes, ac mae'n mynnu iddo deimlo yr hwn mae Cézanne yn ei alw 'Y Profiad Mawr' ar y tir garw uwchben Castell-nedd. Meddai:

> Dwi ddim yn meddwl ei fod yn dangos yn fy ngwaith ond, a dyma'r ond mawr . . . Os ydych chi'n berson crefyddol mae hynny'n rhan ohonoch chi pan y'ch chi'n ystyried unrhywbeth. A fydden i'n ymdrin â'm testunau fel yr ydw i petawn i'n anghredadun? Alla' i ddim ateb hynny. Ond mae'r weithred o baentio'n ffordd o addoli, o gariad . . .[27]

Ymhlith ei gasgliad o lythyron yn ei lyfr lloffion, un o'i hoff negeseuon yw'r un a ysgrifennodd y beirniad celf o Farcsydd, John Berger, yn y 1950au. 'Fe ddywedodd: Mae hi mor braf dod ar draws peintiwr sydd o ddifri'. Y gwirionedd, dyna'r nod . . . gwirionedd y peth dan sylw.'[28]

A hwyrach mai natur uniongyrchol yr arddull oedd yr hyn a'i denai at Fynegiadaeth, meddai.

> Pam? A oedd e'n apelio at y Cymro oherwydd bod yna elfen emosiynol sydd ddim gan y Saeson yn eu gwaith? Dyw Mynegiadaeth erioed wedi cael fawr o lwyddiant yn Lloegr – dyw'r Saeson erioed wedi hoffi fe mewn gwirionedd – mae'n rhy bersonol ac mae'n eich cyffwrdd chi, yn treiddio i mewn i chi, mae e o ddifri'.[29]

Tra oedd Josef Herman yn Ystradgynlais, draw yn Nowlais, uwchben Merthyr Tudful, fe laniodd Iddew arall o ffoadur. Ganwyd Heinz Koppel yn Berlin ym 1919 – yr oedd ei frawd hynaf yn cofio gorfod ei hebrwng i gael gwersi peintio gyda Rwsiad oherwydd ei fod yn rhy ifanc i groesi'r ddinas ar ei ben ei hun. Erbyn iddo gyrraedd ei bymtheg oed yr oedd yn astudio celf yn yr Eidal. Yn ogystal, bu'n gweithio ac astudio yn Tsiecoslofacia a Gwlad Belg. Daeth i wledydd Prydain ym 1940 er mwyn ffoi rhag y Natsïaid ac ymgartrefodd yn Llundain. Yno gweithiodd yng nghwmni Martin Bloch, sy'n cael ei gyfrif ymhlith y dylanwadau pwysicaf arno. Wedi cyfnod o salwch daeth Koppel i Gymru er mwyn gwella. (Yr oedd ei dad eisoes wedi symud yma er mwyn agor ffatri fach.) Ym Mhontypridd y cyfarfu â'r artist a'r athrawes Esther Grainger oedd yn cynnal dosbarthiadau celf cymunedol yn y dref.

Meddai'r artist Arthur Giardelli am gyfarfod ag ef am y tro cyntaf:

> Heinz Koppel was a refugee from Nazi Germany who appeared one night at the Pontypridd Educational Settlement saying that he had been told he would find there people interested in painting. He was wearing a school satchel, was small, dark, walked with a hint of a limp and looked miserable with his black lank hair falling over his right eye. But smiled like a saint. From his teacher Martin Bloch and from Helmut Ruhemann, restorer at the National Gallery, he had learnt a great deal about the technique of oil painting. His approach to art was that of the German Expressionists. He was invited by Mary Horsfall to live at the Gwernllwyn House Settlement in Dowlais and there he began to paint pictures which showed what it felt like to him to live in Dowlais.[30]

Y 'settlements' oedd y canolfannau hynny a gafodd eu sefydlu adeg y Dirwasgiad er mwyn difyrru ac addysgu y di-waith yn y Cymoedd ac yn ddiweddarach er mwyn diddanu'r gweithwyr rhyfel a'u teuluoeddd. Y Crynwyr oedd yn gyfrifol am Wernllwyn a bu Cedric Morris a'r artist dyfrlliw George Mayer-Marton yn dysgu yno o bryd i'w gilydd. Trwy Morris, cafodd Koppel swydd yno. Nid oedd dim gwahaniaeth ganddo ei fod yn dysgu glowyr, gweithwyr ffatri, gwragedd tŷ a phlant y Cymoedd gan fod hyn yn apelio at ei agwedd egalitaraidd tuag at gelfyddyd. I Heinz Koppel nid oedd gwahaniaeth rhwng peintio amatur a phroffesiynol.

Erbyn 1947, a hithau'n Ganolfan Gelf Merthyr Tudful bellach, cafodd Heinz Koppel ei benodi'n bennaeth ar y sefydliad. Yr oedd Koppel yn llawn syniadau newydd a fu'n ddylanwad ar artistiaid ifainc a fynychai'r ganolfan. Yr oedd ei arddull gadarn Almaenig yn amlygu ei hun yn y ffordd yr oedd yn defnyddio lliw. Yr oedd yn trin lliw fel elfen annibynnol o fewn ei beintiadau ac nid er mwyn rhoi tint i wrthrych. Yn hytrach yr oedd lliw yn cael ei osod i lawr yn annibynnol, yn mynd dros bethau ac weithiau'n eu gwthio o'r neilltu yn gyfan gwbl. Yr oedd y dull eofn yma o ddefnyddio lliw yn nodweddiadol o beintio yn yr Almaen ddechrau'r ganrif.

Yr oedd artistiaid ifainc yn gallu gweld syniadau Koppel ar waith ac yn llwyddo yn eu cynefin eu hunain. Hwyrach iddynt weld eu bod yn berthnasol ac yn briodol i'w sefyllfa hwythau. Rhwng 1952 a 1953 yn enwedig, denodd gweithgaredd y ganolfan rai myfyrwyr o Goleg Celf Caerdydd – Ernest Zobole, Charles Burton, Glyn Morgan, Nigel Flower a Charles Mainwaring – criw a oedd yn cael eu hadnabod fel y 'Rhondda Group'.

Hwyrach i Zobole wireddu gobeithion David Bell pan ysgrifennodd ym 1951:

> if Burton, Flower, Zobole and a few others can preserve their sensibility intact and retain their loyalty to the South Wales subject something very significant to Welsh painting may emerge.[31]

Defnyddiodd Zobole, yn arbennig, y ganolfan yn gyson am ddwy flynedd ac mae'n cydnabod dylanwad Koppel ar ei waith. Mewn cyfweliad â Tom Cross o Gyngor Celfyddydau Cymru ym 1963 dywedodd:

> there I found a man whose sincere, dedicated attitude to painting deeply impressed me, whose life and painting seemed one. His home was like his paintings and his paintings overflowed into his home. I remember thinking at the time that his work, or some of it resembled Bonnard – like images stiffened with Germanic harshness and again there was a barbaric intensity, something akin to Mexican Art . . . His paintings seemed stripped of trimmings and for me they had a directness of a house painter painting a door. *I had met a painter*.[32]

Yn union fel Will Roberts o'i flaen, yr oedd wedi dod ar draws y cyd-destun diwylliannol a chael cip ar y delfryd. Trwy ei gyfeillgarwch â Koppel fe ymddiddorodd Ernest Zobole fwyfwy yng ngwaith Iddew arall o artist, Marc Chagall. Ac yn ôl Giardelli eto, trwy Koppel y cafodd y syniad o eisiau bod ymhobman yn ei beintiadau – yn y cwm, ar ben y mynydd, yn y tŷ, ymhobman.[33]

Rhwng 1944 a 1956 bu Koppel yn gweithio yn Nowlais ac ynghyd â Zobole yr oedd ymhlith cyd-sylfaenwyr Grŵp 56 Cymru. Yna fe aeth i Lundain i weithio, ac yn ddiweddarach yr oedd yn ddarlithydd hŷn ym Mholitechneg Lerpwl. Ond bu farw yn ôl yng Nghymru yng Nghwmerfyn, ger Aberystwyth, ym 1980. Am gyfnod bu Zobole yn dysgu yn Ysgol Llangefni ond nid oedd Môn yn ei ysbrydoli, a dychwelodd i'r Cymoedd. Ym 1963 fe gafodd waith yn darlithio yn Ysgol Gelf Casnewydd.

Yn ôl yr hanesydd celf Peter Lord, yr oedd presenoldeb Heinz Koppel a Josef Herman yn ne Cymru yn allweddol i ddatblygiad mynegiant arbennig mewn celfyddyd weledol yng Nghymru. Yr oedd y 'peintio tywyll' – chwedl papurau newydd y cyfnod – yn agwedd Gymreig ar ffenomen Brydeinig a ddeilliodd o hyder newydd y dosbarth gweithiol wedi'r Ail Ryfel Byd: 'Yr oedd presenoldeb dau arlunydd o'r cyfandir, Heinz Koppel a Josef Herman, yn allweddol iddo drwy gynyddu hyder y genhedlaeth newydd o arlunwyr i ddod o hyd i destunau am gelfyddyd yn eu *profiad hwy eu hunain* yn yr ardaloedd diwydiannol.'[34] Am y tro cyntaf, meddai, dyma greu ymhlith y cyhoedd yr argraff 'bod y fath beth ag ysgol gelf o arlunwaith Cymreig ei naws ag iddi rai nodweddion arddulliadol cyffredin'.

Iddew arall o'r Almaen oedd yr artist Martin Bloch, a fu'n ddylanwad ar Koppel a Herman. Ganwyd Bloch yn Neisse yn Silesia ym 1883. Fe astudiodd bensaernïaeth yn Berlin ym 1902 ac estheteg dan Heinrich Wölfflin ym Munich dair blynedd yn ddiweddarach. Ym 1907, bu'n mynychu dosbarthiadau darlunio Lovis Corinth ac ym 1912 aeth i weithio ym Montparnasse, Paris. Ymwelodd â Sbaen ym 1914 a bu'n rhaid iddo aros yno pan dorrodd y Rhyfel Byd Cyntaf. Ar ôl dychwelyd i'r Almaen, fe agorodd Ysgol Bloch Kerschbaumer ym 1923 ynghyd ag Anton Kershbaumer, a phan fu farw hwnnw dair blynedd yn diweddarach, cymerodd dyn o'r enw Karl Schmidt Rottluf ei le. O 1924 ymlaen dechreuodd Bloch beintio yn yr Eidal bob haf, yn enwedig yn ardal Llyn Garda, ond ym 1934 bu'n rhaid iddo ffoi i Ddenmarc er mwyn dianc rhag y Natsïaid ac, yn yr un flwyddyn, agorodd yr Ysgol Beintio Cyfoes yn Llundain. Ym 1940 fodd bynnag, cafodd ei garcharu a'i gadw yn Huyton, Swydd Gaerhirfryn, ac ar Ynys Manaw cyn cael ei ryddhau a dychwelyd i Lundain. Ym 1947, y flwyddyn pan gafodd ei dderbyn yn ddinesydd Prydeinig, fe ymwelodd â Chymru am y tro cyntaf gan aros gyda chyn-ddisgybl ym Mangor. Wrth deithio'n ôl i Lundain, fel y gwnaeth sawl tro wedi hynny, fe aeth i weld Josef Herman. Serch hynny, prin iawn yw ei ddarluniau o dde Cymru. Fodd bynnag, rhwng 1947 a'i farwolaeth ym 1954 yr oedd Bangor a chwareli Bethesda ymhlith y pynciau hynny y bu'n ymdrin â hwy.

Erbyn 1947 yr oedd Bloch yn 64 oed ac yn perthyn i'r un genhedlaeth â nifer o Fynegiadwyr yn yr Almaen. Yn Berlin rhwng y rhyfeloedd cawsai ei gydnabod fel artist o fri. Yn ôl catalog yr arddangosfa *Y Bryniau Tywyll y Cymylau Trymion*: 'Seiliwyd ei beintiadau tirlun, er eu bod yn defnyddio ystod liwiau'r mynegiadwyr, ar astudiaeth systematig a ffurfiol o liw.'[35] Mynnai Bloch hefyd ei fod yn ddyledus i neo-argraffiadwyr Ffrainc am eu dadansoddiad o liw ac fe dalai deyrnged i Oscar Kokoshka. Yr oedd Bloch yn medru marchogaeth lliw, yn ôl John Berger: 'His mastery of wild colour, his understanding of how colour gan govern atmosphere, his awareness of how space cups light in its circular nature – all these must be used to express his new vision.'[36] Ond goleuni oedd cerbyd dychymyg barddol Bloch, meddai. Dyna oedd yn goleuo unrhyw foment arbennig yn hanes golygfa benodol.

Pan ddaeth ar ei wyliau-gwaith cyntaf yng Nghymru bu'n gweithio ar y tirlun *Bangor at Nightfall* sydd bellach yng nghasgliad yr Oriel Genedlaethol yn Oslo, Norwy. Yn ogystal, fe ddechreuodd ar gyfres o astudiaethau o'r chwarelwyr. Cafodd y rhain eu dangos yn yr Unol Daleithiau y flwyddyn ganlynol. Yr oedd goleuni'r hwyr yn ei ddenu oherwydd bod y dirwedd yn wynebu'r gorllewin, ac oherwydd bod y berthynas rhwng perspectif a lliw yn mynd yn fwyfwy amwys wrth i'r golau cynnes bylu. Ym 1951 cafodd ei gydnabod fel artist o bwysigrwydd Prydeinig pan gafodd ei gomisiynu i beintio llun ar raddfa fwy i'r Festival of Britain.

Prynwyd *Down from Bethesda Quarry* gan Gymdeithas Gelfyddyd Gyfoes Cymru a'i gyflwyno i Amgueddfa Genedlaethol Cymru. Ond dyna oedd penllanw ei astudiaeth o chwarelwyr.

Meddai Fraser Jenkins ym 1981:

> Ni allodd Bloch fod yn arlunydd rhyfel er iddo gofnodi ei garchariad ei hun a pheintio tirluniau trefol yn ddiweddarach yn dangos y difrod a wnaethpwyd gan y bomiau, ond y mae eu chwarelwyr yn cydgerdded yn y gwyll yn mynegi yn eu hwynebau ymdeimlad o wrthsefyll yr hil ddynol yn wyneb diflanedigaeth pethau sydd yn nodweddiadol o beintiadau o'r rhyfel.[37]

Yn ôl John Berger mae cyfraniad Martin Bloch wedi cael ei esgeuluso a'i danbrisio: 'a neglected, underestimated artist, he must have often been subject to a sense of lonely hopelessness,' meddai, '. . . his paintings are tender, compassionate, marvelling, poignant'.[38]

> Maybe such words sound strange when applied to canvasses that are mostly just of fields, trees, bridges, hills, chimneys. But this painter is constantly like a blind man who has just gained his sight; everything is connected just because it is suddenly seen to belong to the visual world: the moon, a telephone box and a girl coming out of school all celebrate the same thing – the ability of man to see, and through the medium of sight to feel and to reason.[39]

Daeth Almaenwr arall o dras Iddewig i ogledd Cymru cyn yr Ail Ryfel Byd. Ganwyd Fred Uhlman yn Stuttgart ym 1901 ac astudiodd y gyfraith ym mhrifysgolion Freiburg, Munich a Tübingen. Rhwng 1927 a 1933 bu'n gweithio fel bargyfreithiwr ond fe adawodd yr Almaen a mynd i Baris. Yno, dechreuodd beintio. Ymhen dwy flynedd daeth i Lundain gan briodi ac ymgartrefu yno, ond arferai fynd ar wyliau i ardal Penrhyndeudraeth. Yn ôl y beirniad celf, Michael Clease, peintiwr Rhamantaidd oedd Fred Uhlman o'r cychwyn cyntaf, ac ymateb yn uniongyrchol i dirwedd Eryri oedd yn mynd â'i fryd:

> Uhlman has no inhibitions about dramatizing his landscapes but he seldom allows drama to dissipate into fantasy and it is this feeling of

> truth to his own emotional excitment about recorded incident in urban or country life that permits such bits of gildings and adornment as the tinsel foliage on the branches of his trees or to the ripple of reflected light on one of his wisps of cloud.[40]

Ni chreodd Uhlman yr un argraff â'r alltudion eraill ar artistiaid Cymru ond hwyrach mai'r hyn sy'n bwysig yw y 'bu Fred yma'.

Yr aderyn brith ymhlith yr artistiaid a ymgartrefodd yng Nghymru yw Friedrich Könekamp. Almaenwr a Chatholig oedd yntau. Ganwyd Friedrich Könekamp yn Offenburg, Baden, ym 1897. Yn 19 oed bu'n ymladd ar y Somme ac fe gafodd ei gymryd yn garcharor rhyfel a'i gadw mewn gwersyll yn yr Alban.

Wedi dychwelyd i'r Almaen ym 1922 fe astudiodd Fathemateg ac Athroniaeth ym mhrifysgolion Basle, Freiburg a Berlin. Bu'n ddisgybl i Albert Einstein ac enillodd ddoethuriaeth. Aeth ymlaen i ddarlithio mewn Mathemateg Bur. 'Cam naturiol yw datblygu o fathemateg bur i gelfyddyd bur, ac roedd bod yn fathemategwr yn help mawr i mi fel artist,' meddai.[41]

Fel newyddiadurwr a sosialydd fe ysgrifennai'n gyson i'r *Neue Erziehung* a'r *Welt am Abend*. Yr oedd o blaid diwygio addysg i oedolion ac yn aelod o'r mudiad Vereinigung freier Schulreformer. Ond ei fwriad oedd arbed digon o arian er mwyn cael rhoi'r gorau i'w waith a threulio'i amser yn peintio. Trwy gydol ei gyfnod fel ysgolhaig, yr unig waith celf a gyflawnodd oedd cynllunio posteri hysbysebu. Os oes da yn deillio o ddrwg, daeth y cyfle yn annisgwyl ym 1933 pan ddaeth Hitler i rym. Cafodd Könekamp alwad ffôn gan ei dad i ddweud bod ganddo neges bwysig na allai adrodd dros linellau'r ffôn, a'r bore trannoeth fe dderbyniodd lythyr gyda'r neges y dylai ffoi o'r wlad ar unwaith. Aeth i'r Swistir. Yno, parhaodd i ysgrifennu i gylchgronau tanddaearol ond, yn osgystal, dechreuodd beintio mewn olew am y tro cyntaf.

'Ar un ystyr fe fu Hitler yn gymorth i mi, gan i mi ddechrau peintio ynghynt o'i herwydd,' meddai. Yn y cyfnod yna fe gafodd dröedigaeth i'r Eglwys Gatholig 'gan ddod ag ugain mlynedd o fod yn agnostig i ben'.[42] Yn Ascona ystyriodd fynd yn fynach ond awgrymodd yr abad y dylai ailfeddwl gan nad oedd ef y math o ddyn a ddylai ymneilltuo o'r byd. Derbyniodd wahoddiad i ysgrifennu teithlyfr am Affrica ac fe grwydrodd y Swistir, Sbaen a Ffrainc. Ond yr oedd cyllid yn broblem ac nid oedd ei dad yn gallu anfon arian ato. 'Roedd gan y Gestapo freichiau hir,' meddai.

Ym 1935, daeth i St Ives, Cernyw, a phenderfynodd ymgartrefu yng ngwledydd Prydain. 'Yn St Ives cefais y dewrder i gario ymlaen,' meddai.[43] Ond symudodd wedyn i Rydychen lle y dechreuodd ddarlithio'n achlysurol er mwyn ennill ei fara menyn a pharhau i gyfrannu at gylchgronau anghyfreithlon yr Almaen. Ac er iddo gynnal ei arddangosfa gyntaf yn Rhydychen ym 1937, yng Nghymru y dechreuodd gymryd peintio o ddifrif. Yr un flwyddyn, wrth ddychwelyd o'r Iwerddon, fe alwodd mewn tafarn yn Abergwaun wrth aros am y trên i Rydychen. Yno gwelodd hysbyseb am dŷ gwyliau ym mhentref Dinas ac ar amrantiad fe ffoniodd wraig y tŷ. Wedi prynhawn braf ar ben mynydd Carn Ingli penderfynodd ddychwelyd ryw ddydd. 'Roedd heddwch y mynydd o'm hamgylch ym mhobman, ac fe addewais, Rwyf am ddod yma i fyw, ac arhosaf yma'n hir.' Wedi tair blynedd a hanner y tu ôl i weiren bigog gwersyll gadw yng Nghanada, dychwelodd i Gymru ym 1945 a chadwodd ei addewid i Garn Ingli. Dair blynedd yn ddiweddarach ymgartrefodd yn y bwthyn uchaf ar y mynydd, Cotllwyd – y tŷ lle ysgrifennodd Richard Llewelyn y rhan fwyaf o *How Green Was My Valley*. Daeth Cotllwyd yn ysbrydoliaeth gyffelyb i Könekamp. Y flwyddyn ganlynol fe ffurfiodd y Cotllwyd Group a barodd mewn bodolaeth tan 1960 a dangoswyd gwaith yr aelodau mewn arddangosfeydd yn Llundain, Hamburg, Dusseldorf, Bregenz a Lindau. Yn yr un modd, er ei fod yn ffrindiau â'r bardd Gwenallt a'r llenor D. J. Williams, tueddai golygon Könekamp i droi at Lundain a'r Almaen. Disgrifiai ei hun fel 'ein deutscher Maler in Wales' – peintiwr Almaenig yng Nghymru.

Hwyrach bod gwaith Friedrich Könekamp yn fwy haniaethol na'r un o'r Mynegiadwyr alltud eraill a ddaeth i Gymru. Mae egni a rhyddid yn perthyn i'w beintiadau, rhyw annibyniaeth barn. 'Peintiwyd rhai mewn tlodi, eraill mewn dyddiau gwell, rhai mewn rhyddid, rhai y tu ôl i wifren bigog, ond bob amser gydag angerdd, trugarogrwydd, hiwmor, allan o angen ysbrydol.' meddai Könekamp am ei luniau ei hun.[44] 'Könekamp's physical surroundings are important to his work and abstract as these paintings appear, the landscape contrives to get itself in somehow,' meddai Conroy Madox ym 1962.[45] 'His colours rival the colouristic extravagance of the German Expressionists of a few generations earlier, and he places a strong accent on free sweeping brushwork that tends to over-reach itself at times.'

Ar wahân i aelodau'r Cotllwyd Group, fe greodd argraff ar yr artist o Gwm Rhymni John Uzzell Edwards a fu'n byw yn Ninbych-y-pysgod. Ond unwaith eto, hwyrach mai'r wefr o gyfarfod ag artist o ddifrif oedd y rheswm. 'Mae'n rhaid i arlunydd gael neges,' meddai Könekamp. 'Dim arluniaeth yw ail-greu golygfa yn union fel y mae. Fe all ffotograffydd wneud hynny yn llawer gwell. Os nad oes gan arlunydd neges, mae'n well iddo roi ei frwsus yn y tân.'[46]

Yr oedd ei waith ei hun yn seiliedig ar egwyddor y 'tir canol', lle mae cydbwysedd rhwng yr ystyron sy'n cael eu cyfleu trwy symbol ac arwydd ffigurol a'r iaith ffisegol weledol sydd i ffurf, cyfansoddiad a lliw. Yn hyn o beth, yr oedd Könekamp yn argyhoeddedig mai Mynegiadaeth Haniaethol (*Abstract Expressionism*) a fu, a oedd ac a fyddai'r ffurf ar gelfyddyd yn yr ugeinfed ganrif. 'Abstraction with meaning' oedd yr egwyddor i'w dilyn, meddai.[47]

Hwyrach mai cymwynas yr artistiaid a ddaeth i Gymru yn sgîl erlidigaeth y Natsïaid oedd agor llygaid y Cymry i bosibiliadau eu cynefin a'u diwylliant, a dangos yn sgîl hynny fod ganddynt hwythau weledigaeth gynhenid. Ac os y gwnaeth yr alltudion gyfrannu at draddodiad naratif, storïol celfyddyd Gymreig, beth tybed oedd dylanwad byw ymhlith y Cymry ar weledigaeth y ffoaduriaid?

Nodiadau

1. *Thirty Welsh Paintings of Today* (Caerdydd, 1954).
2. Ibid. Sgotyn oedd William Grant Murray (1877–1950) ac fel Prifathro'r Ysgol Gelf yn Abertawe rhwng 1910 a 1941 a Chyfarwyddwr Oriel Glynn Vivian yn y ddinas fe fu'n ddylanwad ar ddatblygiad Abertawe yn ganolfan i'r celfyddydau.
3. Ibid.
4. Ian Chilvers, Harold Osborne a Dennis Farr (gol.), *The Oxford Dictionary of Art* (Rhydychen, 1994), t.171.
5. Josef Herman, *Related Twilights* (Llundain, 1975).
6. Roger Webster, *Josef Herman* (Llanelli, 1962).
7. Josef Herman, *Related Twilights*, t.70.

8. Josef Herman, *The Early Years in Scotland and Wales* (Llandybïe, 1984), t.9.

9. Josef Herman, *Memories of Memories – The Glasgow Drawings 1940–1943* (Glasgow, 1985), t.8.

10. Josef Herman, *Related Twilights*, t.80.

11. Josef Herman, *Memories of Memories*, t.8.

12. Josef Herman, *Related Twilights*, t.100.

13. Ibid., t.101.

14. Ibid., t.91.

15. Robyn Tomos, 'Joe Bach, y glowyr a'r Ystrad', *Golwg*, cyf. 4, rhif 39 (11 Mehefin, 1992), t.20.

16. Keith Clements, 'Artists and places: Josef Herman', *The Artist*, cyf. 101, rhif 2 (Chwefror 1986), t.27.

17. Robyn Tomos, 'Joe Bach, y glowyr a'r Ystrad', t.20.

18. Peter Lord, *Y Chwaer-dduwies – Celf, Crefft a'r Eisteddfod* (Llandysul, 1992), t.118.

19. Ibid., t.112.

20. Ibid.

21. Robyn Tomos, 'Joe Bach, y glowyr a'r Ystrad', t.21.

22. *Will Roberts: catalog arddangosfa ôl-weithredol 1927–92*, Oriel Mostyn, Llandudno (Llandudno, 1993), tt.20–1.

23. Phillip Barlow, 'The work of Will Roberts', *Anglo-Welsh Review*, cyf. 12, rhif 30 (1964), t.32.

24. '. . . monumental linearism of his figures, the brutal handling of landscape and sea view and the use of very dark, earthy tones.' Gweler hefyd Robyn Tomos, 'Y gwir yn erbyn y byd – artist "newydd" sy'n 83', *Golwg*, cyf. 6, rhif 10 (4 Tachwedd 1993), t.23.

25. Ibid.

26. Ibid.

27. Ibid.

28. Ibid, t.22.

29. Ibid.

30. Arthur Giardelli, 'An evening with Ernest Zobole', *Anglo-Welsh Review*, cyf.13, rhif 32 (Gaeaf 1963), tt.59–61. Yr oedd Helmut Ruhemann yn frawd-yng-nghyfraith i Martin Bloch.

31. David Bell, 'Contemporary Welsh painting', *The Welsh Anvil/Yr Einion*, rhif 3 (Gorffennaf 1951), t.28.

32. Ruth Mari Davies, 'Ernest Zobole – An Artist from the Rhondda' (traethawd MA anghyhoeddedig, Prifysgol Cymru, Aberystwyth, 1989), tt.24–5.

33. Arthur Giardelli, 'An evening with Ernest Zobole', t.61.

34. Peter Lord, *Y Chwaer-dduwies*, t.118.

35. Fraser Jenkins, *Y Bryniau Tywyll Y Cymylau Trymion* (Caerdydd, 1981), t.35.

36. John Berger, *Martin Bloch 1883–1954* (Llundain, 1957).

37. Fraser Jenkins,*Y Bryniau Tywyll Y Cymylau Trymion*, t.36.

38. John Berger, *Martin Bloch 1883–1954*.

39. Ibid.

40. Michael Chase, 'Fred Uhlman – recent paintings', *The Studio*, cyf. 157, rhif 792 (Mawrth 1959), tt.86–7.

41. Ioan Roberts, 'Ioan Roberts yn ymweld â Frederick Könekamp', yn *Y Cymro*, 5 Awst 1970, t.16.

42. Friedrich Könekamp, *Von Urbeginn* (Leutsdorf am Rhein, 1972), t.80: 'In der Schweiz begann ich zu mahlen, und mit diesem Beginnen endet auch meine zwanzigjährige Zeit als Agnostiker. Ich trat als Katholik wieder in die Kirche ein.'

43. Ioan Roberts, 'Ioan Roberts yn ymweld â Frederick Könekamp'.

44. Ibid.

45. Conroy Madox, 'Könekamp, Wathins, Mizne', *The Arts Review*, cyf. 14, rhif 17 (8–22 Medi 1962), t.10.

46. Ioan Roberts, 'Ioan Roberts yn ymweld â Frederick Könekamp'.

47. Friedrich Könekamp, *Von Urbeginn*, t.86.

Llyfryddiaeth

Art in Wales, The 20th Century, The Early Years 1900–1956 (Caerdydd, 1969), catalog Cyngor Celfyddydau Cymru.

David Bell, *The Artist in Wales* (Llundain, 1957).

John Berger, *Permanent Red – Essays in Seeing* (Llundain, 1979).

Tony Curtis, *Welsh Painters Talking* (Pen-y-bont ar Ogwr, 1997).

Gwen Davies, 'A German painter in Pembrokeshire – two views of Friedrich Könekamp', yn *Planet*, rhif 58 (Awst/Medi 1986), tt.22–5.

Ruth Mari Davies, 'Ernest Zobole – An Artist from the Rhondda' (traethawd MA anghyhoeddedig, Prifysgol Cymru, Aberystwyth, 1989).

Kirstine Brander Dunthorne, *Artists Exhibited in Wales 1945–74* (Caerdydd, 1976).

Kenneth Gee, 'A German painter in Pembrokeshire – two views of Friedrich Könekamp', yn *Planet*, rhif 58 (Awst/Medi 1986), tt.16–21.

Shelagh Hourahane, 'The middle field and the paintings of Frederick Konekamp', yn *Anglo-Welsh Review* (Hydref 1972), tt.279–81.

Shelagh Hourahane, 'Twisting roads and rocky cairns – Pembrokeshire's landscape artists', yn *Planet*, rhif 120 (Rhag. 1996/Ion. 1997), tt.52–60.

F. R. Könekamp, 'Artists and specialists', *Dock Leaves*, cyf. 2, rhif 5 (1951), tt.25–8.

Peter Lord, *The Aesthetics of Relevance* (Llandysul, 1992).

Peter Lord, *Diwylliant Gweledol Cymru: Y Gymru Ddiwydiannol* (Caerdydd, 1998).

Eric Rowan, *Art in Wales 1850–1984* (Caerdydd, 1985).

Meic Stephens, *Artists in Wales* (Llandysul, 1971).

Meic Stephens (gol.), *Y Celfyddydau yng Nghymru* (Caerdydd, 1979).

Waheeda Tajani, 'Josef Herman – His Life and Work in Diaspora' (traethawd MA anghyhoeddedig, Prifysgol Cymru, Aberystwyth, 1991).

Fred Uhlman a Clough Williams-Ellis, *An Artist in North Wales* (Llundain, 1947).

Mynegai

Cyfeiria'r rhifolion **bras** *at luniau yn y testun*